华为狼性管理丛书

华为狼性执行力

郭楚凡 著

SPM
南方出版传媒
广东经济出版社
·广州·

图书在版编目（CIP）数据

华为狼性执行力 / 郭楚凡著. —广州：广东经济出版社，2021. 3
ISBN 978-7-5454-6638-6

Ⅰ.①华… Ⅱ.①郭… Ⅲ.①通信企业—企业管理—组织管理学—经验—深圳 Ⅳ.①F632. 765. 3

中国版本图书馆CIP数据核字（2018）第298777号

责任编辑：郑秋瑛
责任技编：陆俊帆

华为狼性执行力
HUAWEI LANGXING ZHIXINGLI

出版人	李　鹏
出　版 发　行	广东经济出版社（广州市环市东路水荫路11号11～12楼）
经　销	全国新华书店
印　刷	广东鹏腾宇文化创新有限公司 （珠海市高新区唐家湾镇科技九路88号10栋）
开　本	730毫米 x 1020毫米 1/16
印　张	17
字　数	275千字
版　次	2021年3月第1版
印　次	2021年3月第1次
书　号	ISBN 978-7-5454-6638-6
定　价	55. 80元

图书营销中心地址：广州市环市东路水荫路11号11楼
电话：（020）87393830　邮政编码：510075
如发现印装质量问题，影响阅读，请与本社联系
广东经济出版社常年法律顾问：胡志海律师

前言

在笔者管理工作中，常常被问到“如何提高执行力”这一问题。根据笔者在华为、华润公司多年的人力资源管理工作经验，以及与众多企业员工的交流来看，华为的执行管理非常值得大家参考和学习。为此，笔者曾有意识地对“华为狼性执行力”这一课题进行了系统研究，并与众多前华为人进行了深度沟通。

事实上，笔者结合在数家企业做内训辅导的经历以及与多位华为人的深入探讨，不难发现多数企业并不缺乏伟大的战略和缜密的计划，但大多数企业却很难做到像华为一样将战略落实到位，将计划一一执行到底。对于一家企业来说，再伟大的战略没有执行力都是一纸空谈，而要将战略计划付诸实践，就要依靠高效的执行管理。

在很多企业中，管理者都有着美好的愿景，希望员工能够快速、高效地完成任务，但很多时候事与愿违。其中很大一部分原因在于其对执行本身缺乏合理的思考和科学的管理。实际上，要有效提高企业的执行力，最关键的还是企业对于员工的管理，因为执行的核心是人，只有拥有了执行力强大的员工，企业才能拥有强大、高效的执行力。显然，很多企业整体执行力差、效率低的原因是还没意识到对“人”的管理才是提升执行力的核心。

反观华为，在任正非的指导下，华为人的血液里就有着狼性执行力基因。他们既有狼敏锐的嗅觉，善于瞄准市场，等待时机出击；又有狼的不屈不挠、奋不顾身的进攻精神，一旦盯准了猎物就绝不放过任何机会，紧紧咬住对方咽喉绝不松口。同时，华为人群体奋斗的团结协作意识非常强，大有狼群决不放弃任何弱小同伴的团队精神。

华为人的狼性执行力源自华为有意识的锻造。华为从两个方面来打造其高效执行力，一方面是强大的狼性执行文化的熏陶，另一方面是科学的效率管理。笔者结合多年对于华为管理的研究和分析，将从华为人的狼性团队精神与持续的艰苦奋斗精神、华为人的务实与专注以及华为人对于细节的追求来梳理华为人的狼性执行文化。同时，笔者将为大家详细分析华为是如何通过市场导向、过程管控、员工指导、流程管理等科学的效率管理手段来提升执行力的。

为了能够更好地给读者提供管理方面的帮助，真正帮助读者了解华为高效执行力的形成过程和内在逻辑，以便于将适用于自己企业的部分应用到工作之中，笔者在本书中将结合华为公司的实际情况，以及笔者所了解到的或经历过的案例等为大家全面剖析华为的狼性执行力。

在写作过程中，笔者尽量贴近企业当下的现实情况，注重将理论知识与真实事件相结合，以方便读者更好地理解华为的狼性执行文化和管理模式。

最后，还要特别感谢笔者的合作伙伴刘芳老师在书稿策划和写作过程中的辛苦付出。因为笔者水平有限，书中难免会有错漏之处，敬请广大读者提出宝贵的意见和建议。

郭楚凡

2020 年 5 月

目录

第1章 以市场为导向

华为以市场为导向，即以市场需求为中心来安排经营活动，进而决定生产活动，其核心是事事以提高客户的满意度为首要任务，处处以满足客户需求为目标。关于华为的未来，任正非给出了明确的方向，即“以客户为中心”，坚持以客户的利益为重，通过实际行动帮助客户实现商业成功才能实现华为的成功。

1. 客户的要求就是命令

任正非说："客户是我们生存的唯一理由！既然决定企业生死存亡的是客户，提供企业生存价值的是客户，企业就必须以客户为中心，为客户服务。"

企业的市场产生于具有购买力和购买欲望的潜在购买者，也就是说企业存在的目的是为客户服务，围绕客户创造价值，客户决定了企业该生产什么产品、提供什么服务。华为深知客户决定了企业的存亡，所以一直以来，坚持聚焦客户，以满足客户的要求为宗旨，以满足客户的需求为中心开展业务。

1.1 虔诚地对待客户，真诚地为客户服务

任正非说，华为始终如一地以虔诚和忘我的精神对待客户、打动客户，无论是在国内，还是在海外，都是客户让华为有了今天的市场。华为人永远不要忘本，永远都要以宗教般的虔诚态度对待客户，这正是华为奋斗文化中的重要组成部分。

任正非深知商业成功没有捷径可走，只有将"客户就是上帝"这句话作为行事法则，成为客户信赖的企业，才能取得胜利。华为也正是因为坚持以客户为中心，虔诚地为客户提供服务，才一步步有了今天的成就和地位。

2009 年 2 月，华为与瑞士客户方合作的项目交付开始进行，但在 3 个月后，瑞士客户发起了标后合同谈判，主要审查合同承诺和交付履行的差异，尤其关注产品功能和商务条款特性。这次谈判让华为的段爱国（化名）明白了为什么瑞士客户素来以严谨著称。

当时瑞士客户方一共到场 7 人，他们准备了在 SOC（投标）答复和测试交付中所发现的 20 多条产品功能差异，非常严肃地表示华为必须逐一澄清这些差异点。

这 7 位瑞士客户都是一开始就参与项目的"熟手"，对项目进程非常清楚，在与华为方谈判的时候有理有据。面对客户的质疑，华为项目组参与谈

判的7人有些不知所措，除了段爱国之外，其余6人都是中标后才加入项目组的“新手”，他们对中标的过程并不是十分了解。所以，这次艰难的谈判几乎成了段爱国一个人的战场。

瑞士客户要求华为针对交付前后的功能差异给出技术说明，7位客户轮番“质询”，整整4个小时，段爱国都在不断地进行技术澄清，最后筋疲力尽的段爱国还是被客户通知：华为方要对瑞士客户方进行商务赔偿。瑞士客户针对网络建设或运维成本带来的每一个差异点都算了一笔商务账，并且对每一点都提出了明确的商务赔偿要求。刚涉足商场的段爱国第一次遭遇客户如此多的赔偿要求，心理压力极大，忍不住开始自我怀疑。因为网络设计和报价都是段爱国主导的，甚至连标书都是他打印的，面对客户数额巨大的索赔，段爱国开始怀疑这些赔偿是否是他个人造成的……

谈判结束后，瑞士的一位客户似乎看出了段爱国情绪不佳，在最后要离开会议室的时候对段爱国说：“Alex，我很理解你，我们这些问题并不是针对你个人，而是针对华为公司的。Don't take it personal，we trust you！（不要一人承担，我们相信你！）”客户话音刚落，段爱国的眼眶就红了，为了掩饰情绪，他和客户告别后就匆匆离开了。

实际上，段爱国一直以来都对这个项目既认真又负责，以极度虔诚的态度服务客户，这也让客户被段爱国伤心的神情所打动。谈判的第二天，瑞士客户的项目总监、采购经理以及技术负责人约段爱国一起吃饭，项目总监对他说：“Alex，看见你流泪，我们都很震惊，我们也深刻地反思了我们瑞士人‘不近人情’的作风。我们已经讨论决定将降低这一次罚款的主张总额（不超过他们在会上主张的十分之一），同时如果后续发现其他问题，我们只要求华为配合解决问题，不再提出罚款要求……所以请你理解我们，请留下来，请不要离开项目组！”

正是因为感受到了段爱国的真诚和对工作认真负责的态度，客户方才在最后做出让步。从段爱国的事例可以看出，只有以虔诚的态度为客户服务，才能打动客户，得到客户的理解和认可。

说到底，企业与客户之间的来往也就是人际交往，真诚相待永远是建立良好合作关系的前提，这也是华为一贯的工作方式和工作态度。虔诚地对待客户，让客户感受到华为的认真负责，客户才能对华为的产品和服务放心。

1.2 严格遵循客户要求，争取客户的认可

苹果公司创始人乔布斯曾说："你的生死存亡掌握在消费者的手中。他们才是我们关注的对象。我们的工作就是对整个用户体验负责。如果表现不及格，那就是我们的错。"也就是说，企业要让客户认可企业所做的工作。

那么如何得到客户的认可呢？要知道，客户在选取合作对象的时候，更关注企业所提供的服务和产品是否符合他们的要求，所以企业要关注客户的需求，满足客户合理所需，这样才能得到客户的信任，赢得合作的机会。

2005年3月，华为和British Telecom［英国电信（集团），以下简称BT］签订合同，主导BT的"21世纪网络"项目，负责这个项目的两大领域，即接入网和传输。

实际上最开始的时候，华为项目组的成员都只是"板凳队员"，并不是项目的主力军。由于BT对于技术的要求非常严格，不仅有针对技术引入答标的测试，还有一个技术引进流程。这也就意味着华为在做技术研发的同时还要按照网络情况搭建专门的测试环境并且随时根据BT的要求进行测试，直到BT点头认可才算成功。除了满足BT的技术指标外，BT还要求测试华为的产品资料，所以从BT选定华为的技术，到将这个技术投入应用至少要花6～10个月。

此外，BT的很多规则都非常严苛，即使只是小小的一个锁，BT也要求华为重新设计，甚至要求室外机柜的颜色必须是环保色。华为一开始选用了银灰色作为室外机柜的颜色，但为了符合BT提出的与植物色彩接近、与绿色环境相融合的要求，华为立即按照草的绿色重新刷漆。没想到BT仍不满意最终的粉刷结果。后来华为项目组才发现BT有一个专门的颜色定义，对于不同的产品分号漆印颜色，对机柜的颜色严格要求是几号颜色就要刷几号颜色。于是华为又按BT的要求将机柜从里到外重新刷漆。

从2005年开始一直到2007年，华为项目组经过两年时间的千锤百炼，

逐渐从BT的“板凳队员”变成了主力队员。这得益于两年间华为的不懈努力，对BT需求的理解日益加深，在实现BT对项目的全部要求的同时不断提高自主研发能力。最终华为的“一块板”抵得上其他企业的“两块板”，得到了BT的认可，成为BT最牢靠的合作伙伴。

从华为与BT的合作过程中可以看出，客户的认可才是合作的基础，只要遵循客户的要求办事，即使暂时没有合作的机会，也将在下一次成为客户的第一选择。华为一直以来都是以客户为中心，以争取客户的认可为工作的目标。华为自始至终都明确的一点是，只有严格按照客户的要求工作，为客户实现业务目标，才能实现自己的业务目标。

正如任正非所说：“华为赚了客户的钱，无论多辛苦，也要把客户的事情做好，客户是永远存在的，让客户满意，华为才有明天。”

1.3　客户关心的每个细节要完美澄清

企业与客户建立了合作关系，并不意味着企业就可以降低提供给客户的服务质量。华为之所以在业界口碑极佳，就是因为华为提供的服务是“二十四小时不断电”的，只要客户对某些细节有疑问，华为就会不厌其烦地为客户答疑和解决问题，直到客户满意为止。

2012年，华为的金丹加入了印度尼西亚的E项目，这是华为和其他企业都想拿下的大项目，仅项目周期就长达三年。

客户方对技术要求非常高，但给出的价格却很低，而且在项目进行过程中经常调整要求，留给华为的应对时间非常短暂。为了更好地处理项目事宜，金丹从最开始出差做项目变成后来常驻印度尼西亚。

项目E投标时，客户要求一个月交标，面对1000多页的标书以及8000多项的SOC，金丹感到了前所未有的压力。为了解决投标的难题，金丹与项目组全员连续奋战一个月，克服了人手紧张的问题，并最终准时交标。

之后，项目进入标后技术澄清阶段，华为要按照客户新的要求进行商务汇报、测算。由于华为和N公司要对印度尼西亚的这个项目进行最后的角逐，所以技术澄清工作开始后，华为项目组就进入了密集的车轮战阶段。客户方在每周一和周四与华为进行技术澄清，周二和周五与N公司进行技术澄清。在技术澄清这一个半月的时间内，客户方要求两家公司将各自标书里的每一个技术问题以及每一个方案细节都与其面对面澄清、核实。在这个过程中，客户方会随时提问，要求华为和N公司及时给出解决方案。

华为项目组每天都坚持奋战到最后，直到将项目的每一个细节都落实到位才休息了几个小时。经过六周的努力，华为项目组定制编写了300多页的实施规范PPT，在和客户不断探讨的过程中刷新了28个版本，成功地把客户关心的技术和细节问题在决策前用文档确定了下来。并且在之后现场答疑的时候，华为项目组对客户提出的技术问题细节也都给出了令人满意的答案。最后，客户对华为项目组的工作做了高度评价，华为也成功拿下了印度尼西亚的E项目。后来华为了解到，竞争对手N公司准备的同类材料只刷新了9个版本，内容不到90页。

古语说："行百里者半九十。"但对华为的业务经营模式来说，不管走到哪里，离最后都还差"一百里"。华为认为业务不管进行到哪一步，都要像第一步一样谨慎，因为在无数个技术和细节的澄清过程中，需要企业有无尽的耐心和毅力。只有以最高的诚意对待客户的质疑，才能在竞争中取得优势，从而大大增加与客户合作的机会，这也会影响企业与客户的长期合作关系。

2. 保持敏锐的嗅觉，捕捉市场机会

著名营销大师杰克·特劳特谈到营销定位时说："销售不是一场产品战争，而是感知的战争。"实际上这也是企业在寻求市场机会时应该注意的事情。要知道仅靠封闭的自我分析是不可能感知到客户的需求和一些潜在的机会的，只有善于观察，保持敏锐的嗅觉，才能感知到客户的真正需求，从而抓住机会，占领市场。

任正非认为盲目地冲锋陷阵换取不了胜利，只有知己知彼，才能百战不

殆。所以华为特别重视与客户的信息交流，并在与客户接触的过程中留心来往的细节，捕捉客户不经意透露出来的需求。

2.1 从客户的角度出发，善于捕捉机会

任正非曾说："任何的细节都有可能造成公司的全面崩盘。工作中，要让客户找到自己的需求，感觉到被重视。员工们也要有广阔的胸怀，钉子一样的精神，要牢牢扎在市场最前端，克服以自我为中心的习惯，要贴近客户，发现并真心实意地接纳并认可客户的需求。"

很多时候，企业和客户所处的位置不同，导致双方的理解有偏差，要避免理解上的差异导致合作上的障碍，就要学会换位思考。正如任正非所说，企业员工要避免以自我为中心，不能只站在自身角度考虑问题，而是要转换思维，多为客户着想，机会往往就隐藏在其中。

2013 年，华为的产品 AnyOffice 初步成型，成功进入交付阶段。当时负责产品项目的刘世龙认为产品的功能完备，完全满足了客户的需求，后续工作一定能十分顺利地进行下去。

但刘世龙万万没想到，客户突然给了华为迎头一棒。客户方提出产品的接入需要用户先配置，导致用户不愿意接受新产品，并称近期不解决这个问题就要退货。刘世龙原以为多加一个配置步骤应该没有什么影响，但转念一想，客户要接入手机应用还要提前配置的确太麻烦，于是刘世龙立即组织项目组一起做零配置产品，及时解决了这个问题。

接入易用性问题得到了解决，没多久客户又提了新需求："邮件列表中文字太小了。"刘世龙积极响应客户需求，将文字调大，没几天客户又称："有用户反映，邮件列表文字太大了，观感太差，要改成可调整的文字模式。"刘世龙解决一个又一个问题，但实在无法满足客户的每一个需求，更何况这些需求时时变化，没有一个肯定的方向。项目后期内部客户和外部客户都纷纷抱怨"这是反人类的设计""这种提示就是对用户耍流氓""字体大小不一，颜色让人感到压抑"……甚至有客户直接说："随便找个同类应用照抄也不会啊？不至于这么难用。"

刘世龙从这些批评的声音中发现自己过于关注功能逻辑以及规格参数的开发，但移动研发的方向已经逐渐向用户体验倾斜，实际上要成功做出一款好产品，就要从客户的体验出发来制订方案，从客户的角度出发解决问题。

刘世龙调整了自己的心态，将自己定位为产品的 Owner，开始找寻自己最需要的一款产品。于是他融入客户群体，成为一名重度的移动应用爱好者，他每天都要看那些最受欢迎的移动产品究竟有什么吸引人的亮点，并且找时间向互联网产品"大咖"学习，听产品"牛人"谈产品体验……刘世龙经过一段时间的学习之后逐步养成了注重体验的意识，于是，在后期产品开发中，他的项目组甚至为了一个按钮的位置讨论到深夜，为了能够提升一秒的产品反应速度重构代码。最关键的是刘世龙开始组织项目组做竞品分析。为开展用户调研，项目组建立了供大众"吐槽"的微信群，并且特意开通公众号实时发起众审，同时开启 DevOps 模式进行众测，成立 UCD 委员会集中评审决策。

在集体智慧的贡献下，刘世龙项目组设计的产品，其客户体验有了明显提升。他们频频收到客户的好评，刘世龙真正意识到，要想抓住客户、捕捉机会，就要站在客户的角度思考问题。

从上述案例中可以看出，一开始刘世龙只从产品研发的角度去设计，没有从客户的角度去思考问题，导致合作过程磕磕绊绊，合作不能顺利进行。后期刘世龙转换了角度，终于找到最佳的方式，提供客户的真正所需，与客户建立了良好的合作关系。

给客户最好的体验才能真正抓住客户。所以，企业为客户提供服务的时候，必须将自己代入客户所处的环境中去思考问题，深入实际，给出贴合客户需求的方案。如果先入为主地单方面假设，就容易脱离客户实际，与客户需求冲突或背离。

2.2　一次偶然的谈话，拉开了华为大数据市场

实际上，但凡有人出现的地方就有商机，企业员工应该保持高度的敏感，争取从与客户的每一次交流中窥见商机。因为有人的地方就会有需求，要知

道对方表示出质疑，就意味着他指明了自己的需求方向，那么企业职员就要抓住机会，有针对性地与客户进一步沟通，争取客户的“试用机会”。

华为特别重视与客户的交流，也重视沟通中客户透露出的信息，因而争取得了很多合作机会。

2012年，国外的IT巨头都已经完成了大数据初步布局，但华为大数据却只有一个不到20人的小团队，华为大数据迫切希望能够尽快打开市场，并且自主开发出一套完备的产品。

2012年上半年的一天，某地召开了一个金融行业的展会，展会上各个行业的重要人物云集，华为大数据当时唯一的MKT兼业务负责人祝升就是在这个展会上遇见了当时Z银行总行信息技术部的负责人何生（化名），Z银行一直都是华为大数据梦寐以求的合作对象。当祝升看到何生驻足在一个厂商的大数据展台时，立即抓住机会走过去与他攀谈。

交谈之中，祝升发现Z银行正处于升级转型的关键时期，而数据对于金融行业意义重大，祝升心中明白，这是华为大数据不可错过的一次机会，于是他向何生询问了更多相关信息。从何生口中他得知，Z银行的数据分散在各个数据仓中，所以每次发放新信用卡时，由于流程需要，整个过程都在“排队”进行，每次都要耗费Z银行近一个月的时间。当时Z银行刚开始对其他大数据平台厂商进行考察，听到这个消息，祝升当即表示华为大数据能够有效解决这个问题，何生听后表现出极大的兴趣，于是就约定双方技术团队碰面进一步交流。

祝升抓住了这次机会。在后续双方交流的过程中，华为大数据明确了Z银行的需求，华为大数据专家章钰依据Z银行的要求创造性地提出第三数据平台的概念，这个第三数据平台就是不涉及银行核心的数据，建立第三数据平台就是将庞大的非核心数据建立在新平台上。也就是说，将Z银行的客户在银行开户的姓名、身份证号、银行卡号等核心数据放在一个数据库里，而办理业务时相应的单据存档、视频验证等数据内容则储存在一个新平台上，通过这样的分布式储存极大地提高了存有客户姓名、身份证号等常用核心数据平台的运行速度。

因为开创性的设计，华为大数据打开了自己的市场，成功进入Z银行的大数据平台考察名单，开始与IBM、INTEL、浪潮这样强大的IT巨头同台竞技。

要知道商机无处不在，但并不是每个人都能抓住的。企业在找寻客户的时候，应该注意将所有人都看成潜在客户，设计与他们合作的方案，才能拿到开启机会大门的钥匙。

对此任正非早有认识，他建议华为的各个部门跟紧市场中随时可能新增或变化的需求点，并且要求华为人走出去，和客户在一起，敏锐地寻找市场中隐藏起来的需求和潜在客户。

2.3　要有敏锐的嗅觉洞察客户需求

任正非指出："前方人员，要有对市场的灵敏嗅觉，就像香水设计师一样，能够灵敏区分各种香味，不能区分就不能当IRB人员。这种嗅觉就是对客户需求的感觉。这种嗅觉能力来自哪里？来自客户，来自与客户聊天、吃饭。"

2011年，张英石带着30本交换机芯片验证秘籍，加入了华为交换机产品规划团队。

加入该技术团队之后，张英石面临的第一个任务就让他措手不及。当时因为网络不稳定华为客户的体验较差，所以华为的印度地区部提出要制造出一个不间断供电的电源，保证在断电的情况下，客户的网络能够正常工作。面对这样一个特殊的交换机形态的电源设计，张英石感到不可思议，他不能理解断电的时候还要网络有什么用，当时有许多华为的友商和华为处于竞争关系，但没有一个友商将精力放在这上面。张英石怀疑这样的电源是否真的有市场空间，而且考虑到印度一直是低成本市场，张英石心中觉得没有客户会为了这样的不断电电源买单。

正在张英石最为困惑的时候，一次和华为业务经理的偶然交谈消除了他的全部疑虑。当时一肚子疑问的张英石向这位经理吐露了自己工作上的疑惑，这位经理没有直接解释为什么要设计不断电的电源，而是问张英石："你知道印度经常停电吗?”从来没有考虑过这个问题的张英石有点懵，这位经理解释道：“印度每次停电几分钟不等，一般的照明和生活供电都有不间断备份电源，但很多部署在楼道内的交换机没有备份电源，经常断网，客户体验很差。为此，印度本地的几家交换机厂商，设计了支持不间断电源供电的交换机，每年的销售额高达1000万美元!”

这位经理的一番话点醒了张英石，于是他立即针对客户的需求在印度进行市场调研和方案讨论，明确了设备的应用场景和技术细节，并做出了几个成熟的方案供客户方挑选。

最终张英石联合华为的研发团队与客户访谈过后进行了实地调研，并通过竞争力分析设计出带有内置蓄电池的交换机。这种交换机易安装，相比不间断电源成本更低，还能可视化查询蓄电池的状态，另外，相比印度本地不间断电源要在固定时间周期更换，电池的使用寿命更长。这些极具竞争力的专业特性，给一线人员及客户带来了惊喜，也成为华为交换机在印度企业市场上独有的名片。

实际上，当企业面对客户，试图了解客户需求时，客户所表达出来的需求是有限的，这时候就需要企业职员拥有极高的洞察力，从客户角度看到客户的本质需求，真正解决问题。

任正非说：“华为干部必须坚持与客户近距离地交流，听一听客户的心声，才能了解客户的更多想法。我们今天之所以有进步，是客户教给我们的。要不断地与客户进行沟通，发现客户未表达的需求。”

3. 抓住客户的痛点进攻，打动客户

当被问到如何打动客户，与客户建立良好的合作关系时，任正非回答道：“我认为应该是从客户的痛点去切入。我们要搞清楚客户的痛点在哪里，我们怎么帮助客户解决他的痛点。抓住客户的痛点进行表达，才能打动客户，让客户认可我们。我们要让客户认识到华为才是他真正的盟友。”

企业捕捉到市场机会之后，要针对客户的真正需求找到能真正为客户解决问题的办法，才能不让机会流失，从而与客户建立牢固的合作关系。

3.1 以客户痛点为切入点解决问题

痛点就是原有期望没有得到满足而造成心理落差，这种不满在个体心智模式中形成负面情绪，而这种情绪不断发酵，就会让个体感觉到痛。

华为在任正非的领导下主张以客户的痛点为切入点解决问题，也就是说，华为在与客户的交往过程中将客户实际产品服务质量和心理期待之间的落差造成的心理状态作为进攻的重点，针对这种不适的心理状态，弥补客户的心理落差，博取信任。

2006 年，华为和友商 E 正面交锋，双方都想拿下运营商 W 的新网新牌项目。经过对当地市场的调研分析，华为确定了客户建设新网最大的痛点——站点的获取。实际上，站点的获取工作完全是由运营商负责的，但华为考虑到要想处于优势地位，就要抓住客户的痛点，为客户解决问题。

于是华为比友商 E 多走了一步，在项目拓展初期就组织勘测人员和网规人员去现场勘察，他们跑了一个又一个站点，获取了数百个站点的信息。最终华为将厚厚的一摞资料放在客户 CEO 的办公桌上，并针对客户关注的地方进行了详细的讲解，客户当即拍案确定与华为合作，并赞许道："还是华为了解当地的市场，至少为我们节约了半年时间。"果然，抓住客户的痛点与客户谈判是华为与友商竞争的"杀手锏"，华为一举拿下了这个规模达一个多亿美元的新网新牌项目。

企业想获得客户信任，就应该以"争取客户信任"为目标思考怎么做。因此，这个时候应该发掘客户痛点，然后针对痛点进行研究和分析，找机会就此与客户沟通。以结果驱动的思维发掘"痛点"，更容易中靶。这个"靶"就是客户真正的痛点。

只有以客户为中心，认真听取客户需求，才能挖掘出客户的痛点，而从客户的痛点切入，提出正确的价值主张，才会得到客户的认可。

华为在一次项目的初期ATI（立项决策）阶段，不知道如何将项目营销给客户，于是华为项目组立项后立即针对客户的需求和战略目标做了大量的分析工作。通过分析，华为发现客户的需求是依靠4G吸引用户实现“弯道超车”，但当时语音呼叫方式的时延较高，难以达到2G精品网络的用户体验，如果客户想要吸引大量用户使用4G网络，就要建设VoLTE来改善用户体验。但新建一个VoLTE会使网络结构变得非常复杂，而网络效率也会随之降低，从而导致用户的业务体验变差，这就与客户的需求相悖。

因此，华为给客户提供了一个简化的VoLTE网络建设方案。简化的网络选择升级改造大部分现网设备，小部分新建的方式建网，这样一来能极大地节省时间成本和资金成本，同时符合客户需要一个更加简化的VoLTE网络的内在诉求。

建立简化的VoLTE网络这一主张很快得到了客户高层的认可，客户认为华为能够理解他们的真实需求，为他们的运营和网络规划提供正确的意见，所以立即通过了华为的建设方案，并提出一起去现网试点参观。双方经过几轮的交流、对标，确定了合作意向。

任正非一贯提倡以痛点为切入点，打动客户，他曾指出：“我们就一定要站在客户的角度抓好网络质量。要研究客户的网络痛点在哪，就是从数据流量图、卫星图、人口分布图等看，每个月坚持看，痛点在哪里，哪里的数据流量太集中了，这个地方投一点资，这个网就会松开很多，收益就会增加，这样运营商就增加了发展的信心。不要带着理想硬塞‘死老鼠’给别人，要避免无效投资。”显然，任正非希望华为人能抓住客户痛点，而不是推销自己的“理想”。

3.2　抓住客户真正诉求打动客户

任正非说：“要抓住客户的痛点，让客户感知到这个痛点就是他想找的，让客户看到他的未来，认同这个未来，然后和我们一起去找解，看我们能给客户提供什么服务，帮助他走向未来。这样的沟通和探讨才能引人入胜，客户才会关注我们解决这一问题的措施和方案。只有当客户深刻地认识和理解了我们，他才知道我们这个战略伙伴和别人有什么不一样，才知道我们能提供给他的是什么样的未来，才会买我们的设备，我们才能活下来。”

任正非所表达的意思就是，企业要明确客户的真正需求，并且制订好符合客户未来发展需要的方案，提供客户最想要的服务，从而打动客户，让双方能够实现互利共赢。

2013年，赵胡林参与了华为的“3G三大战役”之一的Banglalink MEGA项目，他赶往孟加拉参与项目的第二天就跟着交付副代表刘宗毅去客户办公室开会。

当时孟加拉政府刚发放3G牌照，那段时间几乎所有的运营商都全力冲刺3G网络的建设工作，希望在3G业务上能够拔得头筹，赢得先机。华为当时在做GP、Banglalink、Bharti Airtel三大客户的3G建设，由于GP和Bharti Airtel两家客户的要求基本上就是纯3G网络建设，再加上前期网络准备充分，所以这两个项目的3G站点很快建设完成。但Banglalink MEGA项目却包含微波搬迁改造、天线更换、2G搬迁、3G新建等综合联动项目，所以建设难度较大，操作起来比较困难。

也许是因为其他两个3G网络建设项目都顺利完成建设任务，所以在Banglalink MEGA项目分析与策略研讨时，华为项目团队更加聚焦于华为本身如何建设3G网络。虽然华为与客户无线技术团队进行了无线Cluster规划和优先级别确认，并且与客户传输技术团队进行了微波的网络拓扑之树环链等技术方面的问题探讨，同时，与客户方探讨了如何管理分包商以及如何提高效率、降低成本等问题，但是华为因为过于重视内部的讨论结果，而完全忽视了客户方多次提出的要让3G的建网速度与GP和Bharti Airtel一样快的要求。

由于初期客户的3G规划也不是很清晰，所以华为忽略了客户的真正痛点和诉求，一直按照传统项目的做法，根据研讨的交付方案模式快速实施，以插秧割麦式的按片推进方式来推动项目进行。但由于一个微波独立的网络拓扑里和一个2G搬迁的Cluster里包含的3G站点数量仅十几个或几个，所以3G站点呈现零散分布状态，导致华为所建设的3G的On Air速度远远落后于GP和Bharti Airtel，一直无法满足客户方的需求。

由于长时间的拉锯战没能解决3G网的速度问题，客户方终于忍无可忍，在一次会议上打断了华为方的进度汇报，直接把华为的项目团队赶出了客户办公室。

两天之后，华为代表处接到了客户的正式投诉信，信中提到华为的3G项目进度缓慢，无法支撑Banglalink快速3G建网，极大影响了客户方的商业战略。

华为代表处的管理团队非常重视客户在投诉信中提到的内容，紧急组织项目组研讨应对方案扭转劣势。华为明确了客户提出的要求，针对客户真正的诉求重新打造了全面的3G新建方案，为了加快建设速度，华为决定分开管理3G建设与全网搬迁，在当下的阶段聚焦3G。为了更好地满足客户的需求，华为将更多资源投入到项目组中，并且成立了以TMO姚鑫为队长的3G上线队，全天候职守网管机房。除此之外，华为加快3G站点的发货速度，采用一切可用的临时方案优先保障3G网络的开通，将3G建设作为当前的第一任务。按照新方案执行一段时间后，Banglalink 3G On Air的速度大幅提升，客户方最终被华为的服务打动。于是双方达成共识，项目逐渐进入正轨，搬迁整改工作也进入快速行进状态。

复盘这个项目，通过分析可以认识到只有真正以客户为中心，理解客户痛点，通过实际行动帮助客户取得商业成功，自己才能成功。反之，再理想的方案、再辛苦的工作，如果不能抓住客户的痛点，都有可能失败。

显然，抓住客户真正的痛点和诉求给出方案，无论是从客户的满意度还是从工作效率上来说都是最佳选择，只有根据客户真正诉求不断去做贴合客户需求的改进，才能提供给客户最佳服务。

3.3 针对客户的痛点改善服务、产品

实际上，能察觉到客户需求的企业有很多，能满足客户基本需求的企业也有很多，因此企业想要赢得最后的胜利，就要明确一点，那就是客户的体验才是一个项目成败的关键。所以企业在给客户提供服务的时候，除了要紧紧抓住客户的痛点进攻，还要不断根据客户的需求改善服务，改善产品，真正将产品和服务做到极致。

2005 年，李莉加入华为，负责行销部门远传的 VIP 业务。当时她有一位客户使用了华为的友商提供的远传设备，李莉心想华为的设备质量不比友商差，为什么不能劝说客户采用华为的设备呢？但她的这一想法并不被公司的其他人认同，他们认为要想让客户改变供应商几乎是不可能实现的事情，不过李莉认为，只要她努力发掘客户的需求，针对客户的痛点提供客户最需要的产品，就有合作的可能。

李莉坚持自己的想法，开始花大量时间拜访客户，让客户了解华为的设备以及华为的服务。同时，她也在不断思考如何才能找到突破点。

有一次，李莉得知友商为客户提供的数据卡出现了问题，她立即打电话给华为终端产品经理，讨论怎样通过简报向客户介绍华为的数据卡，并提供解决问题的方案。经过一晚上的讨论，他们确定了方案，并在华为原有数据卡的基础上做了一些调整，确保不会出现友商数据卡的故障问题。第二天一大早，李莉就在办公室演练简报汇报流程，以确保下午拜访客户时能打动客户。果然，客户听完简报后，对华为的解决方案大为赞赏，当即决定采购 1 万个数据卡。

李莉与客户成功签订数据卡订单后，开始思考如何让客户购买华为的无线设备。她几乎每天都跑到客户的公司接触各个部门的员工，和客户公司的员工逐渐熟悉后，在与他们的闲聊中李莉听到客户对友商的价格和服务质量的埋怨。她想着机会终于来了，于是她刻接触客户，争取介绍华为无线产品的机会。在客户松口之后，李莉连续做了一年简报，并摸清了客户的痛点，逐渐得到了客户的信任。

李莉知道每天的下午茶时间是客户最放松的时候，所以她常常在这个时候去拜访客户 CEO。多次接触后，客户 CEO 对她说：“如果华为可以从技术角度说服我们的技术部门和 CTO，在价格上又有竞争力，我一定会支持华为。”接下来几个月，李莉每天拜访客户 CTO，在感受到华为的诚意后，客户 CTO 同意做技术交流。经过几个月的技术交流，华为获得了基站测试的机会，并最终竞标成功。

任正非说：“华为要关注的是最佳用户体验，组合世界最优质的供应商，结成战略合作伙伴，才有可能去竞争。”也就是说，华为除了针对客户痛点优化对客户的服务，还主张给客户提供极致的产品体验和服务体验。

这也是每个企业都应该具备的精益求精的服务精神，客户体验决定了企业在市场上是否有竞争力，也决定了企业能否与客户建立起一种相互信任、相互依赖的“质量价值链”，即客户忠诚度。

4. 聚焦在少量有价值的客户和产品上

任正非说：“一个企业的能力是有限的，在市场上不可能面面俱到。华为是能力有限的公司，只能重点选择有价值的客户作为战略伙伴，重点满足客户一部分有价值的需求。企业不能为了满足客户的所有需求，什么都做，这最终会导致企业缺乏有竞争力的产品。”

任正非在企业的管理模式上主张聚焦在最有价值的地方，他认为力量过于分散不利于企业取得重大突破，作战面铺得太宽会导致力量无法凝聚，使企业无法集中发力以获取胜利。所以华为一直以来都坚持将重心放在少量有价值的客户和产品上。

4.1　不在乎一城一地的得失

任正非说：“我们要敢于不在乎一城一地的得失，占据一部分地区，一部分客户，服务好他们。”

不在乎一城一地的得失，不是说在某个地方遇到困难就直接放弃，而是在通过多方面的努力之后，困难依然解决不了，那么就可以将该地区作为企业的非主攻方向，等到时机成熟时，再拿下。

2012年，美国政府发表声明称华为和中兴通讯可能会在电信设备上安装窃取美国机密的装置，尽管华为和中兴纷纷对此予以否认，但出于对国家安全的考量，华为和中兴被美国政府禁止进入美国的网络设备市场。当时华为就表示“对美国市场不再感兴趣”，随后便退出了美国的电信设备市场。华为没有过多地纠结于这一时的失利，而是重点发展自己的其他业务以及推进产品的研发工作。

华为没有在乎这一城一地的得失，但并不意味着就此放弃了美国市场。在华为取得重大成就，占领国际市场之后，时任华为公司首席执行长的郭平表示："华为一直在发布新的技术和产品，我们已经看到华为的网络产品有更多的优势。如果美国人民永远得不到华为的产品和服务，这可能对他们有一点不公平。美国的朋友需要付出更高的代价，购买竞争力更弱的服务。如果美国需要华为做一些事情，我们会很乐意效劳。如果美国不欢迎，我们可以等。"郭平补充说，"美国市场的企业和客户由于华为的缺位，得不到很好的交易价格。如果美国欢迎，华为公司将考虑重新进入美国市场。"

2015 年，华为与谷歌一同发布了 Nexus 6P，华为的智能手机业务逐渐在美国展开，华为慢慢进入了美国消费市场。

任正非说："当我们在某个地区遇阻严重、久攻不下时，留下新员工为主的围城部队，把这个地区的战略力量撤到其他主攻地方去，争取一部分地方的胜利，避免在一些极困难地区纠结过久，错过了别的地方的战略机会窗。其实对于一个大城市，我们真正做好一家、两家，就是胜利。我们要的是胜利，不是山头。"

正如任正非所说，企业追求的是胜利，而不是占据每一个山头。华为一直以来都将精力放在更有机会获得成功的地方，不在乎眼前的得失，而是聚焦重点客户和重点产品，谋求长远发展和战略胜利。

4.2 优质资源向优质客户倾斜

华为创业初期，采用的是"农村包围城市、一点一点深耕盐碱地"的市场战略，这为华为后期的发展与壮大打下了坚实的基础。如今华为已成为本行业的领军企业，继续沿用这种市场战略，会造成成本负担过重。对此，任正非认为，华为要调整格局，优质资源向优质客户倾斜，可以在少数国家、少量客户群中开始走这一步，这样就能绑定一两家强的企业，提升能力。

现代营销学之父菲利普·科特勒有一个大客户理论，这个理论与20世纪初意大利经济学家维尔弗雷多·帕累托发现的二八定律一脉相承。二八定律即在任何事物的集合中，重要的因子只占少数，不重要的则占多数，如果能控制重要而少数的因子，就能掌控全局。而这两者的比例大概是80：20。

菲利普·科特勒的大客户理论就是基于80/20法则建立的，具体是指一个企业80%的营业额来自20%的大客户，其余20%则来自80%的一般客户。

菲利普·科特勒指出，由于企业客户的集中程度不断增加，企业中来自少数顾客的销售额占了企业销售额的大部分（即遵循80/20法则）的现象将会越来越明显。而且这些大客户往往不通过当地市场进行采购，而是集中、大规模地采购公司的某类产品，这就增强了这些大客户的议价能力，企业应该高度重视这类客户。此外，随着产品的复杂度增加，客户方组织里会有更多的部门和高层参与采购决策，客户的地位决定了他的身份，企业必须派出有针对性的具有权威性的管理人员，而非一般的销售人员对大客户进行推销。

菲利普·科特勒制订的这一套大客户法则还指出，企业要找出大客户，集中资源重点为这20%的客户提供服务，加快企业的发展进程。

华为的优质资源向优质客户倾斜，实际上就是菲利普·科特勒的大客户理论与维系弗雷多·帕累托的二八定律的运用。关于什么样的客户才是优质客户这个问题，任正非说道："给我们钱多的就是优质客户。让我们赚到钱的客户，我们就派'少将连长'过去，就把服务成本给提高了，'少将'带个连去服务肯定好过'中尉连长'的服务。"

4.3 价值主张由性价比转向优质优价

华为创立的早期还没有能力把产品质量做到完美，在激烈的竞争压力之下，华为为了能够抢占一定的市场，不得不加快速度在短时间内就推出产品，并且为了能够尽快打开市场，选取了低价换取高性价比的方式，以较为低廉的价格进入市场。及时的服务与实惠的价格让华为迅速发展壮大，但是以低价追求性价比这个概念已不再适用于高速发展的华为，华为在逐渐向国际化大企业转身的同时，战略上也调整为优质优价，即用产品的高品质获得合理的价格，稳固华为的市场地位。

2015 年，华为在西欧的新增订货总金额已超过 20 亿美元，销售收入同比增长超过 45%，这意味着华为消费者业务在西欧取得了快速发展。

同年，市场调研机构 GFK 的报告显示，华为在意大利的智能手机市场份额突破 10%，在西班牙则达到了 13.8%。其中在西班牙，华为中高端智能手机（零售价格为 400 ~500 欧元）的销量占比超过了 55%。根据 2015 年 Kantar Worldpanel ComTech 最新的智能手机销售数据，华为已成为西欧五大国的第二大安卓手机品牌。

除了在销量上取得巨大成功外，华为在西欧的品牌知名度也得到了很大提升。根据市场研究公司 Ipsos 进行的华为全球品牌认知度调查结果，2015 年，华为消费者业务在西欧的品牌知名度为 64%，相比 2014 年同比增长超过 30%。

时任华为西欧地区部消费者业务总裁的任宏亮表示："华为取得成功主要得益于我们既定业务战略的顺利实施——聚焦中高端，走精品战略，通过用户体验的提升来积累口碑，消费者对新款旗舰产品如 P8、Mate S 的反馈良好；聚焦 KA，进一步强化了与运营商和渠道商等重要合作伙伴的合作，为各方创造了共赢的环境；持续加大零售投入，不断优化消费者的购买体验。"

在后续的作战计划中，华为持续集中资源主攻优质市场——西欧市场，并且凭借在电信及智能终端软硬件方面的经验与知识积累，扩大了在西欧的市场份额以及中高端产品占比，并以此打响了华为的品牌知名度和美誉度，争取到了西欧市场的认可与赞扬。

任正非认为企业的价值主张应该由客户的价值主张决定，他曾说："客户的价值主张归根结底就是要质量好、服务好、价格低、速度快，这是客户朴素的价值观，它决定了华为的价值观。"华为逐渐迈向更大舞台的同时，将资源和力量集中投放到优质客户身上，这些客户对产品的要求越来越高，意味着华为对产品和服务的要求越来越高，于是华为调整了作战计划，将价值主张由性价比转向为优质优价。

5. 以客户为中心，保持市场竞争力

任正非说：“华为要在以客户为中心的奋斗目标下，持续保持竞争的优势。”企业的存亡永远是被企业摆在第一位的事情，任正非之所以多次强调华为要以客户为中心，最重要的原因就是企业存亡的关键之一就在于这个企业如何处理与客户的关系，如何保持自身在市场中的竞争力。

任正非一直在华为上下明确“客户才是我们存在的唯一理由”这种思想。这也反映了华为的管理哲学，即只有以客户为中心，保证竞争力，企业才能在市场上立于不败之地。

5.1　聚焦客户，脑袋要对着客户

华为的高级管理顾问吴春波曾经这样评价华为与客户之间的关系：“华为的狼性其实是敏锐的嗅觉，是对客户、市场的关注。许多企业倒下，常常是因为对客户傲慢，但华为一直秉承的基本原则是永远做乙方，永远以乙方的心态面对大大小小的客户。华为规模小的时候对客户保持敬畏，但当其体量已经超越他的客户时，依然对自己的客户保持敬畏。”

在华为，全体员工都保持着狼的警觉性，能及时嗅出客户需求，感知客户、市场、精神追求的变化。在行动上，华为人也像狼一样，永远脑袋对着客户，快速响应客户需求。

陈高（化名）是华为无线部门的员工，刚成为团队负责人的他因为一直没有机会参与客户的无线项目而感到焦躁，由于在项目投标时华为无线部门没有现网，所以客户不考虑与陈高的团队合作。

华为无线项目组在自认为毫无合作机会的时候，仍然以客户为重，即使不是客户的合作伙伴，也以顾问的心态帮助客户实现商业上的规划，并且积极识别客户的痛点，快速响应客户的需求，表现得比客户的现网合作伙伴更加称职。陈高每次见中高层客户的时候，永远以固定话题作为结束，那就是：

“华为还能为你们做些什么?”在这个过程中，华为为客户做了能做的所有工作，例如，针对客户频谱资源短缺的现象，安排了专家进行多轮频谱干扰和业界实践交流以及站点能源改造咨询等。而这些看起来和客户的基础网络项目毫不相关的投入，最终为华为赢得了子网客户的信任和依赖。原本毫无希望的华为无线项目组成功地“插了一只脚进去”，实现了无线格局的突破。

突破了客户之后，华为并没有松懈，而是一如既往地服务客户。项目决策前期，华为无线项目组举办了技术峰会，围绕SDN/NFV网络演进及数字化转型与客户进行了充分的交流，传递了华为的品牌和竞争力，得到了客户自上而下的高度认可，与客户共同探讨未来几年的网络发展及合作方向，远远甩开了现网厂商。峰会结束后的第二天，华为无线项目组又向客户CEO单独汇报了工作进展，就是这样细致到位的服务打动了客户，最终为华为赢得了合作机会。

陈高就是千千万万华为人的缩影，他用行动证明“以客户为中心”不是华为的一句口号，而是华为的核心价值观。任正非主张华为人要务实工作，真诚服务客户，不在职场上弄些“虚”的手段，切实将华为聚焦客户的文化落地，也正因为华为做到了以客户为中心，才能够在全球市场上保持不容忽视的地位。

任正非在创办华为公司的时候就要求全体华为人将脑袋对着客户，屁股对着领导。当年摩根士丹利投资公司的首席经济学家Stephen Roach造访了华为深圳总部，随行的是机构投资者代表团，这些风险投资者造访华为，就意味着他们很有可能会投资华为。但任正非没有出面接待投资者代表团，而是委派时任研发体系执行副总裁的费敏去接待他们。

后来华为方听说Roach在造访华为之后失望而归，并且表示:“我们能为他（任正非）带来3万亿美元的投资，他竟然不见我们。”任正非知道这件事情之后，并没有过多在意Roach所说的巨额投资，而是对此事轻描淡写地解释道:“不论公司多小，如果是客户，我都会接待，但Roach不是客户。”

任正非反复向华为人强调："你们脑袋要对着客户，屁股要对着领导。"任正非的危机意识非常强，他认为，大部分公司会腐败，就是因为大多数员工逐渐将重心转移到讨好领导，而非关注客户的需求上。于是为了杜绝腐败现象，任正非明文禁止上司接受下属招待，甚至他在机场看到来接待的员工，也会怒骂道："客户才是你的衣食父母，你应该把时间力气放在客户身上！"

5.2　以客户目标为导向，保持竞争优势

任正非在2005年的一次讲话中说道："这些年来，我们能够在竞争中生存，也是因为我们有'服务好'这一条优势。哈佛写的华为案例中，总结华为公司之所以能够在国际竞争中取得胜利，最重要的一点是'通过非常贴近客户需求的、真诚的服务取得了客户的信任'，这就是整个华为公司的职业化精神。"

早在2005年，华为就明确了要为客户提供最佳的服务，以此来增强华为的市场竞争力。华为在市场上的竞争也逐步从靠低价取胜转向靠优质的服务取胜，这就需要华为以客户目标为导向，以职业化的服务来保证在竞争中取得胜利。

2011年7月7日，韩国取得了2018年冬奥会的举办权。韩国最大的电视与广播电台KBS希望采用创新的4K超高清数字电视技术报道奥运盛况，但视频分辨率从标清提升到4K超高清时，视频码率也从20Mbps暴增到1Gbps，这要求后台的IT系统，特别是数据存储系统的数据吞吐能力、容量都必须提升50倍。同时满足低时延、高带宽这两项性能要求，这是业界公认的数据共享存储最大的技术难点，现网供应商都认为基于已有技术，KBS已有的架构无法提供4K所需的性能。

压力之下，KBS启动了4K超高清编辑存储系统的选型，希望借此找到最给力的合作伙伴。华为韩国办事处立即与KBS取得联系，并主动提出合作意向。面对KBS这样的重量级客户，华为极为重视，测试过程相当严格，并邀请了多位业界专家在现场观摩。第一天的功能测试，华为满分通过。第二天的可靠性测试，华为也满分通过。

为了切实满足 KBS 的需求，实现 KBS 的目标，华为对 4K 超高清编辑存储系统的研究不敢有丝毫松懈，华为的验证小组按照计划一次又一次搭建并修改镜像测试环境，完成了数十种不同排列组合的测试方案验证。华为不仅邀请到数通专家协助网络诊断，测试组还与远在美国的工作站、操作系统、编辑软件厂商，以及欧洲的转接器厂商同步交流，获取合作伙伴的支持，最终完成了一份详细的报告。

KBS 的项目负责人看完 39 页具体、翔实的性能分析报告后，感叹道："难以置信！你们竟在这么短时间内完成了如此多种不同方案的组合。"华为以缜密高效的行动征服了客户，完成了最后一步测试，赢得了与 KBS 的合作机会。

在正式测用时，以 OceanStor 9000 为核心的华为媒体存储方案为每台工作站提供的带宽超过 900MB/s。客户要求的多层 4K 视频编辑的目标达成了！凭借两倍于其他厂商的优异性能，华为最终获得了技术评分第一名的成绩。更重要的是，华为帮助 KBS 实现了全 IP 化的目标。

华为人以客户目标为导向，凭借深度的产业洞察，加上缜密的行动以及持续的技术积累，成功在韩国媒体行业开辟了市场。

任正非时常提醒华为人要服务好客户，为客户提供最好的产品，他说："我们生存下去的唯一出路是提高质量，降低成本，改善服务。否则十分容易被外国垄断集团，一棒打垮。"任正非认为，华为已走到紧要关头，要持续地发展下去，并发展得更快、更好，就要以客户为重，以客户目标为己任，将发展重心放在满足客户的需求上，以此来保证企业的强健，避免被其他企业打压。

5.3　永远出现在客户最需要的地方

任正非说："华为干部必须坚持与客户近距离的交流，听一听客户的心声，才能了解客户的更多想法。我们今天之所以有进步，是客户教给我们的。要不断地与客户进行沟通，发现客户未表达的需求。"

实际上，客户能表达出来的需求只是很少的一部分，要想及时觉察客户的诉求，快速满足客户的需要，就要尽可能贴近客户，只有这样才能出现在客户最需要的地方。

2010年智利大地震时，智利作家阿尔贝托·弗戈特写道："最痛苦的记忆并非地震本身，而是地震之后手机打不通，听不到亲人朋友声音的那种焦虑。"

2010年，智利发生了8.8级的大地震，人们纷纷逃命，但人群中有三个人却逆着人流往灾区跑。这三个人都是华为的员工，33岁的孙大伟和两位本地员工Perez、Molina带着水和食物以及柴油赶往灾区，原因只有一个，就是客户有需要。

孙大伟后来回忆那时的心情，说道："心中是对未知的恐惧和不安，就像前面有一个巨大的黑洞在等待着自己……"但为了响应客户的需求，及时为客户服务，驻守在智利的华为人都付出了实际行动，出现在客户最需要的地方。孙大伟一行三人在震后住在墙面开裂、地板翘起的酒店里，整日以面包和白开水充饥，只能用游泳馆的水洗漱，就在这样艰难困苦的环境中，孙大伟等人连续5天与客户一起抢修站点的设备故障，直到通信线路全面恢复正常。

华为人将"以客户为中心"铭记于心，即使在最艰苦的地方也以客户需求为首位。商业的来往也是人际来往，华为人不管何时都能出现在客户需要的地方，不仅让客户看到华为人的专业，也让客户因为华为人的坚持和真诚而感动，华为也因此和客户之间建立了牢固的合作关系，成为客户第一时间就想到的伙伴。

2011年3月11日，日本发生了8.9级地震，引发了海啸，导致东京余震不断，当地的西方公司均在第一时间撤离，而华为的员工依然坚持驻守日本。

华为日本公司的负责人阎力大对华为人的坚守表示了认同："在危难时刻，我们要履行企业对社会的责任。"他用英文给全体员工写了一封长邮件，详细地写明了在震区的注意事项以及安全措施，公司对他们驻守的勇气表示了肯定。

当时灾区的人流向外扩散，数万人从灾难中心撤离，但让所有人震惊的是华为的中方、日方员工背着行李，从安全地带走进了危险区……

时任亚太片区总裁的王胜利闻讯赶往日本，孙亚芳也赶赴日本，在频繁发作的余震中看望员工，与客户交流。华为上下，从最高管理领导到基层员工都出现在客户最需要的地方，第一时间为客户解决问题。震后，客户感动于华为人的服务精神，和华为建立了牢固的合作关系。

华为的一位高管曾说："什么叫以客户为中心？不是成天向客户点头哈腰，而是忠实于网络的责任感，完成自己的本职工作。我们首先要充分感知客户的需求，在此基础上予以客户最大限度的满足。客户使用我们的设备建网络，我们理所当然地要及时、准确、优质、低成本地交付，并提供最好的服务。而当地震、战乱等极端困难发生时，我们只能与客户共渡难关，因为这时候网络最容易出问题。"

正如这位高管所说，尤其是地震、战乱等发生的时候，更要陪伴客户，解决客户的困难。永远出现在客户最需要的地方，才能成为客户最信任的合作伙伴。

6. 追求商业成功，持续创造价值

任正非说："未来行业的发展趋势，客户最关键的问题解决肯定是越来越综合化。如果华为给客户只讲光传输、讲无线……那是不行的，得讲如何帮助客户成功。"

华为作为一家通信科技公司，重视产品的研发工作，过去在和客户的合作中常常会提及华为创造的一项产品或者是其他企业无法在现阶段拥有的技术。但在任正非的领导下，华为逐渐摆正了作为一家企业的态度，即技术成功不是真正的成功，为客户实现商业成功，从而实现华为的商业成功才是真正的胜利。

6.1 帮助客户抓住市场爆发期

一个企业要想成为一流的企业，仅仅关注客户所表达出来的需求是远远不够的。企业应该保持极高的敏感度以及洞察力，了解客户的战略目标，并结合当前市场解决客户迫切需要解决的问题。这就要求企业要做好市场调研工作，及时识别客户的关注点，帮助客户抓住市场爆发期，争取为客户实现战略目标。

2009 年，华为在海外逐渐有了一席之地，与此同时华为在海外的融资业务逐步壮大。由于当时印度的电信业处于高速发展阶段，是全球增长速度最快的电信市场之一，当地的运营商大多都在快速建网，几乎每个客户都有迫切的融资需求。所以印度的业务需求量十分庞大，需要大量人手去开拓印度市场，于是黄江宁接受华为的安排，奔赴印度扩展华为的海外事业。

由于印度处于市场爆发期，所以华为在印度的团队都处于连轴转的状态，黄江宁的团队在最忙碌的时候，同时操作八九个融资项目，每天都在公司和客户之间来回奔波。

当时黄江宁的合作方有不少是融资新手，黄江宁为了帮助客户抓住难得的市场爆发期，带领团队手把手地引导这些运营商设计方案，并且主导每一步谈判，在与这些新手合作的两年的时间里，华为团队几乎将客户的公司当成了办公场所。

除了没有经验的融资新手，还有因为华为是海外公司而不信任华为的运营商，但是华为没有放弃这类“高冷”的企业，而是耕耘几年后，抓住机会，为这类企业首创了一种融资退出模式。华为的创新举动既满足了客户苛刻的商务要求，又保证了华为的回款利益，树立了双赢样板。

还有一类运营商，因为对待融资业务十分谨慎，所以几乎每次交流都会变换需求和条件，但黄江宁的团队也毫无怨言。即使“善变”的客户方时常“放鸽子”，让黄江宁一行人在空荡荡的办公室里苦等三个小时，然后匆匆聊半个小时，华为也依旧为这些企业制订了最优方案，让他们能在市场情况最好的时候，抓住机会快速发展。

尽管印度298万平方公里的土地上充满商机，华为的团队仍对涉及融资的项目慎之又慎。黄江宁从财经的视角去做管理，在业务部门融资方案设计上尽可能地帮助其考虑各种风险，做到风险量化、风险可控，也为客户方创造最好的方案，让他们都能抓住机会，实现商业成功。黄江宁的团队也因为为华为创造了不小的成就，获得了华为公司的金牌融资团队奖。

任正非曾对华为人说过："华为的魂就是客户，客户是永远存在的。华为要琢磨客户想要什么，做什么东西卖给他们，怎么才能使客户的利益最大化。"

由此可见，面对市场不断变化的挑战，华为一直站在客户的角度上，时刻关注客户的利益，为客户找到更好的实现目标的方案。也正是因为华为强调实现客户利益最大化，才能敏捷地让客户抓住市场爆发期，成就客户的事业，同时也为自己创造更大的价值。

6.2 成就客户，帮助客户实现商业成功

任正非说："在客户面前，我们要永远保持谦虚，洞察未来，认真倾听客户的需求，从客户视角定义解决方案的价值主张，帮助客户解决他们所关心的问题，为客户创造价值，帮助客户实现商业的成功，客户才有可能把华为当做'问计的对象'。"

实际上，任正非所说的帮助客户实现商业成功，就是要为客户提供最需要的服务和产品，帮助客户实现战略目标。而帮助客户实现商业上的成功，也会极大影响华为的后续发展，不仅可以与当前客户建立良好的关系，也会让更多客户因此找到华为，建立合作关系。因此，成就客户，是企业必走的可持续发展道路。

2016年，阿尔及利亚迎来了4G元年，当地的运营商都摩拳擦掌，想借此大好时机在市场竞争中占得先机。阿尔及利亚第二大运营商Mobilis急需发展4G网络，于是找到华为，希望通过合作能够抢先一步占据市场。

9月27日，华为收到客户CTO的一封紧急邮件，邮件中详细说明了Mobilis 将于 10 月 1 日商用 LTE，并于当天召开发布会，届时阿尔及利亚电信部长将出席，阿尔及利亚多家媒体也将直播这次网络盛会。Mobilis 对于产品要求非常严格，要求华为提供端到端的 LTE 商用保障，并在现场演示 4T4R。此次项目除了是非洲第一张 4.5G LTE 商用网络，同时也是全球第一张端到端 FDD 4.5 G LTE 商用网络。因此，对于客户来说，这个项目具有里程碑式的意义，华为上下一致追求为客户实现商业成功，绝不允许任何失误。

华为代表处迅速成立项目小组，并且从其他部门调动多个业务骨干，同时将机关研发、网络监控中心、现场保障小组联动起来，成立了三位一体的保障团队。通过自检的方式对各产品例行监控、风险识别。由于客户方的一些设备选用了其他企业，华为在监测产品的同时提醒客户排查友商产品。

到了 9 月 28 日，华为的技术保障小组已经与客户确定了详细的保障方案。同时，华为获取了 VIP 客户的可能路线，对路线网络进行路测优化，保障 VIP 客户路途网络感知。华为方除了对电信部长和 VIP 路线进行路测优化之外，还组织了三队 CPE 专家在发布会现场进行 4T4R 的测试。多次测试之后，华为终于为客户找到了信号最佳点，最高下载速率可达到 142.4MB/s（10M 带宽）。在现场陪同监测的客户工程师见状激动地与华为项目负责人握手，并表示了感谢。

10 月 1 日，阿尔及利亚的电信部长步入发布会现场的同时，现场的画面通过华为的 4T4R 网络在大屏幕上完美呈现出来，发布会现场响起了热烈的掌声。电信部长当场宣布："Mobilis 4.5G LTE 网络正式商用。"

发布会结束后，客户 CTO 发来感谢信，信中感谢了华为辛勤的付出及专业的服务，赞赏华为是可信赖的合作伙伴。客户 CTO 说："你们非常出色地完成了这一任务。华为这样高效地为我们提供了很大一个帮助，让我意识到华为是我们真正值得信赖的合作伙伴，也是我们第一值得依赖的长期合作伙伴。再次，向华为整个团队为我们的发展付出的努力表示感谢！"

从案例中可以看出，华为与 Mobilis 的合作取得了非常好的成绩，不仅让客户实现了商业成功，也对华为的品牌打造及后续的市场格局有非常积极的影响。

6.3 为客户创造价值，就是为自己创造价值

任正非说：“华为就是要建立一个利益共同体，这个共同体不仅仅包括我们全体员工，也包括供应商和华为的用户。”华为之所以要建立起这样一个利益集团，是想建立互惠互利的关系，彼此利益相互关联，只有成就了对方，才能成就自己。

建立了这样彼此互惠互利的关系之后，华为才能更好地在内部管理员工，贯彻落实“以客户为中心”的原则。因为在利益驱动机制下，服务好客户，自己也能收获更多，为客户创造价值，就是为自己创造价值。

1998 年，华为与泰国的 AIS 公司有商业合作，当时 AIS 公司还只是一个名不见经传的小移动运营商，华为看中了这家公司的发展潜力，认为通过双方的努力一定能将 AIS 公司做强、做大，并且实现共同的胜利。

很快，AIS 公司就与华为签订了合作协议，此后，华为向该公司提供了高质量的产品和快速响应的服务，并在不到 60 天的时间内完成了设备的安装和测试工作。

不仅如此，华为还专门为 AIS 公司开发了 80 项业务拓展所需的服务，先后 8 次对设备进行建设、扩容。华为提供的优质产品和服务，帮助 AIS 公司击败了当时最大的竞争对手，AIS 公司也因此一举成为当时泰国最大的移动网络运营商。而华为也彻底打开了泰国市场。时隔多年，泰国的 AIS 公司依然是泰国三大移动运营商之一。而华为也获得了商业上的成功，如今仍然是 AIS 公司最大的战略合作伙伴。

从泰国 AIS 公司的发展与崛起中可以看出，实际上客户和企业的利益是一体的，华为为 AIS 公司开拓市场的同时，也打开了华为在泰国的市场，并且与 AIS 公司建立了长期的战略合作关系，实现了双赢。

华为轮值 CEO 郭平说：“在所有的对外关系里面，我们以什么为中心？以客户为中心。华为是商业公司，要追求商业性的成功，持续给我们带来订单的客户是华为的生存之本。只有为客户服务，才能创造价值。”

当年华为投标荷兰的一家小运营商Telfort的时候，这家公司的负责人非常直接地对华为无线行销的负责人说："你们就是价格低，我为什么要买你们的？你们不能保证我成功……"面对Telfort咄咄逼人的态度，华为的这位负责人非常苦恼，他认为华为所给的价格比普遍价格要低20%～30%，却还是不能得到合作机会，为了做到客户所说的"保证他的成功"，华为方多次和Telfort方接洽，并商讨合适的方案。

在多次真诚的交流之后，Telfort的负责人终于吐露出他们的心声，就是室内覆盖难做，导致他们难以实现企业的规划。华为的负责人立即表示："交给我们解决吧。"对方的回复是："你们能做出来我们就买。"

于是，华为无线研发部门组织了一批技术骨干，加班加点地进行开发，终于在不到半年时间内实现了产品突破，让客户实现了商业成功，从而也实现了华为3G产品在欧洲市场的突破。

任正非说："华为公司没有任何可垄断的资源，没有任何可依赖的保护政策，全靠客户的信任与支持，才给了我们谋生的机会。华为公司实行的是获利共享、风险共担的利益共同体机制，一旦我们失去客户的信任，不能再为客户创造价值，华为公司将不名一文，最终受到最大损失的是我们每个员工。"

也就是因为华为将客户当成是企业存在的理由，将客户的目标当作华为自己的目标，华为才能持续不断地创造价值，成为电信行业的巨头企业。

第2章 打造狼性团队

任正非说：『我并不卓越，所以对于那些后辈，没有什么可以忠告的，只想说，中小企业想要壮大，大型企业想要保持超强竞争力，就需要像狼群一样，直面危机，集体作战，在每一次竞争中都能像生死战一样势在必得。』

1. 狼文化：视野、品格、意志

任正非曾说："当今世界的科技进步已走过了爱迪生时代，不可能依靠一个人的聪明才智改变整个世界。所以，只有形成狼性文化的创新团队，才能使企业走向成功。"任正非认为，华为要走得更远，必须具备狼一样的高度危机感以及警觉性；要具备狼的视野，对瞬息万变的市场有前瞻性；还要具备狼的坚强的意志，在困难面前不屈不挠，奋不顾身地去进攻；除此之外，要具备狼的团结协作精神，群狼作战，抵抗劲敌。

1.1 狼的视野：强烈的危机意识

任正非指出狼有三大特性，其中首要的就是狼敏锐的嗅觉，狼群要在偌大的草原上更好地存活下去，就必须对身边的风吹草动都了如指掌，并且要对即将出现的意外有所察觉，才能躲避灾难，并捕获猎物。

这种特性反映在华为身上，不仅仅意味着华为人要高度敏感，对市场变化保持警觉，意味着华为人要有居安思危的意识，也就是强烈的危机意识。

任正非曾多次提出寒冬论和过冬警示，不管华为正处于业务上升期，还是处于平缓发展期，任正非都会结合当下全球经济形势和华为将要面临的问题，在华为内部敲响警钟，提醒全体华为人保持警觉，应对华为的"冬天"。

2016 年 12 月，任正非在一次会议上再次提到了华为的寒冬论，他先肯定了过去几年华为在业务上的成就，他说："过去几年，华为结束了区域站点存货无法盘点的历史，中心仓存货的账实准确率 99.89%，站点存货的账实一致率 98.17%；业务对流程 IT 的满意度达到 87.22 分，为历史最好，IT 需求端到端交付周期也下降了 3 倍……"

但即使是形势正好的时候，任正非也不忘提醒华为人居安思危，于是在回顾过去几年的成绩后，话锋一转，指向华为面临的危机。他说道："金融危机可能即将到来，我们强调，一定要降低超长期库存和超长期欠款。以前我们的货款记录不清晰，客户来还欠款时，我们还莫名其妙，连合同和欠条都找不到了，如果客户不还钱，多少预备金都付诸东流。现在我们已经结束了区域站点存货无法盘点的历史，货款记录开始清晰，进步很大。”

最后，任正非还针对可能出现的危机，找寻了一系列的应对思路和方法，任正非当时强调华为必须尽快推行 ROADS 计划。并称：“变革和 IT 也要聚焦，减少变革项目数量，每新增加一个流程节点，必须关闭另外两个流程节点。华为要自己实现 ROADS 计划，实现数字化转型，变革与 IT 要在夯实 IPD/ISC/LTC/IFS 的基础上围绕这个目标来展开。公司提出了 ROADS 计划，要沿着这条路持续走下去。使公司实现数字化转型和大平台下的精兵作战，在研发、销服、供应等业务领域要率先实现 ROADS 体验（实时、按需服务、在线、自助、社交化连接）。”

华为于 1987 年创立之时，还只是一个小作坊，到 2017 年，华为成了世界通信制造业的领头羊，这三十多年的发展之路并不是一帆风顺、毫无挫折的，而是时时刻刻都伴随着“死亡威胁”。这个“威胁”不仅仅来自市场给予的压力以及竞争对手的打压，还来自华为创始人任正非内心深处的危机感，任正非三十多年以来一直保持着居安思危的意识，这也让万千华为人保持着强烈的危机意识，帮助华为渡过了一个又一个的难关。

1.2　狼的品格：群体作战的团队意识

任正非所说的狼的另一个特性就是狼群有群体作战的团队意识。在草原上，狼面对狮子、老虎这样的巨型猛兽，单打独斗就意味着灭亡，但狼群依旧是草原上的“霸主”，这正是得益于狼群的团队协作精神。

其实，企业想要变得更强大，也需要全员有团队意识，个人的力量过于渺小，不足以抵抗任何商业风暴，只有团队协作，集中力量抵抗危机，结合团队的力量解决问题，才能将企业发展得更好。

2015 年 6 月，海思 BOM（物料清单）编码审核采取的是人工统计，希望以此保证统计的准确率，但这样的统计方式低效耗时，而且一旦出错将会造成成本核算损失。为了在确保统计准确率的同时提高核算的效率，华为计划打造一个自动化度量平台。

研发部门的刘思（化名）虽然在脑中构想了平台开发的相关步骤，但她无法独自完成这个自动化度量平台的设计，于是她召集了研发部门的几个员工，一起讨论产品的研发事宜。听了刘思的构想之后，潘岩（化名）说："问题很复杂，这么大的平台我们来做，感觉很难。"虽然他十分擅长编写代码，但是仍觉得要做好这项工作不是件容易的事情："数据源的提取接口和数据处理算法都是不小的挑战。"

而且，这个平台设计使用的计算机语言不是研发部门的成员惯常使用的，刘思在巨大的压力之下几乎想要放弃这个项目，但参与研发的成员仍然表示要一起完成这项工作。于是潘岩邀请了有 BOM 统计平台开发经验的李强（化名）给研发的同事分享思路，刘思组织研发的几个设计师率先完成了界面 DEMO 的设计，她还每天都主动加班给研发的成员讲解平台搭建的步骤。

由于要计算芯片的 BOM 准确率的逻辑异常复杂，几乎不可能通过代码设计完成，于是刘思和潘岩组织研发部门的成员在闲暇时间使用数据库进行过程存储，提高运算的效率。但是因为数据库的设计是整个 BOM 度量平台数据处理的核心，也是最难处理的一个关键部分，所以研发的大部分成员每天下班之后都会泡在网上查阅资料，并且向研发设计的大神学习数据库的架构设计内容。这样的日子持续了半个月，在研发部门成员齐心协力的努力下，成功地完成了对平台架构的设计以及后续的调试和修改工作，这根"硬骨头"最终被啃了下来。

前后历经 3 个月，海思 BOM&ITEM 准确率自动化度量平台终于于 2016 年 1 月 20 日成功上线，自投入使用以来，该平台连续 3 个月 BOM 准确率达 100%。

刘思、潘岩等人的协同合作，使这个自动化度量平台的设计工作得以顺利完成。他们能够在如此短暂的时间里完成项目，最重要的原因就是他们的团队精神。这也是因为华为在公司内部贯彻落实的"狼群"团队作战文化，让这些聪明的华为人相互协作，实现团队目标。

1.3 狼的意志：吃苦耐劳精神

任正非提到狼还有一个特性就是不屈不挠、奋不顾身的奋斗精神。狼群想要存活下去，就必须拿下猎物，所以狼一旦出击，就势在必得，为了最后能够取得胜利，狼在猎食过程中绝不会半途而废，而是坚持奋战，直至将肉吃进嘴里。

任正非将狼不屈不挠的奋斗精神列为华为人必须具备的特性，甚至是华为给所有新员工上的第一堂课，以此来贯彻华为人吃苦耐劳的奋斗精神。

2004年11月15日，时任华为系统部部长的彭博接到公司电话："我们在沃达丰那里可能会有一些机会，你要尽快赶过去。"于是，第二天彭博就坐上了飞往欧洲的航班。在彭博到达沃达丰之前，华为从未和沃达丰有过生意来往，当时彭博刚结束香港的一个项目，疲惫的他并没有休息，而是马不停蹄、单枪匹马地去开拓华为和沃达丰的业务。

初期的业务拓展十分艰难，为了建立和沃达丰集团的合作关系，彭博在西班牙和德国之间来回飞了六次，只为能够和沃达丰的客户进行面谈。好不容易在机场见到了客户，原计划约见30分钟，谈到15分钟时，客户就不耐烦地说："你们可以走了，在我主管的这块领域，未来3~5年都是不可能选择华为的。"

在欧洲度过一个寒冷的冬天之后，沃达丰的业务毫无进展，于是华为高层专程赴欧洲拜访了客户，并向客户表示："华为的无线产品经得起任何考验！"面对名不见经传的一个东方企业，沃达丰集团CTO将信将疑："那就把华为的产品放到最严格的德国来进行测试。"

在彭博组织团队进行了几个月的全面准备之后，却得知德国子网因为各种各样的原因坚决抵制华为在德国测试。但华为没有轻易放弃，而是辗转努力，争取到在西班牙测试的机会，当地客户表示："你们在这里做测试可以，但不可能有真正进入沃达丰西班牙子网的机会。"

几乎是毫无希望的局面，但彭博的团队却像抓住救命稻草一样，奋力拼搏，像做商业网那样做实验局，积极响应客户的每一个要求。当时客户提出了一个西班牙高铁的覆盖方案，表示希望能看看华为的解决方案，但华为直接将方案落实到位，3 个月内在上海的磁悬浮沿线搭建了覆盖，请客户到上海现场体验。

从 2005 年盛夏到次年阳春，当华为把实验局做完时，在后续的招标中，客户出人意料地选择华为进入沃达丰最大的四个子网之一的沃达丰西班牙子网，这也是其沃达丰全球子网中增长速度最快的一个。

客户说："是你们 9 个月来的坚持和努力打动了我们，你们做事的严谨、规范、响应速度，以及团队成员，我们都非常认可。"

看似不会有成果的事情，彭博团队却咬紧牙关坚持奋战，这种吃苦耐劳、奋斗到底的精神打动了客户方，最终华为成功地拿下了这个大客户。

任正非曾说："华为没那么伟大，华为的成功也没有什么秘密！华为的成功就一个字'傻'！华为就像阿甘一样，认准方向，朝着目标，傻干、傻付出、傻投入！"而这种"傻"就是华为人的坚持和努力，认准了目标就不惧苦不怕难，也就是这种狼一样的意志，让华为每每都能成功完成目标，取得佳绩。

2. 训战结合， 培养一大批狼

任正非说："企业要扩张，就是要将华为人发展为一批狼。"任正非认为，在诡谲多变的市场上，华为想生存下来，就需要像狼一样，时刻保持危机意识，应对可能出现的各种困难。除此之外，还要像狼群一样，以团结协作的方式，共同抵抗未知的危险。

正如诺贝尔文学奖获得者鲁德亚德·吉卜林所说："弱肉强食如同天空一样古老而真实，信奉这个原理的狼得以生存，违背这个原理就会灭亡。"因此，华为始终致力于塑造一支有钢的意志、铁的纪律的华为狼性团队。

2.1 华为大学培养新员工

威灵顿公爵在打败拿破仑后说了一句著名的话："滑铁卢之战是在伊顿公

学的体育场上打赢的。”之所以有这个说法，是因为威灵顿公爵带领的军人来自这个素来被称为“精英摇篮”的伊顿公学。伊顿公学一直都以军事化的严格管理著称，其中的学生除了成绩优秀，也在这种严格管理之下有了强健的体魄，并且在军队式的管理之下，彼此之间互相尊重、团结、合作，具有集体责任感和荣誉感。

华为在培养员工的时候，和伊顿公学一样实施的是军事化管理，华为特意创建了华为大学，希望通过华为大学的培训，能将新入职的员工迅速训练成骁勇善战的狼群。

华为将新员工的培训划分为三个阶段。

第一个阶段：入职前的引导培训。每年的11月份，华为会拟录用一大批还未毕业的应届生，将这些预备员工安排到各个业务部门。并且为了防止他们在毕业前的这个阶段有所变动，华为还预先给他们安排了导师，这些导师每隔一个月就会打电话联系他们，了解他们的毕业进程和精神状况，并对他们进行未来岗位情况的介绍，提出岗位知识学习要求等。这个阶段的引导培训，能够让新员工做好预先的准备工作。

第二个阶段：入职时的集中培训。新员工入职后，华为会将他们集中安排到深圳总部接受为期一周的培训，这个阶段的培训内容侧重于华为的政策制度以及华为的企业文化。作为华为的一员，他们要在这个阶段清楚华为为什么要制定这样的政策制度，以及明确自己作为华为一员的基本行为规范。

第三个阶段：入职后的实践培训。集中培训之后，华为会将这些新员工安排到具体岗位上，对他们进行有针对性的实践培训。对于营销类的员工，华为安排他们去营销线上熟悉运行流程及工作方法。对于技术类的员工，会先安排他们到生产线上参观，让他们看到实实在在的产品生产过程，对生产线上组装的机器有一个初步了解。而研发类的员工，华为会让他们做很多模拟项目，以便快速掌握一个工具或一项工作流程。

凡是新加入华为的员工都要通过华为大学完成这三个阶段的学习，尤其要完成第三个阶段的实践，在实战中掌握知识、提高自己，才算是真正成为一名合格的华为人。

多年来，华为对自己的培训体系不断进行优化，对新员工的培训逐渐由重在理论转向重在实践，但始终不变的是对新员工进行管理培训，让他们快速进入工作状态。

2001 年，黄平研究生毕业，进入华为开始了他的职业生涯。黄平入职后的第二天，就被安排到坂田华为基地，和他一同入职的新员工都住在百草园，那是一个欧式公寓小区，华为将这些新员工按照专业领域分别划入一营、二营、三营和四营，对他们开始了短则一个月、长则一年的大队培训。

华为对新员工的培训非常严格，实施军事化管理。每天早上 5：30 黄平就起床军训，一直到晚上 23：30 才结束学习。当时还没有任何工作经验，也没经历过任何挫折的刚毕业的学生，都调侃说这是文化洗脑或者魔鬼训练。

但也就是因为在入职之前接受了完全有别于学校枯燥理论的崭新实操学习，才让黄平这些新员工都能快速领悟华为独有的企业文化，并且熟悉企业的管理模式和工作流程。

华为大学的培训强调理论教学和实践操作相结合，对新员工未来成长具有不可忽视的重要意义，同时也是给新员工一个信号，那就是想要在华为有所作为，就必须服从华为的“狼性管理”，同时也要培养出自己的狼性，实现自己在华为的价值。

2.2 通过实战培养出能捕获猎物的狼

任正非说：“我们要的是胜利，不是过程。”所以在人才的培养上，华为十分重视这些员工实际创造价值的能力，华为主张“千军万马搞好质量，提高效率，增加效益”。也就是说，华为集中各行业、各专业的精英，是为了最后能够激活他们的潜能，让他们在成长的同时，促进华为的发展。

新员工进入华为大学，经过培训之后正式进入岗位实践，有一些技术线的员工甚至要到一线现场进行观摩学习，这都是为了在实践中培养出一批真正能捕获猎物的狼。

2014 年，陈杰（化名）于北京航空航天大学毕业之后成了华为的一名新员工。在正式入职之前，华为对同一批进入公司的新员工进行了统一培训，训练结束之后陈杰被分配到华为路由器与电信以太开发管理部，成为一名软件工程师。

没过多久，陈杰的主管找到他，并对他说："我们部门需要 3 个人去成都接一个重要的业务，你想不想去试一试？"陈杰心想，对于一个新人来说，这个机会实在难得，而且在接受华为的培训之后，也需要通过实践来检验自己的能力。于是，第二天陈杰就去了成都。

由于成都的项目才刚刚进入开发阶段，陈杰有机会从头到尾地参与整个项目，也能够学习到整个项目的行进流程，所以每天都活力十足，虽然时间都被各种培训和考试挤得满满当当，但陈杰在快速成长。一个月之后，陈杰通过重重测试，正式参与版本研发。

次月，项目组需要开发出一个小特性，陈杰主动请缨，成为特性 owner，独立负责特性的开发调试。由于经验不足，一开始的研发产品不符合要求，陈杰还因此被产品经理批评，为了尽快开发出完美的产品，陈杰开始疯狂地搜寻资料，并且向项目大神请教，再不断地研发改进，测验结果。过了一个多月，陈杰负责的小特性顺利交付。在整个研发过程中，陈杰发现研发工作不仅要多想、多理解，还要多做、多实践，只有通过实践，才能真正掌握工作技能。

这一趟成都之行，陈杰快速完成了从硬件专业的应届生到靠谱的软件工程师的华丽转身。同时陈杰意识到，只有通过实践，自己才能真正成为一名能干活的员工。

陈杰能够迅速完成从校园到职场的转身的一个重要原因就是，他通过实践有了一定的工作经历，并且发现自己有潜力完成好工作，确定自己的岗位适合自己的发展。而华为想要的正是这样一批有能力、能创造价值的华为"狼"，所以，华为一直鼓励更多的华为人能够勇于实践，从实践中获取经验，帮助华为完成下一阶段的战略目标。

2.3 任正非的驯狼之道

除了通过培训让员工迅速进入工作状态，以及通过实践让员工找到自己的定位和实现价值的方式，任正非还非常重视从上至下地培养“狼”团队。他认为华为需要一群有狼性的工作者，除了决定主方向的“头狼”，华为还需要骁勇善战的“巨狼”去攻打市场，并且要有一批能够跟随“头狼”和“巨狼”作战，有执行能力的“大狼”。

第一，让更多高层干部成为团队的“头狼”。任正非认为高层干部的主要任务不是脚踏实地地干活，而是要“仰望星空”，洞察市场，更好地规划华为的未来。任正非反对高层干部凡事亲力亲为，他认为决定华为未来的人不能全身心投入事务性的工作中，这些骨干的关键任务是指挥好团队作战，率领狼群成为草原霸主。

所以任正非要求华为的高层干部要勤于思考，不要用没什么实际效益的手脚上的勤快掩盖思想上的懒惰。高层干部要像“头狼”一样保证进攻的方向是正确的，要确保华为做正确的事情。同时，高层干部要协调好作战的资源，保证狼群能朝着主方向一起进攻。

第二，要将中层干部培养成一批善于战斗的巨狼。任正非曾经大声疾呼：“华为公司要强大，必须要强腰壮腿，中层就是‘腰’，基层就是‘腿’，腰是中枢。”

狼群中的主要战斗力量来自巨狼，中层干部作为企业的中坚力量，要能够考虑全局利益，不能只发展局部利益。所以，任正非主张中层干部要打破部门本位主义，不能各人自扫门前雪，中层干部主持工作要有全局观。

任正非号召华为的中层干部都走出办公室，到市场勘察情况，到现场了解进展，并且让他们“走动管理”，而不是坐在办公室里打电话、听汇报、看“奏折”。中层干部要发挥自己的作用，就要到一线去听听“炮火声”，才能更好地指挥团队作战。

同时，要让中层干部眼睛瞄准猎物。任正非认为干部的眼睛不能盯着老板，天天揣度“圣意”，而是要紧紧盯住客户和市场。狼群依靠捕获猎物存活，华为能够存活也是依靠客户，所以华为的核心价值观一直是以客户为中心，快速响应客户需求。

第三，要将基层员工打造成骁勇善战的大狼。华为的员工大部分是来自高校的高级人才，但在华为的管理中，这些“清高”的人才都被打造成了服从管理的大狼。任正非强调基层员工要服从组织纪律，建设流程化组织，建立业务规则。他在致新员工的一封信中明确指出：“华为反对基层员工下车伊始‘哇啦哇啦’，不了解情况，就给公司写个万言书，对公司发展激昂陈词，指点江山。基层员工必须按照流程要求，把事情简单高效做正确，不需要自作主张，随性发挥。”

华为强调基层员工要有执行力，服从公司的管理，跟随狼群的大方向进攻，这样上下一致，才能形成攻无不克、战无不胜的狼性团队。

华为吸收的人才都是高级知识分子，要让这样一群聪明的人围绕华为的战略目标，相互包容、相互协作，就需要有一定的“驯狼之道”让他们服从管理。对此，任正非发挥了他卓越的领导能力，大刀阔斧制定了一套制约规则，让华为上下服从狼性管理，建设华为狼性团队合作文化。

3. 饿狼逼饱狼，能者上、庸者下

中国人力资源管理界的泰斗彭剑锋说：“一切让业绩说话!”实际上，这也是华为选拔人才的关键要素。为了激发员工的潜能，让他们能够发挥自己的才能，华为设计了多种选拔人才的方式，不仅用“赛马文化”促使华为人能够在职位上因为竞争而有动力，还选用了专业通道和管理通道相结合的开放式职业通道，华为以这样的职业通道选拔出业务发展能力强的能者，也通过多维的选拔方式让饿狼逼饱狼，形成“能者上、庸者下”的模式，不仅让员工能更好地发展，还让华为能够在众多精英支持之下稳步前进。

华为提出的“饿狼逼饱狼”策略，决定了竞争上岗的基本条件是任职资格，这就使得每个岗位都有好几个备选人，潜台词就是必须奋斗，在岗位上有突出成绩才能“上”，否则很有可能被替代。

3.1 建立获取分享制，选拔真正的人才

任正非希望每一个华为人都能做到像狼一样极具侵略性，并且具备极强的战斗能力。而要做到这一点并不是一件容易的事情，所以任正非采取了华为轮值 CEO 胡厚崑的建议，在华为实行“获取分享制”，这样不仅有效拉动了员工的创造价值，更平衡了员工心理，华为也因此将真正的人才牢牢锁定在公司。

华为早期采取大规模的股权激励制度来拉动华为员工，但随着华为发展规模越来越大，华为沿用股权激励制度就出现了很多麻烦。积累一定股权的老员工不再愿意艰苦奋斗，而那些真正为企业创造价值的员工却得不到与付出相等的回报，这导致华为的管理出现了问题。

于是，为了平衡股东以及华为奋斗者收益的分配比例，任正非明确说：“货币资本所得保持合理收益即可，其他收益全部给人力资本所得，我们不能通过股票大量分红来过度保障退休员工的收益，而是要切实保障作战队伍获得大量的机会。”

因此，华为的轮值 CEO 胡厚崑首先提出要设置“获取分享制”，任正非也认可这种以个人创造的价值为分配导向的机制。华为的“获取分享制”是指华为的全体员工，不论来自哪个组织哪个部门，都一视同仁，个人所得的物质回报全部来自个人所创造的价值和业绩，组织和部门根据经营结果获取利益，后台支撑部门通过为前方组织和部门提供服务分享利益。

华为将“授予制”改为“获取分享制”之后，不再认同“有功劳或有苦劳”都能获取回报，而是将业绩评价作为价值分配的标准。真正形成以商业成功为导向的价值评价体系。

实施“获取分享制”，为华为留下了真正有才能、能够为公司创造价值的奋斗者，因为每位员工都能通过自己的劳动所得算出自己的收益，这样公平的分配机制能有效地为华为选拔出真正的人才。

3.2 “赛马文化”激发员工潜能

赛马是一种竞速运功项目，参赛人选通过骑马速度来判别孰优孰劣，选出最佳的赛马者。华为将这个竞赛项目转化为华为的文化，以此激发员工的潜能，并通过这种选拔方式让最尖端的人才成为华为的决策者。

华为的职场文化是“赛马文化”，不仅体现在地区部专业业务骨干的选拔上，还体现在华为的团队和项目之间的比拼中。华为不仅针对个人有“赛马”制度，还以团队和项目组为单位进行“赛马”，选拔先进。任正非曾强调：“在地区部专业业务骨干、代表处的维护专家队伍的选拔上，可以通过‘赛马’来产生。”

最早跟随任正非一起建设华为的骨干都在华为进入高速发展时期之后成了公司的高管，但随着职位越来越高，这些高管却发现个人的发展空间越来越小。同时，由于丰厚的薪酬以及分红等福利，部分高管渐渐丧失了创业时的激情，工作状态也逐渐变得懈怠。这样一来不仅对公司的建设有害无益，还极大影响了下属员工的工作积极性。面对这样的状况，任正非决心让全体员工都通过“赛马”的方式竞岗。

这也是 1996 年华为市场部大辞职事件的由来。当时华为市场部副总裁孙亚芳带领 26 个办事处主任向公司递交了辞职报告，并提交了当年的述职报告。孙亚芳还在公司内部做了一次演讲，市场部的代表宣读完辞职书，很多人都眼含着泪水高呼：“前进，华为！前进，华为！”这些员工辞职之后通过与其他竞争者的比拼再次竞聘上岗，如果带领团队有突出成绩，就能够继续升职，而在“赛马”竞争中失败的，要根据情况来决定去留，不符合当前岗位能力的转换岗位，跟不上形势的就下岗。

此后，华为公司一直沿用这种“赛马”的竞岗模式，根据个人实际表现、发展潜力及公司发展需要对各级干部进行选拔。

知识管理专家玛汉·坦姆仆提出，激励知识型员工的前四个因素依次为个体成长、工作自主、业务成就和金钱财富。这是他经过大量实证研究后发现的现象。可以看出，实际上金钱财富的激励作用其实是比较靠后的，真正能够激发员工更有激情地投入奋斗的是个体成长以及业务成就，而华为就是将个体成长放在最前面，而职位越往上工作也能越自主，所以华为的“赛马文化”实际上就是根据华为知识型员工的特性制订的最适合的选拔模式，这个模式可以最大激发出员工的潜能，让企业呈现出蓬勃的发展之势。

3.3 开放职业通道，任人唯能

华为开放“双职业通道”模式，在为大部分员工提供正常的职业发展路线的同时，也为专业人才设计出一条更合适的职业发展道路。

华为基于管理和专业两类人才，设计了纵向、横向职业的发展双通道，不排资论辈，不参考年龄、工龄，而是按照能力及绩效结果来评议职位的升迁。

新员工进入华为之后从基层开始工作，成为骨干员工后可以自行选择成为管理人员或者技术专家。在达到高级职称之前，基层管理者和核心骨干之间、中层管理者与专家之间的工资相同，同时，两个职位之间还可以相互转换。而到了高级管理者和资深专家的职位时，管理者的职位和专家的职位就不能改变了，管理者的发展方向是职业经理人，而资深专家的方向是专业技术人员。

李一男是华中理工大学（现为华中科技大学）少年班的高材生，他在读大学的时候就进入华为实习过一段时间，毕业后更是毅然决然地加入了华为。

由于李一男出色的研发能力，很快他就得到了任正非的赏识，他入职后不到两天就升职为工程师，不到两周就成了高级工程师。由于在职期间表现出色，短短半年之后李一男被任命为华为最核心的技术部门——中央研发部副总经理。两年之后，由于在C&C08交换机等多个项目上的突出贡献，李一男被任正非直接任命为华为中央研发部总裁以及公司的总工程师。

李一男作为一名技术专家，在职场上的成就可以说已经到顶了，但华为开放的职业通道，让他能够往管理层的方向继续努力。没过几年，李一男就坐上了华为公司副总裁的宝座，而那一年，他才27岁。

事实证明，不管是从专业技术层面，还是管理能力层面来说，李一男都是不可多得的人才。华为开放的职业通道也给了李一男施展才华的机会，让他实现双向的职业成就。从李一男的案例也可以看出，华为选拔人才的机制只有一个原则，就是任人唯能。这种开放式的选拔机制也是华为聚集众多业界精英的重要原因。

4. 老狼带新狼，传授经验和技能

任正非认为，仅仅依靠自己的总结和积累，员工获得的经验实在有限，且耗损了太多不必要的时间，最好的方式就是员工在摸索前进的过程中能够得到技能娴熟、知识丰富的专家的指导，让更多的宝贵经验传承下来。

在任正非的指导下，华为确立了全员导师制、“传帮带”的责任体系等模式，让企业内部的前辈带领后辈一同前进，华为也因为这种“老狼带新狼”的人才管理方式，避免了知识浪费，同时加快了新狼适应狼群生活的速度，也让新狼快速捕获到猎物，为狼群的壮大做出贡献。

4.1　授人以鱼不如授人以渔

中国有句话：“授人以鱼不如授人以渔。”与其将知识简单地灌输给别人，不如将学习知识的方式传授给他。因为捕捉到鱼才是真正的目的，如果只是赠人一条鱼，那么只能解决一时的温饱，却不能真正解决一个人长期的温饱问题。只有学会了钓鱼的方法，才能永远有鱼吃。

这个道理放在管理学中依然适用，如果只是告知员工简单的操作步骤，那么这个员工就会像一台机器一样，给出的永远是确定的相同的结果，而只有将真正的工作内核传授给员工，这个员工才能根据实际情况调整工作方式，也才能反馈给企业更多可能性。

2014 年 5 月，李嘉禾（化名）加入了华为的生产车间，在导师的引导下她开始学习手机彩盒预配业务。为了能让她更快熟悉业务流程，她的导师先将全部的步骤演示了一遍，她在一旁仔细观察导师如何一步步将彩盒中的部件安装好，一遍下来，她自认为这些步骤都烂熟于心，但真正自己操作起来，不是这里忘记了放耳机，就是那里多放了保修卡。

频频出错的李嘉禾感到无比困惑，心想也许自己记错了其中的某个步骤，于是她想了个笨方法，就是反复翻看指导手册，将里面的内容都熟记于心，她心想这样总不可能再出错了。

李嘉禾没想到的是她在后续的工作中仍然频繁出错，并且作业速度没有明显提升。她发现死记硬背作业流程对作业的质量和工作的效率没有丝毫的帮助。李嘉禾每天无数次思考如何提高作业速度和作业质量的问题，但每每都想不到合适的方法。

消沉几日之后，她终于忍不住，找到了她的导师，并且将自己一肚子的疑惑全部倾倒出来，请教解决方案。她的导师听了她的疑惑之后，耐心地把多年的实践经验娓娓道来，谈话的内容都是指导手册里面学不到的"武功秘籍"。她的导师告诉她："首先你要一次性把事情做对，初期要追求操作的正确性，不能图快，确保每一个步骤做到位，然后慢慢加快操作速度；向零缺陷员工请教，观察学习他们的作业方法；多学习违规操作案例，从别人的错误中学习成长。"导师的倾囊相授让李嘉禾受益匪浅，掌握了"独门秘诀"的她在短时间内迅速提升了自己的作业质量和效率。

2015年12月24日，李嘉禾以80%的超高得票率当选"成长之星"，在短短一年半的时间里，她从一个什么都不会的新员工成长为一名技能熟练的"小专家"。

在华为这样的创新型企业，尤其排斥"机械型员工"，即只会重复工作步骤，没有开创性工作成就的员工，所以华为除了安排导师领新员工进门之外，还格外重视新员工的培养方式，即不粗暴灌输工作理念，而是结合实际情况将应对工作的诀窍传授给新员工。

4.2 用最优秀的人去培养更优秀的人

华为的高级管理顾问吴春波对华为的人才管理有过这样的评价："任总今

年的观点是近朱者赤，这又回到人力资源管理问题。中国最丰富的资源就是人力资源，聪明、低价、勤奋，数量众多。华为就是靠着这样一帮中国人，走到今天的，但是问题在于怎样管理这些人？我觉得华为做到了一点就是，把喜羊羊变成了灰太狼，把这帮青年知识分子变成战士。”

华为作为一家国际化大企业，其中更是卧虎藏龙。对于人力资源管理，华为一直以来都主张物尽其用，人尽其才，不仅发挥人才在职位上的最大效用，还将他们的经验和技能都推广到华为的其他人才身上，华为一直主张全员导师制，就是不想浪费技术专家宝贵的经验技能。

2010年，李斌（化名）进入华为的万级无尘室，成了华为制造部的一员。万级无尘室中生产的产品属于光信号传输系统设备的核心部件，相当于人体的心脏部分，能够联通世界，所以对其操作者的要求非常严格，需要员工有高超的技能。

为了能让新员工尽早适应万级无尘室的工作环境以及掌握相关的操作步骤，华为为这些新员工安排了具有多年经验的能手领他们进门。李斌所在的岗位主要工作是熔纤，非常讲究操作手法的“精准”，华为给他安排了部门最优秀的操作师为他做示范。李斌就在一旁细致地观察，他看着导师仔细地将光纤穿过直径仅为0.4毫米的套管，要知道这根光纤的直径为0.25毫米，所以操作起来异常困难，导师顺利完成第一个步骤后紧接着用剥刀在光纤上剥出纤头，李斌发现导师全神贯注，小心翼翼地拿捏着光纤，精准地控制着自己的力度，因为光纤的韧度非常低，要谨慎控制住力度才能让整个过程稳妥。导师以“稳、准、狠”的操作完成了后续的剥纤环节，这对力量的掌控非常严格，力气过大会导致光纤断裂，力气过小又不能剥开光纤。

看完导师一系列娴熟的操作之后，李斌沉浸在震惊的情绪之中，还未回过神来，导师已经开始分配任务，导师让李斌熔接50个熔点练手，尽快找到感觉。尽管导师一直在旁边安慰道：“不要紧张，慢慢来。”但是从拿起光纤的那一刻开始，李斌的手就没有停止过颤抖。这50根光纤有49根没能成功穿过套管，仅存的一根也在剥纤的时候断开了。

李斌正式工作的第一天就是在无数次的失败中度过的，虽然这些光纤本来就是用来练手的次品，但李斌还是感到非常内疚，下班走进更衣室换衣服时才发现自己的后背早已被汗水浸湿。

尽管前期工作屡战屡败，但导师一直在一旁细心指导李斌的工作。为了尽早成为像导师那样优秀的熔纤能手，李斌每天都是第一个到达车间，最晚一个离开工位。

在导师的帮助下，李斌终于熟练掌握了熔纤工作，迅速成长为车间的熔纤小能手，并于2016年被内部评选为“工匠”。到后来，李斌也成了新员工的导师，把总结出来的经验和技巧传授给大家，培养出多名技术能手。

正如吴春波老师所说，人才管理就是要将喜羊羊变成灰太狼，企业新入职的员工多数是刚毕业的学生，他们虽然满腔热血，想大展身手，但常常找不到很好的方式融入企业的环境，也因为没有人来疏导他们的情绪，引导他们掌握工作技能，很多人不仅没有成为狼，反而由狼变成了羊。

因此，管理最重要的任务就是去改变并影响满腔热情的新员工。华为一直以来都推崇用最优秀的人去培养更优秀的人，也就是希望通过有经验、有技能的优秀资深员工的引导，培养出一批更善于战斗的狼。

4.3 让知识和经验为公司创造价值

培根说：“知识就是力量。”而知识对于企业来说，更是不可忽视的力量。试想如果企业中的每一个员工都能将自己在项目中积累的经验和知识扩散到更多员工身上，成为更多人的知识和能力，那么这些知识和经验将成倍数地被放大，从而为公司业务的推进发挥巨大的价值。

华为对于知识的管理，就是用“转化器”和“放大器”复制并放大经验，让更多人学习知识，让宝贵的经验得以传承，让成功的诀窍得以复制。

英国石油先后在Foinaven、Schiehallion油田开采石油，在开采Foinaven油田的时候，由于没有经验，也没有能够比较的对象，所以花费了近6亿美元才开采完毕。当英国石油开采Schiehallion油田的时候决心要比第一次更高效、更节约成本，为了能有所改进，他们开采Schiehallion油田之前总结了第一次开采油田时的经验和不足之处，进行了全面学习，并且熟悉了开采油田的流程。最终，英国石油开采 Schiehallion 油田第一口井的时候就达到了 Foinaven 油田的历史最高水平，并最终将平均成本降到了 5 亿美元。

华为的轮值 CEO 徐直军说：“华为公司最大的浪费就是经验的浪费。我们十几万人的公司，全面推进知识管理，是让经验和知识能够为华为公司创造价值。而且，今年公司一直提‘班长的战争’，要支撑班长的战争，能够让一线的班长快速找到工作所需要的知识，知识管理是必须的。”

2000 年，潘永光进入了华为的施工队，从此开始了安装通信设备的工作之旅。从最初的 2G 时代，潘永光负责安装重达四五十千克的大块头设备，到如今的 4G 时代，他负责集合天线和 RRU 为一体的 AAU 的安装工作，十几年来，潘永光经手安装了无数的通信设备，也见证了通信设备的一代代演进。

实际上，潘永光在中途曾经因为设备笨重且安装步骤烦琐等原因困扰过一段时间，为了能够更方便地搬运这些设备，潘永光在这些设备上增加了 RRU 提手，并且简化了安装步骤。当时，潘永光还发现在塔上作业容易掉螺丝，于是通过自己的经验在设备上对螺丝做了防掉落处理……这些省时省力的细节设计都是数十年来潘永光积累下来的独一无二的经验。

2012 年的一天，有两个华为的新员工找到潘永光，并且真诚地对他说：“能不能让我们新员工跟着一起上站，学习安装基站的知识？”潘永光立即答应道：“没问题！”实际上，潘永光早就想将年复一年的实践经验教给新员工，将这些书本上学不到的“真功夫”传下去。

从那以后，潘永光身后总是跟着一群虚心求教的年轻人，他耐心地将自己所积累的知识和经验教给这些新员工，面对他们的“为什么”，潘永光也一一解答，看着这些新员工纷纷低头在手机或本上记笔记，甚至还有专门录音学习的，潘永光总是更加投入，希望在有限的时间里尽可能把所有知识都教给他们。

借由这种方式，潘永光也将设备上的一些问题反馈给华为，比如天线的螺丝孔不够圆滑不好旋进去，天线和 RRU 可以更小型化……华为的设备果然越来越好，而那些新员工也渐渐掌握了更好的工作方式，快速成长为部门的“小专家”。

潘永光通过传授自己多年累积的宝贵经验，不仅为华为培养了更多的行业人才，让自己的能力也得到了发展，更是通过这种教学模式发现了能够改善企业产品的细节，让华为改进产品的品质，产生更大的价值。这也就是华为一向推崇的，不能浪费宝贵的知识和经验，要让这些知识技能都转化为公司的财富。

5. 敢于“刺刀见红”，敢于对着自己开炮

任正非说：“泰国代表处有一个反思，我只写三个字‘真英雄’，没有必要写更多的字来评价，他们敢于‘刺刀见红’，敢于对着自己开炮。我是真心实意表扬他们是真英雄，希望每个代表处、每个部门都敢于把自己的问题揭发出来，只要能揭发出来，就一定会有改进措施，就会朝着更美好的明天前进。”

任正非自身是一个时常反思自己的人，他认为人要有进步就要站在长远发展的角度上看当下的不足，企业也一样，要在时代的浪潮里稳固发展，就需要企业的员工勇敢地检讨自己的不足和企业有待改善的地方。

5.1 敢于自我批判才能成为强者

任正非说：“美国军队每打完一场战争回来，都是自我批判。特别是‘沙漠风暴’，美国是完胜，但美国回去以后的总结全是批判自己，因为美国说不可能再打这么完美的战争，不可能再在最完美的地方遇到最完美的敌人，用最完美的方式完成最完美的战争。”

任正非也提到，其实美军打胜仗的时候多，但从来不会因此而松懈，而是为未来战局担忧。任正非十分认可美军居安思危的精神，也在华为大力倡导员工学习美军的自我批判精神，他认为员工要成长，就要敢于自我批判，

这样才能不断进步，跟上企业的步伐。

2017 年 9 月，华为内部公布了任正非的一封邮件，邮件内容为："我们要鼓励员工及各级干部讲真话，真话有正确的、不正确的，各级组织采纳不采纳，并没什么问题，而是风气要改变。真话有利于改进管理，假话只会使管理变得复杂、成本更高。因此，公司决定将梁山广晋升两级，到 16A。即日生效。这并不影响其正常考核与晋升。根据其自愿选择工作岗位及地点，可以去上研所工作，由邓泰华保护不受打击报复。"

尽管邮件中并没有提到这件事的具体过程，但是可以看出任正非非常重视能够给华为提出真正有用信息的人，也正是因为邮件中提到的这位梁山广有勇气直接指出华为内部的不足之处，敢于站在公司的角度自我批判，才能够真正为华为解决问题。任正非对于梁山广这样敢于说真话、自我批判的员工的回馈，就是让他有更好的发展以及未来，让他能够为华为提供更多有价值的信息。

作为行业巨头企业的领导人，任正非给人的印象非常霸道，甚至有时候会被人说"专制"，但真正了解任正非的人，读过他所写的《华为的冬天》以及华为人出版的《下一个倒下的会不会是华为》等书的人，就会发现任正非其实是一个虚心学习，将"反思"二字作为人生信条的人。

尤其在华为走向更高的舞台之后，任正非的担忧日渐深远，他深知华为前进路途中最大的劲敌不是同行，而是华为本身。为了给华为谋求长远发展，任正非总是在华为内部倡导全员要敢于说真话，勇敢地站出来对华为进行批判，所以在外界看来光芒万丈的华为人，骨子里都有着自我批判的品性，而从任正非专门为敢于自我批判的华为员工写的邮件中也可以看出，华为鼓励员工自我批判，重视自我批判的力量，认为自我批判才是企业成为强者的诀窍。

5.2　自我批判是进步的阶梯

华为党委书记陈珠芳称："提高自我批判能力是尽快成为合格干部的必由之路。"事实上，自我批判文化在华为非常盛行，它不仅仅是考量干部的准则，也是全体员工的基本素质。

在华为看来，自我批判使得华为人在胜利面前不自负、不骄狂，能够始终保持低调，保持务实的工作状态。同时，自我批判能够让华为人及时认识到自身的不足之处，有了正确的认识，就能够不断学习，不断超越，去弥补稍有欠缺的地方，从而与华为一同走向胜利。

1996年，华为第一次集体大辞职之后，好不容易奋斗到高层岗位的毛生江丢了“官帽子”，一切都只能从头干起。

之后，毛生江重新竞聘上岗，但是初到市场部的他在这个领域的经验严重不足，导致在开拓时期做了很多错误的尝试，也让新市场的开拓工作开展得十分缓慢。

毛生江意识到，这样下去绝对不行，必须找出自身的问题。当时，华为时常召开的民主生活会，不仅公司会组织开展，各部门也会自发组织进行。于是他也召集自己的团队成员开展了一次民主生活会。

在民主生活会上，毛生江首先做了自我检讨，并且虚心地请求经验丰富的下属们为自己这个“无能”干部指点迷津，部门员工们终于敞开心扉，毫不留情地指出了他所存在的问题，同时也积极地对新项目的开展建言献策。

最后，毛生江终于找到了突破方向。在他的带领下，项目组克服了无数的困难，最终取得了骄人的成绩。很快他就被公司重新提拔重用，2000年，毛生江就被任命为公司执行副总裁。

和毛生江一样，陈珠芳深受华为自我批判文化的影响，她曾说：“商场每一天都如严酷的战场，负责任的管理者必须极力保持企业的高绩效，如果我作为人力资源的管理者不能组织公司‘吐故’，会导致沉员过多，最后造成工作的低绩效，甚至导致企业崩溃，这是对全体员工最大的不负责任。”而陈珠芳和毛生江一样，也是通过这样的自我检讨一次又一次地完善自己的工作，并且以自我批判为重点来管理华为十几万的员工。

可见，在华为都是高层管理者主动进行自我批判，从而带动华为上下贯彻自我批判精神，让华为人都能够坚持自我学习和自我激励，避免员工因为干一项工作的时间太长，丧失了学习的动力，导致自己停滞不前，不再适应工作岗位。

5.3　长期坚持自我批判

任正非说："只有有牺牲精神的人才有可能最终成长为将军，只有长期坚持自我批判的人，才会有广阔的胸怀。"实际上像华为这样的大型企业，管理上最大的问题实际上是内部很容易滋生自满、骄横的情绪，而自满、骄横容易造成管理层形成官僚、唯上的作风，导致内部腐败之风盛行，从而影响下级的工作，也会让企业的发展受损，一个强大的企业极有可能就这样陨灭。

所以，任正非屡屡在内部号召华为人要"天天思考的都是失败，对成功视而不见"，也数次灌输"华为的冬天"等危机思想，就是希望华为上下能时刻保持自我批判的作风，同时也"批判华为"，让华为能调整企业的管理以及战略方向，从而长盛不衰。

华为的战略中不能不提及的是华为的两支队伍——"华为红军"和"华为蓝军"，"华为红军"代表华为现行的战略发展模式，"华为蓝军"代表华为的主要竞争对手或创新型的战略发展模式。"华为蓝军"的主要任务是"唱反调"，模拟华为主战略可能遇见的各种困难，找出"华为红军"的种种漏洞。华为希望通过建立这样的自我批判模式，保证华为一直走在正确的道路上。

按照华为顾问田涛和吴春波在其著作《下一个倒下的会不会是华为》中的介绍，"蓝军参谋部"主要职责包括："从不同的视角观察公司的战略与技术发展，进行逆向思维，审视、论证'红军'战略/产品/解决方案的漏洞或问题；模拟对手的策略，指出'红军'的漏洞或问题；建立'红蓝军'的对抗体制和运作平台，在公司高层团队的组织下，采用辩论、模拟实践、战术推演等方式，对当前的战略思想进行反向分析和批判性辩论，在技术层面寻求差异化的颠覆性技术和产品。"

2008 年，华为原本计划将子公司华为终端出售给贝恩资本，但"华为蓝军"发现了终端的重要性，并提出了云计算结合终端的"云管端"战略，打消了华为出售终端的念头。果然，在“华为蓝军”自我批判的模式下，华为及时发现了主航道上的偏误，调整了作战模式。最终市场分析的 Strategy Analytics 第三季度数据显示，2015 年华为终端成为全球第三大手机厂商，仅次于苹果和三星。

为了保证能够在批判中前行，华为特别设立了“华为红军”和“华为蓝军”这种以自我批判为核心的战略发展机制。为的就是让华为长期坚持自我批判，对未来有所畏惧，不过分自信导致迷失方向，通过自我批判，时时刻刻保持危机感，正如任正非所说：“在技术工作的客气是毒品，直面的批评、争论才是良药。”

6. 用规范的管理铸造一支铁军

众所周知，华为人素来以低调、务实、乐于群体奋斗著称，除此之外，不少管理学专家对华为人的评价还有“狼性”二字。要如何将这些具有侵略性与攻击性的狼驯服，并让他们服从华为的管理，成为众人眼中不露锋芒的铁军，并成为支撑华为的最大力量呢？

要知道，对于所有企业而言管理都是至关重要的事情，尤其是像华为这样集中了十几万知识型员工的大企业，要将这些人才组织起来并激发他们的内在价值、创造潜能和能量，除了让他们能够享受价值回报，还要有合理的行为规则对他们进行规范化管理，这样才能在保证他们有活力的同时，铸造出一支骁勇善战的华为铁军。

6.1 员工的活力源自有序管理

《华为基本法》起草人之一的彭剑锋说：“华为的成功，不是偶然的，华为的成功是‘知识分子 + 军人能量’聚合的成功，是以知识型员工为主体的特别能担当、特别能战斗的华为人的成功。”

如何让这些知识型员工成为彭剑锋所说的“特别能担当、特别能战斗的华为人”呢？这就要靠任正非对华为人的军事化的管理了。任正非认为管理企业职员和训练军人的道理是一样的，有序的管理才能保证员工始终保持活力，能在一线奋战。

为了让刚走出校园的学生迅速适应在华为的工作状态，华为通过有序的管理给这些还处于懵懂状态的“秀才兵”注入了军人的灵魂与血性。

第一，对这些新员工进行至少一个月的严格军训，让这些“秀才”明白企业的责任、企业的组织纪律以及企业的荣誉感，让他们通过军事化管理迅速进入“铁军”状态。

第二，在企业规则管理上给他们注入军人的责任感，让他们在规范的管理中体会什么是“胜负无定数，狭路相逢勇者胜”的胜利精神，“胜则举杯相庆，败则拼死相救”的集体奋斗精神以及“上甘岭上出干部”的奉献和牺牲精神。

彼得·圣吉曾说：“一个企业实现效益最大化的条件就是拥有一套科学合理的管理制度，并且有一套可靠的生产、供应系统。”华为能有今天的成功，很大程度上得益于华为对员工的规范且科学的管理。

华为有一个管理制度，即将市场员工在一线的打拼年限控制在三年以内，而华为人也是遵从企业的管理，没有任何怨言地执行企业的要求。

有人就说华为这样的管理有问题，按常理来说，一个初出茅庐的大学生根本不可能凭借自己的能力在一线做出什么成绩，然而随着华为的市场不断扩大，直到将市场扩展到美国的时候，这些质疑的声音就渐渐消失了。

事实上，华为凭借自己多年的管理经验发现，华为的销售人员中业绩最好的不是有丰富经验的资深员工，而是刚刚毕业的野心勃勃的大学生。因此华为对这些大学生进行了工作上的年限安排，保证一线人员永远充满活力。

实际上，也正是因为华为对销售人员的严格把控与管理，才使得华为内部充满活力和创新。要知道华为要管好十几万人和全球一百多个国家和地区的业务，只能依靠严格的流程与制度管理，而且正是规范化管理，使这些员工始终保持着活力，也让华为的工作流程发挥出应有的价值。

6.2 如果没有规范化管理，队伍将溃不成军

华为中研部曾有人给任正非建议，说："中研部必须有很多活思想，规范化管理使我们效率降低，新突破降低。"中研部的这位干部向任正非反映在中研部实施规范化管理是不合理的。任正非听了之后当即回复道："如果中研部的工具库、数据库，甚至每个功能模块，每段程序都不规范，拿什么去拼出一个具有创造性思维的产品呢？不规范管理将导致公司越大，效益越低，矛盾越多，越没有竞争潜力，最后就破产了。"

任正非认为华为之所以能够强大并且稳健发展，就是因为有规范化的管理，不管是对于人才的管理还是对于工作流程的管理，华为都坚持要使管理规范化。实际上，华为的员工都是毕业于高校的人才，不管是在技术层面还是在文化水平方面都比较优秀，虽然华为的创新要依靠他们活跃的思维，但是任正非认为主意越多，人心就会越乱，所以必须规范化管理，华为才能"不乱套"。

华为的初创时期是没有任何销售方面的管理制度的，华为销售员工仅凭自己对于销售的理解去争取客户，拿下客户的订单并争取到客户资源。但华为具备一定的规模之后，这种杂乱无章的销售模式就出现了问题，因为华为的销售队伍不断壮大，销售的区域也逐渐扩大，不系统的管理和不规范的行为准则不利于华为的发展，所以华为及时推出了《华为人行为准则》以及《华为员工职业道德规范》，对华为销售员工的行为做出了基本的规范。

华为出台的这两套行为管理规范有很大的局限性，虽然华为不断调整并完善这两套规范，但因为其中所涉及的制度都非常独立，缺乏统一性，所以管理上还是不能尽善尽美。

于是，《华为基本法》应运而生，共有六章内容，包含公司的宗旨、基本经营政策等共计一百零三条制度。《华为基本法》统一了华为所有的规章制度，甚至已经被美国爱默生公司收购的华为电器以及华为和美国3COM公司

合资的公司都是按照这个模式管理企业的，足见华为的企业建设及管理模式已经比较成熟了。

华为从一个小作坊式的公司发展到如今具备十几万人的大规模的企业，历经了制度建设上的蜕变，整体来说是一个从无到有、从局部到全局的过程，也正是华为日趋完善的规范管理，为华为打造了一支既具有创造力又具备狼的战斗力的铁军。

6.3　用军队运行机制与军队文化管理员工

任正非指出："金一南将军讲美国军队，美国军队是世界上最有文化的军队，西点军校录取的是高中生的前 10 名，美国安那波利斯海军军官学校录取的是高中生的前 5 名……所以美国军官都是美国最优秀的青年。美国军队的考核最简单，没有对学历、能力的考核，只考核'上没上过战场，开没开过枪，受没受过伤'，所以美国军队其实是最能作战的。他们先学会战争，再学会管理国家。将来我们也要学习美军的考核方法。"

事实上，华为的员工几乎是中国最为优秀的青年，华为一直倡导实行军事化管理，就是为了用军队运行机制和军队文化管理这些优秀的员工，让他们能够像军人一样善于战斗。

第二次世界大战（以下简称"二战"）期间，美国空军在高空轰炸作业的时候经常出现失误，并且不是小误差，而是大规模的投弹失误，这让美国空军非常困扰。为了解决这个问题，美国空军从哈佛大学召集了一群设计专业的高材生入伍，让他们针对空军作战模式进行数字化改革，果然，经过改革，美国空军轰炸的命中率大大提高了，同时飞机的失事率也降低了。

哈佛大学的这群高材生将数字化的设计理念带到了军队之中，同时也接受了军队的管理和军队的运行机制，真正从设计专业的学生成了军队的一员。

"二战"结束后，有不少美国空军退伍改行，当时美国福特公司管理混乱不堪，希望通过军事化管理整顿企业的风气。所以，这些退伍空军中有 10 位被聘请到福特公司做管理者。这 10 位管理者不仅接受多年的军事文化的熏陶以及严格的军事制度的管理，还学习过哈佛大学的设计理念，他们将科学理念与军事化管理结合在一起，把数字化管理引入福特公司，他们不仅有军人追求效率的一面，也有信仰数字的一面，于是他们在福特公司开创了现代企业科学管理的先河。可以说现代工业管理系统化的理论和实践就是从这10个人开始的。也正是这10位美国退伍军人，将军事化管理以及科学的管理概念带入了福特公司，拯救了日趋衰退的福特公司。

企业管理类似于军队管理，企业如果能严格执行军队的管理模式，也将实现人才的规范化管理，极大激发员工的执行力。

任正非说："军队组织是最具变革精神和最具战斗力的组织。"所以，华为一直以来都将军事化管理运用在企业管理上，对员工进行规范化管理，使华为人综合作战能力更强，并以此优化华为的组织与流程，使华为的组织变得更轻、更快、更简单。

7. 胜则举杯相庆，败则拼死相救

任正非在《致新员工书》中写道："华为的企业文化是建立在国家优良传统文化基础上的企业文化，这个企业文化黏合全体员工团结合作，走群体奋斗的道路。有了这个平台，你的聪明才智方能很好发挥，并有所成就。没有职责心，不善于合作，不能群体奋斗的人，等于丧失了在华为进步的机会。"

任正非认为现代企业要保持蓬勃生机，不能像以前一样依靠个人英雄主义，而是要依靠团队的力量，所以华为一直都主张"胜则举杯相庆，败则拼死相救"的团队作战文化，希望所有华为人以华为这个集体为重，对华为有责任心，以集体的兴衰为重，集中智慧为华为的未来谋出路。

7.1 华为高管主动放弃年终奖

任正非说："我们只有一个理想，就是华为公司的理想，每个人都要为公司的理想发挥你的才干，因而也就实现你的理想。要提高核心竞争力，需要能干的员工，但你必须符合公司的总潮流。每个人如果都要建立自己的思想体系，仅考虑自己的发展道路，在华为公司将会很难。如果说华为的理想我能接受，同时又在实现华为理想的过程中实现了自己的理想，我认为你是非常明智的。"

华为在任正非的领导下，让个人与企业思想体系保持高度一致，即企业的失败就是个人的失败，企业的胜利才算是个人的成功。也就是秉承着这样的理念，全体华为人才能最大限度地将“胜则举杯相庆，败则拼死相救”的共享成功果实、共担失败责任的企业文化落实到行为之中。

2012年，电信行业业绩普遍惨淡，华为在整体业绩不佳的情况下，仍然达成了不错的业务成绩。相比2011年的下滑之势，华为在2012年的逆势增长实在是意外之喜。

2012年的年度总结会议上，孟晚舟对2013年华为的运势做了一个乐观的预测：“我们预计2013年的运营商市场仍然能保持10%的增长，企业业务市场和消费市场具体的数据还在核算中，但应该也能有10%以上的增长。”

不管是2012年华为的整体业务成绩，还是孟晚舟对于华为2013年的预期，都是让所有华为人振奋欢欣的消息，但就在华为15万员工能共享2012年华为125亿元人民币年终奖（人均接近10万元人民币）的时候，华为有几个高管却面临年终奖为零的窘境。

2012年，虽然华为整体业绩达到预期，但仍有几位高管因为没能达到个人业务目标，包括消费者BG董事长余承东、CEO万飙、企业业务CEO徐文伟在内的5名高管，得到了华为颁发的一个特别的奖项——“零起飞奖”，2012年年终奖均被取消。

但让人没有想到的是，华为的其他董事会成员，包括董事长孙亚芳、总裁任正非、CFO孟晚舟，以及三位轮值CEO徐直军、郭平、胡厚崑都主动放弃了奖金。

孟晚舟在年度总结会上表示，华为文化就是“胜则举杯相庆，败则拼死相救”，既然董事会的成员没能完成年初的个人承诺，董事会的其他成员就共担其责。孟晚舟表示，董事会的成员共享成功、共担失败，实际上对来年华为的发展是有积极的影响的，每个人身上承担的责任多了，付出的努力也会加倍。

华为的高管因为团队中有少数人没能达成既定目标，就共同承担后果，全员放弃了年终奖，这在大多数企业都是不可能的事情，而华为就时常会有这样的事情发生，这也就是华为能成为世界一流的企业的原因之一。

华为人高度的团队意识和团队精神，让他们将“胜则举杯相庆，败则拼死相救”这一企业文化发挥到极致，也因为这种彼此分享、共同担责的理念，让他们加倍努力，将华为的建设摆在第一位，让华为有了今天的地位。

7.2 群策群力，战无不胜

德国哲学家叔本华十分赞赏团队合作精神，他说：“单个的人是软弱无力的，就像漂流的鲁滨孙一样，只有同别人在一起，他才能完成许多事业。”

任正非非常认同这种观点，他认为群策群力的优点就是能够发挥集体智慧，通过讨论，甚至是彼此之间的争论碰撞出火花，然后以集体的智慧确定方案，集合众人之力，完成共同的目标。所以，在华为无论是干部还是基层员工都集中发挥众人的智慧，也充分发挥“胜则举杯相庆，败则拼死相救”的团队精神。

2015 年 3 月，王刚（化名）接受华为的安排，去往南非担任 MTN BULK PO 项目的负责人。MTN BULK PO 项目由三家厂商共同负责，其中华为负责项目的主要部分。也正因为华为负责这个项目的主要部分，所以要处理的客户方的现网信息十分复杂，而且客户的分包资源稀缺，导致计划集成非常困难。更为棘手的是，王刚一行人从未有过类似的交付经验，而其他两家厂商却对南非局势十分清楚。对于华为方来说，这个项目的交付形势十分严峻。

由于当时华为团队没有任何经验可以借鉴，王刚也不知道哪些站点交付容易，哪些站点交付困难，所以华为团队一开始就选择了交付周期最长的交付站点。华为犯的这个战略上的错误，导致华为的友商 E 不耗费任何精力，直接选择了客户当下的物料交付灯杆站点，收获了站点。

2015年3~7月，同个项目，华为的友商共交付新建站点37个，而华为只交付了7个。由于项目对于华为来说非常重要，加上客户对这个项目非常严苛，那段时间王刚的精神压力非常大。尤其是每一次王刚被否定的时候，华为地区部以及代表处的交付VP都坐镇现场，这让王刚心理压力过大导致对客户的苛责产生了心理阴影。后期王刚每次接近客户会议室，都会不自觉地惊出一身冷汗。

为了能够让客户满意，王刚每天只休息4个小时，甚至睡梦中都在排计划、过站点。但仍旧没能达到很好的效果。经过反复思考之后，王刚开始意识到仅仅依靠自己的力量是无法解决这个问题的，于是他向公司发出了求助的信号。

本着“胜则举杯相庆，败则拼死相救”的基本理念，华为快速响应了王刚的求助信号，在华为地区部和代表处领导的大力支持之下，王刚的团队很快就完成了建设工作。之后王刚的团队终于开始梳理内外部流程，并针对新建站点的瓶颈和难点制订出了完善的交付方案，并且通过实施方案，打通了下面的子项目，不留死角地解决了全部问题。

在华为地区部的帮助下，项目终于在2015年底有了很大的进展，华为负责的新建站交付终于在三个区域同时起量，项目顺利开展，客户也逐渐转变了对华为项目组的态度，多次赞赏华为的工作成果。

这个项目完成之后，王刚自己也说：“没有优质的团队和优质的资源，项目不可能在短期内发生质的变化。”正如任正非所说的：“一个人，不管他多聪明，他一生中也只能发出几次智慧的光芒。所有人的光芒聚集起来，华为的未来就很光明。”

华为非常明确，华为的成功不是一个或者几个天才成就的，而是万千华为人共同努力的结果，也正是因为“胜则举杯相庆，败则拼死相救”的企业文化的影响，才让华为组建了战无不胜的铁军，帮助华为实现战略目标。

7.3 形成一支意志高度凝聚的作战团体

华为创办至今仅仅30余年，就迅速跻身世界前列，这样的成长速度让很多西方企业都非常吃惊，在西方企业的眼中华为的快速扩张无异于野蛮生长。所以，很多国外竞争者往往会用“野性”“疯狂”“难以战胜”等词汇来形容华为，而这些词汇，都可以用来形容一种动物，那就是狼。

在动物世界中，狼的存在不可谓不特别，它的体型与牧羊犬相当，却能抓捕比自己重数倍的驯鹿。就算是以勇猛著称的野牛遭遇狼群，也只能奋力逃跑。

论健壮，狼不如虎；论敏捷，又不如豹。然而，即便是猛虎和猎豹，与狼群狭路相逢，也只能忍痛将辛苦打来的猎物拱手相让，这与狼的团队精神是分不开的。狼群从来都不是单兵作战，它们更像是一个有着严格等级和职位划分的组织，有头狼，有侦察兵，有主力军。狼群还有着严格的纪律性和组织性，一旦发生冲突，狼群所指，即便是老虎也要负伤，即便是猎豹也未必能够逃脱。

最重要的是狼群的团队意识非常强，这种团队精神十分难得。战斗中的狼会一致对外，直到将猎物收入囊中，具体体现在即使每一只狼都有很强的战斗力，能够独自捕获猎物，但狼群中的每只狼都能服从集体利益，在狼群潜伏的过程中，绝不会出现有一只狼因为经不住诱惑而破坏整个团队的伏击，单独发起进攻的行为。事后分享猎物时，狼群内部也不会因为老弱病残没有贡献足够的力量而抛弃它们，而是招呼它们一起来分享胜利的果实。

这种共同承担猎食责任，分享胜利果实的团队精神，正是任正非在华为内部非常推崇的精神。任正非想要建设的华为团队，就是像狼群一样的意志高度凝聚的作战团体。通过“胜则举杯相庆，败则拼死相救”的精神感召，真正意义上把一个个单独的员工凝聚成了一个具有超强战斗力的团体，而这样的团体对华为的崛起无疑起到了强大的支撑作用。

第3章 持续的艰苦奋斗

任正非说：『只有奋斗才会有未来，我们奋斗可能会不成功，但不奋斗肯定是不成功的。』任正非坚信持续不断的奋斗是一个企业走向成功的动力，因此华为从创业之初就一直坚持以奋斗者为本，长期艰苦奋斗。

1. 进了华为就是进了“坟墓”

任正非非常认同马克思曾经说的：“科学的入口处就是地狱的入口处。”他认为要探究科学的真相就要忍受常人所不能忍，献身于科学。

而华为作为一个以研发为重的科技公司，也需要研发人员有献身于产品研发的精神。除此之外，一个企业要成为行业巨头，需要全体员工艰苦奋斗，时刻准备为公司贡献自己的力量，甚至要牺牲自己的利益来建设公司。华为之所以能够成为一流企业，离不开千千万万华为人的前仆后继，所以任正非说：“进了华为就是进了坟墓。”

1.1 华为的第一堂课就是奋斗

奋斗是华为员工最基本的职业素质，不管是企业高管还是基层员工，都坚持以艰苦奋斗为中心，这得益于华为的企业文化建设及文化落地做得非常到位，几乎所有人加入华为之后学到的第一个关键词就是“奋斗”。

华为的一名员工曾说正式入职之前，他进入华为大学所学的第一堂课就是“艰苦奋斗”，而后他感叹道：“‘奋斗’是华为的主旋律，也将是我在华为工作永远的‘伴奏’。”

华为在给新员工培训的时候，会先将任正非所写的《致新员工书》发放给每一个新员工。《致新员工书》开篇便说道：“华为公司共同的价值体系，就是要建立一个共同为世界、为社会、为祖国做出贡献的企业文化。这个企业文化黏合全体员工团结合作，走群体奋斗的道路。有了这个平台，您的聪明才智方能很好发挥，并有所成就。没有责任心，缺乏自我批判精神，不善于合作，不能群体奋斗的人，等于丧失了在华为进步的机会，那样您会空耗了宝贵的光阴。”

可以看出，华为对这些新加入的员工最基本的要求就是“奋斗”，通过奋斗为华为、为社会做出贡献，同时实现自己的事业价值。

华为开创华为大学，不仅是为了给加入华为的员工提供入职培训，让新员工能够了解自己的工作内容和企业的规章制度，更重要的是为了通过华为大学让“奋斗”二字深深烙印在华为人的心中。

《致新员工书》中说：“实践改造了，也造就了一代华为人。‘您想做专家吗？一律从基层做起’，已经在公司深入人心。一切凭实际能力与责任心定位，对您个人的评价以及应得到的回报主要取决于您的贡献度。在华为，您给公司添上一块砖，公司给您提供走向成功的阶梯。希望您接受命运的挑战，不屈不挠地前进，您也许会碰得头破血流，但不经磨难，何以成才！在华为改变自己命运的方法，只有两个：一、努力奋斗；二、做出良好的贡献。”

从这也可以看出，华为欢迎想要通过华为迈向成功之路的有志青年，但最终的胜利要靠这些青年自己努力和奋斗。

1.2　成为华为奋斗者

管理大师汤姆·彼得斯说：“硅谷的 1315 平方英里可能是世界上生产力最旺盛的土地。”当地某公司的董事长补充道：“如果每当一年美国总统要花你十年的心血，那么在硅谷创业每年要花费你五年的生命。”这意味着在硅谷繁荣的景象之下，埋藏的是无数创业者的精力。这些创业者时刻保持着奋斗状态，因为他们意识到成功不容易，所以才不断拼搏。

这与华为的企业经营理念是非常符合的。任正非认为唯有奋斗，华为才有可能成功，事实也如同他所想，华为走向成功的道路之下，埋藏着无数华为奋斗者的汗水。华为为了一直向成功的方向前进，时刻提醒华为人保持艰苦奋斗的工作状态。

1.3　华为干部都是从海外及一线磨砺出来的

华为有一个优先提拔艰苦地区优秀员工成为干部的政策，详细内容如下：“优先选拔责任结果好、在一线及海外艰苦地区工作的员工，进入干部后备队伍重点培养。”华为鼓励员工主动前往海外及一线，并给予这些员工最优质的资源和最大幅度的物质奖励：“鼓励干部到一线特别是海外一线和海外艰苦地区工作。奖励向一线倾斜，奖励大幅度向海外艰苦地区倾斜。”

华为担忧员工成为领导后就安于享受，不再奋斗，为了让中高级干部坚持艰苦奋斗，华为明确表示优先从能吃苦耐劳的奋斗者中选拔干部，以此激励华为人去海外、去一线战斗。

葛立臣（化名）自2005年入职华为以来，连续10年坚持奋战在海外一线，为华为的海外事业做出了不可忽视的贡献。

2010年，葛立臣结束了在乌克兰的项目，往摩洛哥最北端的海边城市Tanger的方向走，隔着直布罗陀海峡眺望对岸的西班牙。结束了西班牙的工作，葛立臣又奔赴西班牙最南端的Cadiz。

2011年8月，葛立臣成为西班牙Orange无线项目的负责人。这个项目的技术难度非常高，客户要求华为能够依据合同负责整个电信网络的设计，并实现端到端的实施，完成技术全Turnkey性质的交付。

葛立臣此前负责的项目都是只交付产品本身，或者在一张白纸上做Turnkey新建站点，这个项目不仅要求华为负责整个电信网络的设计以及无线搬迁的工作，还包括从基站一直到核心网的端到端连接。

一开始葛立臣组织项目组全员搜集各种相关信息，整理出传输拓扑。但在与客户交涉的过程中，葛立臣发现对方的网络信息经由多年的各厂家工程交付和各种代维早已失准，所以华为只能安排员工到站点现场厘清网络信息。葛立臣进入客户机房，当即被各种纷繁复杂的连线吓到了——客户的网络由多个厂家的传输设备构成，其中还有很多繁杂的历史设备，机房内更是遍布各种光纤、E1线、网线。

为了彻底梳理客户的网络传输，葛立臣决定采用最原始的插拔端口的方式进行网络排查。但网络排查只能在深夜进行，于是葛立臣带着本地员工在机房旁边安营扎寨，每天凌晨开始进行测试。

经历整整一个月的不眠夜之后，葛立臣终于带领项目组全员梳理出了第一个传输汇聚机房的E2E传输拓扑图。由于葛立臣出色的工作成绩，华为获得了客户的嘉奖，葛立臣的团队获得了华为的金牌项目奖，而葛立臣也因此升职，并获得了丰厚的物质奖励。

葛立臣多年来在海外奔波攻下了多个山头项目，除了世界各地的风土人情，更多的时候他体验到的是各个项目的“酸甜苦辣”，但好在十几年的海外一线的工作经历，让他收获了个人成长，也成了华为 GTS 方案架构五级专家。

葛立臣十多年都在海外奔波，最终成为华为的专家级领导，可以看出华为对于企业干部的要求非常严格。华为需要能够坚持奋斗、创造价值的人才来主导华为未来的方向，所以，华为选拔干部历来都是以那些愿意奔赴艰苦的“上甘岭”，经受磨砺的华为人为首选。

2. 狼要有肉吃，奋斗要有成果

狼群出击就必须捕获猎物，否则没有食物，狼群的每一匹狼都将面临饿死的危机，更不用说还要防范天敌的威胁了。同样，企业就像自然界中的狼群，企业只有实现目标，才能有机会存活下来。

任正非说：“华为是一个功利集团，它的一切都是为了实现目标而努力的，企业文化是围绕一种目标来实现的，这种目标就是要具有商业的价值和利益。”企业要想存活下来，就要保证营收，这样才能留住一大批员工，企业也才能发展。

2.1　艰苦奋斗不等于加班

任正非说：“对员工的评价，看贡献，而不是看加班加点。有些干部以加班多少来评价人，以加班多少来评劳动态度，我认为这样的评价有问题。有些人很快把活干完，质量还很高，贡献也很大，但就是不加班。这说明他可能是一个潜力很大的人，可以给他换一个岗位，多一些事儿，看是否可以提拔一下发挥更大的价值。”

华为的“加班文化”广为流传，在外界看来，华为人都很能吃苦，黄雨研（化名）入职华为之前，对华为的印象之一就是“无休止地加班”，但她认为年轻就是要能吃苦，于是坚定地加入了华为。

由于最初的印象，她认定华为就是加班文化和奋斗者精神盛行，她甚至将加班和“艰苦奋斗”画上了等号。于是，最开始的那段时间，她常常加班到深夜，周末也不休息，每天都过着“两点一线”的生活。她并没有刻意加班磨洋工，而是实实在在地做事。作为一个职场新人，她也愿意多付出一些精力去学习更多技能和知识，更好地完成交付。努力总会得到回报，她的部门主管很快就发现了这个勤劳肯干的新员工并多次肯定她的工作成果，这些都坚定了黄雨研继续加班的决心。

基于这样的想法，黄雨研在成为PL之后的第一次集体评议上，就反复强调项目组的某某加班到很晚，并向上级申请更好的考评结果。她当时的主管立即阻止了她，并劝解道：“评价一个人不是看他辛不辛苦、累不累，而是看他最终在工作中交付的成果。”黄雨研哑口无言，主管简短的一句话“颠覆”了她对“艰苦奋斗”的认识。她意识到“艰苦奋斗≠加班”，艰苦奋斗是要结合绩效来考虑的，不管加班到几点，如果最后的交付结果不好，按照华为的考核制度，是不会因为这个人工作时间特别长而改变他的考评成绩的。

黄雨研改变固有观念之后对公司的加班情况观察了一段时间，发现很多时候即使任务并不繁重，但由于员工默认“加班＝艰苦奋斗”，他们都会说自己“忙”，并且加班到深夜，否则就会成为公司里的“非主流”。但实际上很多时候有些人借着一些没什么意义的事情，整天忙来忙去，真正交付的却都是些没什么价值的内容。

黄雨研之所以产生理解上的偏差，是因为她没有真正领会华为的奋斗者精神，没有意识到没有创造出实际价值的加班是毫无意义的，这样的“加班加点”也绝不意味着艰苦奋斗。要区分出真正的奋斗者，就要抛开艰苦奋斗等于加班这种固有观念，建立起以实际成果为导向的员工工作评价体系。

2.2 创造价值才是奋斗的意义

任正非说：“我们把煤炭洗得白白的，但对客户没产生价值，也不叫辛苦奋斗。”任正非曾多次表示没有创造价值的努力不值得认同，也不叫作奋斗。华为只认可“功劳”，不认可所谓的“苦劳”，因为耗时耗力的“苦劳”对于企业发展来说是毫无意义的，只有每个人的付出都有“功劳”，才能真正对华为的建设有益。

2014 年 8 月，华为与埃塞俄比亚的运营商 E 签订了 N&E 区域搬迁和新建项目，这个项目最大的难度就在于要完成约 1500 个土建站点的交付，并且以华为对于北非地区和这个国家的了解，要完成这个项目的交付所需工期至少是三年。但为了给客户创造更大的价值，华为项目组在跟客户进行工期对标的时候，给出了一个“两年内完成项目交付”的工期计划书。

但是因为埃塞俄比亚将在 2015 年 6 月份举行新的一轮大选，所以客户方要求华为在 2015 年 5 月份之前就必须完工，实际上客户方也知道这样的工期是强人所难，但由于政治上的压力，所以必须在规定时间内完成项目。于是客户方找到华为说：“如果这是我们必须接受的任务，那我们就一起想办法如何达成，讨论如何将项目 PIP 延期对目标的达成是毫无意义的。”华为也认可了这个说法，并与客户多次对标，讨论应该如何完成项目。

项目正式开启之后，从 2014 年 9 月到 2015 年 2 月，项目处于大规模安装期间，项目组的全体成员几乎每天都要熬夜到凌晨，这还只是例行的工作节奏造成的身体上的劳累，更不用说心理压力造成的身体负担了。

2015 年 3 月到 6 月期间，双方将全部资源准备完毕，项目进入海量交付海量产出的实施阶段。华为项目组全员更是进入了忘我的工作阶段，当时项目组单月最高能完成 350 个站点的交付。项目顺利开展到 6 月份，出乎所有人意料地完成了 90% 站点的施工，打破了埃塞俄比亚项目交付的历史，客户方逢人就夸这次土建交付创造了历史。

项目接近尾声，但剩下 10% 的站点属于非常困难的站点，政府高层已经发布了项目关闭的通知，华为在客户的不断催促下想尽一切办法应对各种特殊条件下的设备运输工作。为了安抚客户情绪，华为项目负责人每天都会汇报工程的详细信息，以前汇报完成了多少个站点，后来汇报每天每个站点搬运了多少米，还剩多少米，预计什么时候能搬完等。

收尾阶段，只剩下最难的几个站点，华为埃塞俄比亚的区域经理亲自到现场督战。为了顺利解决站点交付问题，客户方组织了上千人的队伍去搬运设备，最后几天华为项目组的成员几乎是在站点风餐露宿中度过的。

最后华为项目组成功实现了项目计划，客户方说："我知道你们面临很多挑战和困难，但你们达成了目标！"

实际上，华为这个埃塞俄比亚的项目不管前面历经了多少挫折和磨难，如果没有完成项目目标，就意味着那些苦都是白受的，付出的时间和精力也将统统打水漂，毫无意义。企业不是慈善机构，也绝不会因为谁比较辛苦就认可他的价值，在企业这种利益集团之中，只有创造出实际价值的员工才是符合企业要求的员工。

2.3 奋斗要出成绩，付出要有回报

任正非曾经调整华为的员工管理制度，即依据华为员工“产粮食”的能力对员工的待遇进行相应的调整，任正非说：“要看是不是多产了粮食，如果你增收了粮食，工资就涨对了。没有增收粮食，这个政策就是错的。我们投入那么多人工，不能多产粮食的主管就该下台。”

华为非常看重员工能够创造的价值，能够给公司带来增值以及为企业做贡献是华为选拔人才的首要条件，所以华为多次强调华为人要“打胜仗”，要“多产粮食”。

2003 年底，华为中标阿联酋 ETISALA 的 3G 网络项目，这个项目对于华为无线来说意义重大，在数年不计成本的投入之后，华为终于实现了 3G 无线产品的零突破。2004 年底，华为无线发现了更大的机遇。在参与荷兰一家运营商的 3G 网络竞标的时候，华为项目组在交流中得知，为了减少站点租金、工程施工等建站的总成本，荷兰的这家运营商迫切需要一种既节省机房空间又能快速实施部署的全新解决方案。

当时的华为无线产品线总裁余承东带着项目组的成员一起深入一线考察站点，经过细致分析之后开展了方案设计工作。而在不断地实地勘察和交流

之后，华为项目组萌生了一个大胆的想法，那就是将基站室内部分做成分体式空调模式，大小和一般的 DVD 差不多，把大部分的功能结构放置在室外。这种开创性的分布式基站要设计并落地不是一件简单的事情。

于是余承东带着项目组成员“占领”了陆家嘴软件园 2 号楼的一间普通会议室，并把会议室改造成一间办公室，在里面一边讨论一边设计开发。当时的总设计师吴旺军，带领算法、软件、硬件等关键技术骨干聚集在这个办公室里，整天都在研究“电路互联、光模块互联如何实现？可靠性如何实现？硬件散热安全等如何考虑？”等问题。

在项目组全体成员奋战一年之后，在华为人日夜奋斗的上研实验室，华为终于设计出了一款被业界大力称赞的“架构型的颠覆性创新产品”。由于这款分布式基站体积大大缩减了，不到传统基站的十分之一，连重量也减小到传统基站的十五分之一，因此大获成功，为华为创造了突破性的成绩，并带来了巨大的财富回报。

管理大师彼得·德鲁克在揭示企业本质时曾说：“没有利润，就没有企业。”企业要想长久发展，势必要依靠员工创造价值，提供成果。华为一直以来提倡艰苦奋斗精神就是这个原因，要依靠华为奋斗者的不断奋斗创造出的价值支撑华为的未来，也就意味着这些奋斗者的奋斗和付出要有回报，否则奋斗就是纸上谈兵，没有实际的作用。

3. 责任心是做好事情的前提

任正非说：“要厘清和调整不能按流程承担责任的人，清除不愿或不能承担责任的人和明哲保身的人。一个富有责任心、使命感、有管理技能的职业化管理队伍，才能不断在优化中发育、成长和壮大。”

任正非认为，缺乏责任心的人是不能被企业重用的，因为责任心是员工做好事情的前提，一个员工有了事业上的责任心才能在面临巨大困难时咬牙坚持，才能在面对外界诱惑时不为所动，才能将全部的精力放在工作上，才能不腐败、不贪婪、不懈怠，才能忠诚于公司、服务于公司。

3.1　绝不轻易说“这不是我的问题”

华为从1997年就开始呼吁从“个人英雄”走向团队作战，这也就意味着十几万华为人共同承担着华为的未来。作为企业这个大团队中的一员，员工要明白自己职责所在，并且做好自己分内之事，每个人都将自己的工作做好，企业自然就会壮大。

如果因为是集体作战，团队中的每一个人都觉得自己可以少做一点事，将自己的工作分摊到其他成员身上，那么集体很快就会从内部溃散，直至走向灭亡。皮之不存，毛将焉附？企业倒下了，企业中的每一个员工也都将受到重创。

2009年2月，华为Y国重点项目的负责人王广志（化名）负责项目中某产品版本的开发及生产支持工作。在2月到6月底产品通过验收的这5个月间，除了繁重的工作给他带来的压力，以及同各种问题反复斗争产生的“绝望”的心情，他感受最深的就是责任心对于企业员工的重要性，尤其是对开发生产线上的员工来说，责任心起着至关重要的作用。

Y国重点项目刚开启的时候，研发部的员工最常挂在嘴边的一句话就是“这不是我的问题”。尤其是在环境实验室，由于低温测试部的员工常常在实验室遇到设备故障。每当这个时候，就会有一堆人围着温箱轮番上阵，每个人都上前去检测故障情况，分析故障原因，更改软件设置，但他们最后都会不约而同地表示：“这不是我的问题。”还能找出一堆证据来证明自己的“清白”，所以每次华为测试部的员工都不清楚问题出在哪个环节。

每次出现故障，所有功能模块都会迅速摆脱自己的“嫌疑”，这让王广志非常头大。项目组各成员自扫门前雪的做法，给产品的开发造成了很大的困难。由于最开始产品出现输出功率异常的现象，大家一起排查了故障的各种原因，否定了功放、软件造成问题的可能，经过多次摸索，最终发现首次使用产品时盲插连接存在不稳定的可能，所以顺利解决了问题，但令王广志没想到的是，此后项目组出现的各种问题都会没头没脑地归咎在盲插连接上。

这样互相推诿的现象最终导致项目进展缓慢，王广志只好想了一个解决办法，就是发现问题之后把两路功放对调，只要故障不再次出现，并且跟着通道走，那么就和功放没有关系，这样才能证明“不是我的问题”。

这样一来，大家开始从自己身上找问题，为整个团队承担起了应该承担的责任，很快形成了团队凝聚力。团队中也再也没有出现过“这不是我的问题”的声音。后来项目的 G2 温循环境出现严重恶化，当天团队全员全部自发留在现场，将产品一个一个打开反复分析，并对每一根线进行排查，问题很快就集中到了功放身上，进而迅速定位到某个确定的环节。最终整个项目的进度大大加快，顺利结项。

华为项目组的成员互相推卸责任不但没有解决任何问题，反而白白地浪费掉了时间。原本能快速解决的问题，但由于他们在开始时谁都不愿意承担责任而拖延到了最后。

所以，在团队中工作的每一个成员，都要自觉将自己看作团队中的一员，而不是脱离团队的独立个体，只有承担起作为团队一员应负的责任，才能集中团队的智慧和力量快速解决问题。

3.2 积极承担工作职责才能做好工作

企业中的员工是否有责任心直接决定了他的工作态度和工作状态，责任心强的员工往往会主动承担起自己的工作职责，尽心尽力地对待工作，最终超质超量地完成自己的工作任务；而责任心弱的员工则整日浑浑噩噩，连自己的本职工作都无法顺利完成。这两种差别巨大的工作状态，将直接导致工作成果的差异。

所以，华为在培养员工的时候，注重让他们形成积极承担工作职责的惯性工作模式，以此引导员工更好地完成本职工作。

几乎每个行业都会有零点时刻，而通信行业的零点时刻是凌晨时分，华为的李芳（化名）就是专门为零点时刻服务的员工。在某个凌晨她听到熟悉的铃声“丁零零……”虽然是深夜，但她还是立即从困意中清醒过来，因为深夜来电证明客户急着解决问题。于是她赶紧接听："您好，华为客服中心。"果然，电话那头传来客户焦急的声音，但因为客户带着浓重的西北口音，李芳一时间不能理解客户的意思，于是她更加集中精力去听客户的话，听完之后她得知客户的一个基站配置下发失败，于是李芳耐心地为他解答并分析了失败原因，告知客户是定位的配置参数设置错误，导致了配置下发失败，并耐心告知客户解决方法，客户依据她的指导修改参数后终于解决了问题。客户当即开心地表示："原来这么晚都能找到你们，而且你们还很有耐心嘛。"李芳笑着回复道："只要有问题，随时拨打我们的电话。这就是我们 7×24 小时的技术支持。"

也就是因为有这些有责任心的工作者，为客户提供 7×24 小时的技术支持，才保证了华为客户 365 天不管哪一分哪一秒出现了网络故障，都可以联系华为及时解决。

华为客服中心这些敬业的员工，即使在没有人监管的情况下也一样能将事情处理好，就是因为他们都有很强的责任心，积极承担自己的工作职责，自发自觉地保持良好的工作状态。

实际上，对工作有责任心也意味着对自己的职业发展负责，对企业的未来发展负责。如果一个人在工作时间没有投入自己的精力去做好自己的工作，承担起自己的职责，那么他是无法做好任何事情的，即是浪费自己的时间，也是浪费公司的资源。

2011 年，朱东磊（化名）加入了华为，他从事过运营商市场工作，但对于技术和业务方面没有太多的了解，于是在华为他开始了曲折的业务拓展之路。

朱东磊在华为的第一站就是海外，他去往肯尼亚作为投标经理支持海外项目。即使心理压力非常大，他还是告诉父母自己非常好。在肯尼亚完成工作之后的他收拾行李准备按照原定计划赶往南非，却突然接到通知说华为代表处向总公司申请要他留下常驻。于是朱东磊开始了他在肯尼亚的漫长工作。

朱东磊做着自己不擅长的工作，本来只求能够达到基本水平，但一次周会，他当时的主管林明说道："国内很繁华，生活很精彩，而非洲落后很多年，又不太安全。但既然来了，就不要混日子。”被这些话点醒的朱东磊开始思考自己来非洲是为了什么。确定自己的方向之后，他积极面对工作，开始从被动的加班转变为主动学习，也从做项目支撑转变为主动接触客户并且了解客户需求，抓住机会点。终于他的工作从及格水平达到了优秀水准，他也最终成功走上了客户经理的岗位，施展了自己的能力。

朱东磊自己也说：“无论在什么岗位，责任心都是做好事情的前提。”责任心强时，企业的员工会为了战胜工作中出现的种种困难而振作精神，并因此生成克服困难的动力，责任心也会让企业的员工有勇气排除万难，甚至能够将那些看似不可能完成的任务也做得相当出色。可是如果一个企业的员工没有责任心，不愿意承担工作职责，那么就算是最擅长的工作，他也会做得一塌糊涂。

3.3 责任心让人变得更优秀

企业员工有责任心不仅能够保证他做好自己的工作，还能让他变得更加优秀。责任心是一个人做好工作的关键，而一个人意识到自己的职责并且积极地承担责任的时候，就会激发出工作热情，具有更强的执行力。此外，企业员工的责任心会驱使他在工作中挖掘出更多的潜能，提高自己的能力。所以，责任心能够促使企业员工的执行力变得更强，能够让人变得更加优秀。

华为的陶良军（化名）于 2008 年负责一个大型项目，为这个项目付出很多，辛苦了接近一年，但到了年底看到别的团队负责人考评拿 A，还有很多人获得了团队金牌和个人金牌，陶良军心里不服气，明明自己也在一线奋战，为什么不能获得这些荣誉呢？

2009 年 12 月，陶良军在上研所承接了 GSM 产品线 DPM 工作，并且见到了三年间产生三位金牌奖获得者的 GSM&UMTS 产品线 DPM 团队，这个团队在 2009 年刚刚获得了团队金牌奖。而陶良军进入这个金牌团队并且真正融入其中之后，一直困扰他的问题逐渐有了一个清晰的答案，那就是优秀的职员远比普通职员认真负责。

陶良军在新团队中适应了一段时间之后，就发现团队负责人寇文君（化名）是个能人，他不仅是产品线支持项目最多、出差时间最长、负责项目交付最多的员工，而且是最认真对待所有工作的负责人。

当时华为的GSM项目越来越多，而GSM重大项目交付的团队成员经常会出现多人同时出差支持项目的现象，所以如何保证GSM重大项目能够成功交付，并且同时兼顾日常的项目管理，就成了困扰GSM重大项目管理团队的一个难题。

寇文君在2008年出差土耳其期间，还承担着乌克兰Life、白俄罗斯Life以及中亚地区多个项目，所以他身上的任务非常艰巨。但为了能够将项目管理落实到位，他牺牲自己的休息时间，并且克服时差和语言沟通等重重困难，使用异地项目管理的模式，同时成功地完成了各个项目的交付。他的经历也成了GSM重大项目交付团队异地管理、一人管理多项目交付的成功案例。陶良军对于寇文君获得2009年公司个人金牌奖心服口服。

实际上，除了陶良军，华为项目成员个个都对寇文君赞不绝口，并且表示每次团队遇到困难时他都会挺身而出。连时任GU产品线的总裁何刚都说："每个艰苦的项目都能看到寇文君的身影。"这也是寇文君多次获得公司嘉奖的原因。

职场中有能力的员工不在少数，但是能够成为华为干部的员工既要有能力也要有很强的责任心，这不仅是因为他成为干部要承担的责任更多，还因为足够强的责任心能够让员工不管面对什么困难和挫折，首先想到的不会是怎么逃避，而是如何解决难题，渡过难关。在这个过程中，这些员工往往不仅能够积极投入工作，还能激发出自己的工作潜能，进一步成长。

4. 跳出舒适区，走进"上甘岭"

心理学研究表明，当一个人走出自己的舒适区，进入新的环境中时，会觉得无所适从，从而产生焦虑心理，但对于长期习惯舒适区的工作者这种心理效应却会有一定的正面影响。长期保持安逸工作状态的工作者进入更具挑战的工作环境之中时，为了将新环境变成自己的新舒适区，这个员工会提升自己对工作的专注度，并且大幅改善自己的工作表现，优化自己的工作技巧。

任正非深知跳出舒适区给华为人带来的积极的影响，所以他一直倡导的两点是："在华为，不在于走得多快，更重要的是走得多远"和"做事要捡最难的做"。

4.1　要有做英雄的决心，主动走进艰苦区

任正非说："人生走得顺利的人，你们要警惕一点，你们可能把华为公司拖进陷阱。人的一生太顺利也许是灾难，处于逆境中的员工注意看，就会发现受挫折是福而不是灾。"

顺遂的职业道路短期来说也许是件好事，但从长远的角度来看，却不利于个人的发展，尤其是那些想要在事业上有所成就的人，更不能够满足于眼下安逸的工作环境，而要挑战自己，提升自己的能力，想要做英雄，就得先上战场。

王建中（化名）在大学毕业之后顺利进入家乡的市级电信公司，成为一名拥有"铁饭碗"的国企职员，在公司从事无线维护工作。但工作了一段时间之后，他发现每天都是重复简单的日常维护工作，并不能发挥和提升自己的专业技能，也对未来发展毫无帮助。于是他决心改变，不再待在舒服的环境中手捧"铁饭碗"，而是主动求职，并且成功得到了华为的录取通知。

因为他所在的单位是国企，工作 10 年之后就可以签订永久合同，而且离家非常近，任谁看来这都是一份稳妥的工作，更何况希望孩子能过安稳人生的父母。王建中回家提起想去华为工作的事情当场就被父母否定了，他的父母认为去华为是前途未卜的一件事，王建中有点犹豫了。不被身边的亲朋好友支持的他在公司和部门经理聊到这个话题的时候，他的经理跟他说道："想要拼搏出自己的一番事业，可以选择去华为，那里的氛围非常好，适合奋斗。"王建中坚定了自己的决心，并说服了自己的父母，终于走进华为，成为一名奋斗者。

王建中可以选择继续留在原本的舒适区中安稳度日，但他对事业还满怀理想和激情，于是他决定走出原来的企业，走进华为这个艰苦“上甘岭”。其实做职业规划和做产品是一样的，只要自己有决心要做好这件事，有信心面对可能出现的挫折和困难，就会离自己的目标越来越近。

正如华为的消费者 BG 总裁余承东所说：“定位决定地位，如果长期定位于二、三流的目标，结果就会做成三、四流的产品，真正打败我们的是我们自己，不是别人。追求的高度决定最终的格局，要做就做第一！”

2006 年，华为经过多年的经营，终于将 GSM 建设得初具规模，并在短短 3 年内连续翻番，成为华为无线甚至是整个公司举足轻重的产品。

但就在形势大好的情况下，电信业的巨头公司加大投入，推出了在成本、功能以及性能等多方面针对华为的 GSM 的市场扩张而设计的新产品。友商想通过此举占领市场，于是在 GSM 产品的各项功能、性能上拉大与华为的差距，导致华为在全球市场上的形势十分严峻，不少项目拓展屡战屡败。

于是 2006 年底，华为正式启动了新双密度基站，这也是被万众期待的决定 GSM 产品生死的一战，GSM 产品线总裁何刚在启动会议上说：“竞争力必须做到行业领先，GSM 反败为胜在此一举。”但此项目难度极高。就在这样的情况之下，李成兵（化名）主动向华为申请负责推动 GSM 产品的进程，于是在他的主导下，华为上研所 9 号楼成了 GSM 研发团队的基地。

李成兵自承担这个研发项目的主要任务以来，努力向前狂奔，团队中从开发部长、版本经理到普通员工都深受他的影响。整个团队在大半年的时间内都日夜不分地战斗，最终以良好的架构及性能使得 GSM 产品有了质的飞跃，华为也成功地将这款产品及时推向市场。

2007 年上半年，中国移动选择了华为 GSM，并让华为负责成都市核心城区所有基站的搬迁工作。李成兵带领重大项目保障组成功保证了项目交付，华为的 GSM 产品取得了喜人成绩。

华为的李成兵在余承东的号召之下，努力奔着“第一”前进。而有了成为第一的决心，并且能够主动选择进入“上甘岭”，离成为“第一”就越来越近了。

4.2 将军是“打”出来的，是战斗成就的

任正非说：“将军应该是打出来的，是选拔出来的。所以大家要积极努力，踏踏实实提高本职工作能力。”

任正非除了将华为塑造成一支狼性团队，还依据军队的管理模式来管理华为。他认为公司选拔干部和军队选拔将军是一个道理，军队要选拔出久经沙场、能打胜仗的士兵当将军，才能在两军对战时取得胜利。同样地，企业要选拔出身经百战的干部，才能从容应对未知的变化，并平稳发展。

2012年3月，王东（化名）听从华为的安排，加入莫桑比克V运营商的搬迁项目，开始了他在南非的战斗，当时华为非洲地区部发展迅猛，南非业务更是呈井喷式发展。

前期由于客户不清楚华为的网管系统和设备，所以王东在华为站点业务上线前，必须在短时间内完成相关的培训，以便后期及时做好客户维护工作。

项目正式开展之后，王东成了项目的无线OSS专家，不仅需要和客户沟通，还要给客户方的NMC运维人员做培训。虽然对相关的工作有一定的经验，但由于使用的设备和网管都是由友商提供的，再加上王东是新兵上阵，所以心里没有十足把握。为了能够更好地完成工作，王东找到相关产品资料进行自学，并主动在下班之后研读相关材料，直到很晚才休息。提前有了准备，白天就能够很快引导客户按照自己的计划进行项目知识和技能细节的讲解，并引导客户按照项目计划进行工作安排。

随后，王东开始了后续的项目交付工作。莫桑比克的第一个无线开篇项目的员工都是新招聘进来的本地人，虽然经过前期培训他们已经掌握了基本的基站硬件安装和调试工作的方式，但对于BSC/RNC的调试和集成技能毫无概念。于是王东又主动申请去区域交付BSC/RNC。

王东在即将完成Beria区域的任务时，接到了Nampula区域PM的信息，让他尽快赶往当地协助项目，但王东查询了过去的机票，发现接下来的一周都没有过去的航班，而且机票价格约为汽车票的15倍。虽然坐汽车可能遇到

麻烦，但任务紧急，王东顾不了那么多。尽管路途颠簸，但总归没遇到危险，王东终于在 17 个小时后平安到达了目的地。

在 2012 年这一年中，王东跑遍了莫桑比克的各个核心区域，牢牢记住了当地的网线、光纤如何与疏通、传输设备进行连接，并且知道要使用什么端口/IP 等内容。当回到首都区域，给客户进行项目汇报的时候，王东得到了客户的赞赏，也因此成功升级，从“新兵”变成了“将军”。

任正非说：“在主航道，美国公司的很多企业领袖们也是很辛苦的。真正成为大人物，付出的辛劳代价，美国人不比我们少。我和美国、欧洲公司的创始人在一起聊天，发现他们领导的文化也是艰苦的，真正想做将军的人，是要历经千辛万苦的。”同样，工作中没有波折，企业的员工也就得不到锻炼，不能成为公司的骨干力量，更不可能成为公司的“将军”。

4.3 轮岗换位，走出舒适的环境

任正非说：“没有艰苦的战争磨难，不会产生将军。”所以在华为，没有永远安逸的职位，只有永远的奋斗。

在其他企业，跨上一个新的台阶也许就意味着职场生涯要面对的磨难会逐渐变少，但在华为，每到一个阶段，这些跨上新台阶的员工就要调往新的职位，去面对陌生的环境，接触陌生的工作。因为任正非认为安逸日子过久了，员工将失去斗志，华为需要所有员工燃起斗志共同建设华为的未来，所以华为一直采取轮岗换位的激活模式，让员工走出舒适区，保持奋斗的状态。

2011 年，华为决定外派部分国内有经验的代表到海外工作，这意味着很多习惯于舒适的工作环境的员工将要面对一个完全陌生的国度，而且从语言、文化、环境、习惯、思维模式到业务运作都要从头开始。面对这样的转变，42 岁的国内老客户经理杨文池退缩了，对于未知的未来，杨文池有着不可言喻的恐惧与害怕，他甚至有了辞职的念头，但最终他决心带着恐惧，挑战工作的转变。

初到埃及，杨文池就被阿拉伯口音的英语包围了，还未好好感受异域文化，杨文池就被工作上的困难压倒了，全英文的工作资料，陌生而烦琐的工作流程，让杨文池不知从何下手。

冷静之后，杨文池觉得要适应新工作环境必须先解决语言问题，于是他一边工作，一边逼迫自己跨越语言的障碍。除了时时刻刻挂着耳机听英语录音、查阅英文字典、翻看英语材料之外，他还不停地用英语与当地的员工交流。

经过几个月的努力之后，他发现自己渐渐可以听懂旁人的交流，并且学会说些简单的句子了。就这样，杨文池在之后的两年内不间断地学习语言，最终以全英文主导客户谈判成功的时候，他切实感受到了跳出舒适区、迎接工作挑战带来的快乐。

2013 年 7 月，他在完全适应了埃及的工作之后，再一次面临工作的调整，这一次杨文池欣然接受。他在新的工作岗位上一样遇到了很多业务上的新困难，但这一次他不再迷茫，而是迎接新挑战。他从头开始学习行政、HR、借贷、回款、存货周转、交付、经营指标等各个业务领域的相关内容。他放下架子，向下属虚心求教，把每个子业务一点一滴地"吃透"。于是每到下班时间或周末，他的办公室里总是聚集着各业务各流程的相关人员。

最终杨文池熟悉了各业务流程，并且高效率、高质量地完成了很多本来无法胜任的工作，在多次转岗并走出舒适圈之后，杨文池带领团队获取了 2013 年 A7 业绩地区部排名第一以及 2014 年地区部综合排名第二的成绩。到 2015 年 4 月离开 A7 时，杨文池已经提前完成了全年的销售任务。

事实上，杨文池之前处于没有丝毫压力的舒适的工作环境中，非常容易停止学习，导致工作停滞不前。所以华为的轮岗制度对于这些有一定年龄的中层干部来说其实是个改变的机会。走出舒适的工作环境，可以让这些员工有危机感，并保持不断学习和长期艰苦奋斗的精神。

5. 完成本职工作也是艰苦奋斗

外界在讨论华为的成功的时候，常常将这家国际大企业与苹果、谷歌这样的大企业放在一起比较，但实际上很容易看出来，苹果、谷歌这类世界级的企业汇聚了全球最顶尖的人才，而华为吸收的更多的是中高端型人才，也就是说，华为的人才资源和另外两家企业相比较还是有一定差距的。为什么华为能有如今的地位，甚至能与这两个企业比肩呢?

华为实际上是一个勤奋型企业，投入得多了，收获也相应增多，所以华为的成就离不开所有华为人的艰苦奋斗。但外界一直对于华为的艰苦奋斗精神有误解，他们认为华为所谓的艰苦奋斗就是逼着全体华为人不停忙碌，做完了自己分内的事还要做别的工作。但事实上，任正非在《致新员工书》中提道："在华为，一丝不苟地做好本职工作就是奉献，就是英雄行为，就是雷锋精神。"

5.1 制订比较现实的目标并努力达成

任正非一直以来都是一个低调务实的企业家，华为员工在他的带领下也一直不骄不躁，不因为已获得的成就而志得意满，也不会忘乎所以地弄出一些不切实际的方案，而是根据自己的实际情况，结合华为的资源制订出比较现实的目标，并做到最好。

说到底华为人的脚踏实地，其实也得益于任正非常说的："大家要正确估计自己，然后做出正确判断，这样才能充分发挥作用。同时，要承认差距是客观存在的。没有水位差，就不会有水的流动；没有温度差，风就不能流动。人和人的差距是永远存在的。"

澳大利亚的荒漠中蕴藏着巨大的矿产资源，于是有客户S找到华为共同搭建某项目，客户S是澳大利亚的能源巨头之一，如果这次项目能够成功，就意味着华为能够打入澳大利亚矿区企业市场。于是2016年2月李阳（化名）以及华为的几个同事和客户S公司的高级技术顾问一起去库珀盆地进行实地勘察，并商量下一步的合作计划。

在回程的飞机上，华为方和客户方简单探讨了库珀盆地的状况。由于库珀盆地条件艰苦，没有长住居民，所以在矿区的总部蒙巴仅有500人工作。尤其是近年由于油气减产，这些工作人员每次在当地工作半个月就会飞出去休息半个月。客户方坦言道，在荒漠高温环境下，身体可能会扛不住出问题，而且自己也许不能轻易察觉。在衡量了现场情况、自身身体条件以及双方的战略目标之后，华为方与客户S商讨出一个比较现实的方案，就是将客户S的所有核心机房以及无线站点部署在南澳州和昆士兰州交界处。

真正开始工作后，李阳发现操作起来还是很有挑战的，当地的户外气温在45℃以上，地表的温度就更高了，钢质架构的设备几乎能烫伤人的皮肤。再次考察地形之后，华为团队发现这里虽然地质条件不是很好，但是地势还算平坦，所以决定依据当地的地势，制订出一个可行的方案，即通过天线超远距离覆盖，减少基站数量，降低设备成本。果然，对于偏远地区分散的油气井来说，这是个最合适的方案。

项目进程过半，华为项目组发现终端路由器的Wi-Fi功能主要是用于现场维修的，所以大部分时间都是闲置状态。华为项目组就想省下这部分电量来节省开支，于是立即研发了Wi-Fi模块定期开关控制的功能，这一措施被客户连连称赞。

由于担心频段干扰影响项目进程，华为项目组在开展项目的同时也会做扫频测试，尽管客户方再三声明荒漠里不可能有频段干扰，但华为方为了保证项目能够顺利进行，还是坚持针对每个站点做360度背景扫频测试，确保频段干净可用。

客户S当时的模拟信号系统已经老化，维护起来非常困难，虽然客户并不在意系统老化造成的影响，但李阳决定要将项目做得尽善尽美，于是华为方优化了交付方案。华为方劝说客户方一同深入了解客户当时的系统，并且对油气井的数据流量模型进行了分析，基于这些数据提出先部署好LTE基站再设计精准的射频，并且利用测试车对每个油气井做射频覆盖测试，确保LTE网络覆盖满足带宽要求。最后集中分包商的资源，在最短的时间内将所有的油气井设备改造成功并批次验收。这个方案打动了客户，华为依据这个方案既保证了所有油气井业务在交付中不受影响，也将客户的系统维护工作量控制在一定范围，并且降低了成本。

最终华为团队不仅实现了最初制订的比较“保守”的目标，并在项目实施过程中不断优化操作方案，实现了客户方的全部要求，华为也成功地打入了澳大利亚矿区企业市场。

华为人都遵循着任正非提出的脚踏实地的工作模式工作，并非意味着华为不追求极致、不追求进步了，其实华为是考虑到现实的影响，制订出一个最贴近实际的目标并实现这个目标，这样，华为的员工能够逐渐建立起信心，华为也能够有更顽强的生命力。

正如任正非所说："我不是说不可以制订实现伟大业绩的目标，而是要制订比较现实的目标。这样心理的压力才不会太重，才能增强自己的信心，当然这个信心包括活下去的信心，生命的信心。"

5.2 严格要求自己，努力做好本职工作

任正非说："世界上我最欣赏的是蜜蜂，由于它给人们蜂蜜，尽管它多螫，人们都对它赞不绝口。不管您如何称赞，蜜蜂仍孜孜不倦地酿蜜，天天埋头苦干，并不因为赞美产蜜少一些。胜不骄，败不馁，从它们身上完全反射出来。在荣誉与失败面前，平静得像一片湖水，这就是华为应具有的心胸与内涵。"

这也是任正非对所有华为人的要求，他希望华为人能够像蜜蜂一样，勤奋地"酿蜜"，不受外界评价的影响，严格要求自己，不骄傲、不气馁，努力做好自己的本职工作，真正成为具备奋斗者精神的华为人。

2006 年，王克（化名）从中国政法大学毕业之后，加入了华为法务部，并于 2009 年被调往印度地区部，负责华为在印度的各种纠纷处理。

当时的印度是华为内部公认的法律纠纷最难处理的地方之一，而且印度的自然条件非常艰苦，业务情况也不成熟，常常有很多争议，据华为其他驻守印度的员工反映，在印度的精神压力非常大。

王克作为华为法务部的一员，本职工作本来就是处理好一切法务纠纷，所以他没有过多地考虑印度的工作环境如何，就赶往了印度。亲身感受过印度和中国在经济发展和基础设施建设上的差距后，王克花了一段时间才适应这里的生活，他还发现印度法务可以做的事情很多，这里恰恰是他能够有所

作为的地方。

王克开始心无旁骛地工作，但是工作刚开展的时候并不顺利，印度人民非常热情友好，但也很喜欢空口给人承诺，几乎所有问题他们都会摆着手说："No problem." 但实际上，麻烦一个接一个。华为对员工的要求一直是信守承诺，并且保持极强的执行力，所以王克与印度方的外部律师接触时非常不习惯，他们表面上对所有诉求都答应，但实际上承诺都无法兑现。一开始王克因为无法和印度律师达成一致，而无法很好地完成公司的任务，面对重重困难，他憋足了劲，付出了比平日多百倍的努力去完成自己的工作计划，也坚信印度是法务的用武之地，他下定决心一定要在印度这块"破岩"上扎根、成长。于是他留在了印度与这些"难缠"的法务人员斗智斗勇，并最终完成了自己的工作任务，达成了既定目标。

事实上，王克能顺利完成自己的工作任务，没有别的原因，就是因为他严格要求自己，努力做好了自己的本职工作而已。

曾有人总结华为成功的原因：不外乎做好本职工作，没有什么别的精妙之处。这也是华为一直强调要让所有员工做好本职工作，实现公司项目目标的重要原因，只有每个华为人都严格要求自己，做好分内之事，实现共同的目标，华为才能够取得巨大的成功。

5.3　在工作中发挥自己最大的作用就是奋斗

任正非说："大家充分发挥自己的优点，这就已经很不错了。我们为了修炼成一个完人，会抹去身上许多棱角，自己的优势往往被压制，成了一个被驯服的工具。"任正非希望华为人能够不在不必要的地方盲目地投入大量力气，而是集中力量将自己的优势发挥出来，如果每个人都在集体中发挥自己最大的作用，虽然个体不能成为"完人"，但集体却能变成"完美的集体"。

所以，要建设一个更好的集体，需要团队中的所有成员发挥自己最大的作用，这对于集体来说才是真正有价值的"奋斗"。

2015年11月，华为消费者BG总裁余承东向研发部反映说："手机升级到某个软件版本后，遇到一次黑屏卡死，必须长按10秒关机后，重新开机才能使用。”研发部的项目经理王晨（化名）回复道：“这是已知问题，根本原因已经找到，是HiFi（高保真处理器）初始化的时序异常造成系统死锁，现在已经全部解决了。”

王晨之所以能如此快速回应余承东反馈的问题，是因为研发部门早已排查出新手机的故障，为了能够发挥研发部门的作用，研发团队几乎将新手机的全部软件以及功能重新复查了一次，并将发现的问题逐一解决。

华为研发团队在复查过程中发现预警系统里面存在5个相同的问题，要定位这个问题并不容易，因为手机日志显示正常，从表面看起来没有任何异常。因此，研发团队安排部分员工走读手机日志，检视相关代码变更，安排回退测试、压力测试复现问题，又安排部分人给20个BETA用户手工打开底层调试开关、挂起150台机器做压力测试，同时，华为研发团队做好了最坏的打算，就是重新来过。

几天不眠不休地工作之后，华为研发团队给300个BETA用户推送了改版过的版本。但到了第二天，150台机器的压测结果统统未通过。就在研发团队沮丧不已的时候，团队中有一个成员成功发现了问题所在，王晨立即开心地捧着手机，将它护送到海思实验室启动联合攻关分析。

攻关分析就像是拆弹，王晨带着团队从日志打印的第一行代码开始分析，推导代码逻辑的演算纸写了一页又一页，所有人都屏住呼吸仔细地计算每个步骤，所有人的心都提到了嗓子眼，生怕错过哪个细节上的错误。好在经过4个小时抽丝剥茧的分析之后，华为研发部找到了问题切入点。

2015年10月，华为就新手机的软件状态进行了汇报会议，会议上要求研发部门在发布会前两个星期交出软件版本，确保新产品的发布能够顺利进行。当时离截止日期不到一个月，这意味着新手机的软件必须在28天内完成量产版本的交付，但也就是在28天内，研发部门尽自己所能，排查出新软件的所有问题，并解决了所有可能出现的问题，几乎是不可能完成的任务在研发部门夜以继日的奋战中完成了。

最后，王晨打开代码的提交记录逐条观察，他发现，新产品一万多条合入的代码都保证了高质量，几乎没有引入新的问题，这完全归功于研发团队的专业和细致。也因为研发团队尽己所能，发挥了最大的作用，所以王晨能够从容回复余承东的问题，也让华为的产品能够完美上市。

王晨以及他的团队竭尽所能地利用自己的优势实现了团队的目标，他们所做出的努力产生了巨大价值，做到了任正非所说的："我们所有的辛苦努力，不能对客户产生价值就毫无意义。从这个角度来说，希望大家能够重视自己的优点。"

任正非曾说过，没有创造价值的奋斗不叫艰苦奋斗。也就是说，像王晨的团队这样发挥了集体的最大作用，为华为创造了价值的才是真正的奋斗。

6. 为了群体利益牺牲个体利益

华为 CEO 任正非最欣赏狼群的团队精神，他说："狼在战斗中坚持团队精神，协同作战，为了胜利不惜牺牲或者粉身碎骨，以身殉职。"

任正非将狼群这种同进同退的团队精神融入华为的企业文化之中，所以华为人的身上不仅有狼的战斗能力和攻击性，还有着狼的团队精神，即愿意为集体的胜利牺牲自己的个人利益的奉献精神。

6.1 工作的满足感来自奉献精神

企业员工要长久保持对事业的热情，就要从工作中找到满足感，这就需要职员和企业之间建立一种牢固的关系，不仅是依靠契约将双方捆绑在一起，还需要双方都投入感情。如果企业能够给员工归属感，那么员工将不只是将公司当作工作的场所，还当成事业的港湾，进而热爱自己的工作，努力做好自己的本职工作，友善对待每一个同事，并从点点滴滴中寻找工作的乐趣，愿意为了公司而全心全意奉献自己的时间精力，并因此获得工作的满足感。

2011 年 4 月，科特迪瓦内战爆发，华为在当地的员工宿舍也爆发了大规模枪战，流弹击碎了客厅的玻璃门。

在危难时刻，华为立即撤离当地的工作人员。但技服员工却纷纷主动要求留在当地，以保障客户网络的稳定。甚至不在科特迪瓦代表处的华为人也写邮件申请前往科特迪瓦，一位TSD负责人在邮件中写道："我在科特迪瓦常住3年时间，对代表处业务、客户关系，以及周围环境比较了解。当前状况下，尽管一些客户已离开Abidjan，但其网络还在，运营商对华为的感受还在。无论其管理人员在哪里，改变的只是其管理方式，对包括我司在内的各个合作伙伴的诉求仍然存在。在这样的情况下，我们还是要体现我们的价值，实现我们对客户的承诺。所以留下的人，不管是中方还是本地，就要承担这样的职责，想客户之所想，急客户之所急，在此危难时刻，送上我们温暖的关怀。"在后文中他表示自己曾经就危机情况下客户网络的保障做过研讨，并制订了预案，申请前去协助当地的业务。

在当时战乱的环境下，华为仍将客户网络保障看作最重要的任务，为了集体的利益，华为的员工愿意牺牲个人利益，贡献自己的全部力量，表现出了华为人将公司的事情当作自己分内之事，甘于奉献的精神。

华为的内部论坛上曾经有员工探讨过华为人的奉献精神究竟体现在哪里，到底什么是职场的奉献精神，什么是为企业做贡献，其中有几条这样的说法：

员工A：只有为客户创造价值才算得上是贡献，否则就是浪费自己的青春和公司的资源。

员工B：拿薪水做事而已，夜以继日地工作，在加班中度过自己的青春岁月，处理每一封邮件、每一件工作都是贡献。

员工C：主动前往公司最需要的地方支持公司的业务，不计较自己的得失，以公司的业务为重，以公司的利益为重，这才是贡献。

员工D：把公司当成自己的家庭，这样就能更加努力地工作，并且获得最大的满足感，因为所有人都会乐意为家庭奉献。

格力公司的总裁董明珠说："员工踏入企业的第一步，企业就应倡导员工要有一种奉献精神，以此感觉到存在的自豪感。因为只有一个人有了自豪感，他才会感觉到幸福，而绝对不是一个简单的工具。企业家要认识到，员工一定是有思想的人，我们也要让别人快乐。”这种自豪感就是员工为企业奉献而得到的满足感，有了这种满足感，员工才会对所做的工作怀抱着爱意，能够坚持为企业创造价值，能够在公司最需要的地方支持公司。

6.2　看淡个人荣辱，以集体利益为重

任正非说：“公司只有一个目的，就是实现公司的价值，员工的价值只有通过在为公司价值奋斗的过程与结果产生的贡献来评价。”任正非认为一个员工是无法脱离集体、独自实现自己的价值的，要想真正成就自己事业的价值，就要抛开个人荣辱，以集体的利益为先，以团队的利益为重。

任正非本人一直都是这样做的，众所周知，任正非一直以来的形象都是低调务实，他从不缺席与华为未来以及发展有关的任何重大会议，但是与他个人成就相关的一些场合他能不出现就尽量拒绝出现。

2006 年，媒体大肆宣扬：“‘中国品牌领袖年会’拒绝华为技术有限公司的总裁任正非参选”，面对这种说法，时任中国品牌领袖年会执行主席的王齐国特意出面，表示：“拒绝任正非先生参评 2006 年‘中国品牌领袖年会’的所有奖项，原因非常简单：他弃奖。他放弃了 2005 年‘中国最佳品牌领袖’的大奖。”

事实上，从华为创业至今，不管华为走向多高多远的舞台，任正非都没有想要借此来宣扬自己的成功，他对所有的领奖活动都不感兴趣，但只要是与华为的业务以及华为的工作相关的重大事宜，他都会亲自主持。

在任正非的带领下，华为人身上也无不体现出这种看淡个人荣辱、万事集体为先的团队精神。

2006 年 12 月，华为的唐旭东（化名）本来可以选择安稳地待在国内等职位调动，不久就能升职成为部门主管。就在这个时候华为接下了巴西 VIvo GSM 项目，这个项目十分重要，能够帮助华为打开巴西移动市场的大

门。对于唐旭东个人的发展来说，留在国内无疑是更好的选择。但他没有退缩，而是成为巴西 VIvo GSM 项目的一员。

在海外奋斗的唐旭东说："不敢给家里打电话。" 自从 2006 年 12 月加入 VIvo GSM 项目组之后，连续两年他都在项目组奋战，2007 年的春节更是没有回家，而是一个人值守南大河。华为代表处曾多次劝他回国休假，但是项目十分紧张，唐旭东选择留守海外，当时只有他一个中国员工在南大河，于是本地员工都笑称："You are the best local PM." 他还因为在南大河待了 19 个月，被戏称为"南霸天"。

最终华为成功实现了项目计划，完成了项目目标，成功地开拓了在巴西的市场，打开了巴西移动市场的大门，唐旭东也终于完成任务，归家团聚。

可以看出，唐旭东以公司的需要为重，将华为视作自己的"大家"，一切以"大家"为重，然后才考虑自己的"小家"。虽然在团圆的日子里不能回"小家"和家人团聚，但是唐旭东为华为这个"大家"的建设做出了巨大贡献。

无数华为人都将华为当成自己的"大家"，优先考虑华为的事，坚信只有建设好了华为，自己的"小家"才能发展得更好，抱着这样的想法，大家都乐于为公司奉献自己的力量，以集体的利益为重，必要的时候甚至愿意牺牲个人的利益。

6.3 适当的牺牲换取集体的成功

任正非为金一南将军的文章《胜利的刀锋——论军人的灵魂与血性》专门撰写编者按："军人的责任就是胜利，牺牲只是一种精神。华为的员工不只是拥有奋斗精神，更要把这种奉献，落实到脚踏实地的学习与技能提升上，在实际工作中体现出效率和效益来。"

华为倡导员工的奉献精神，但也要求华为人的牺牲和奉献要有价值，付出了代价就要换取集体的成功，否则那些牺牲就是毫无意义的。

自从董家豪（化名）加入华为以来，他已经记不清在机房里度过了几个除夕。每年除夕，董家豪和几个华为的网络维稳员工都会留在联通 IPTV 省中心机房值守，在机房的显示器上看春晚。

2014年除夕，董家豪在机房中观察平台的运行情况，他发现各地市区域节点、中心节点流量突然飙升，按照这个趋势，春晚可能会出现直播事故。董家豪顿时就慌了，之前所做的全部保障行动都没有预测到这种流量突变的问题，值班RL也很焦急："董家豪，与客户申请一下，尽快启动应急预案！"

董家豪立即分析了媒体单板上哪里有异常的流量变化，经过2个小时的业务查询以及统计分析，董家豪终于找到了原因。流量异常是因为全国的网络用户突然集中访问某些热门频道。董家豪赶紧跟客户申请启动应急，全网40个节点增加频道分布，并且启动时移回看使节点间不同单板流量均分，随后与大网的工作人员确认后，将高流量节点引流至低流量节点。经过一系列紧急的调整之后，流量数据不到7点就全部恢复至正常状态。当时董家豪松了口气，心想，这总算是"有惊无险"。

2015年，董家豪依然没能归家团圆，和家人一起看春晚。为了春晚的正常播放，他牺牲了自己和家人团聚的机会。为了避免2014年的流量突变情况再次发生，董家豪早在春节前两个月就开始准备春节保障，启动了IPTV扫雷专项行动：将全网节点软硬件巡检等问题梳理后形成了扫雷报告，在后续的两个月中针对这份报告反映出来的问题修改步骤，并且清理掉平台所有的风险及隐患。为此董家豪甚至还提前两周就和二线专家确认，得到他们集体的反馈表示没有问题之后，他的心才终于踏实了。

2015年除夕，所有的保障动作按序进行，董家豪在机房时刻关注并反馈IPTV平台的全部动态，确保联通IPTV终端用户体验无任何紧急状况发生，而他只能在空隙的时间里想到这是个和家人团聚的夜晚。

在华为，有无数人为了保证国家的网络通畅，为了维护网络状况放弃了春节与家人团聚的机会，默默守在机房里，坚持在一线，换取华为新的一年的口碑和佳绩。正如管理大师加里·哈默所说："我梦想有这样一种公司，能够真正发挥每个人的激情和创造力，能够真正地让每个人自愿奉献一切。"华为就是那个让员工充分发挥自己的工作激情与创造力，愿意牺牲个人换取集体成功的公司。

7. 保持危机意识，成功了也不能停下来

任正非说："繁荣的背后都充满着危机。这个危机不是繁荣本身的必然特性，而是处在繁荣包围中的人的意识。艰苦奋斗必然带来繁荣，繁荣以后不再艰苦奋斗，必然丢失繁荣。千古兴亡多少事，悠悠，不尽长江滚滚流。历史是一面镜子，它给了我们多么深刻的启示。忘却过去的艰苦奋斗，就意味着背弃了华为文化。"

任正非认为华为在数十年的艰苦奋斗之后，站在行业前端，表面看似一片繁华，其实危机重重，稍不留神就有可能衰败，长久的昌盛势必伴随着华为人对于未来的思考和担忧，只有时刻保持危机意识，才能及时清除华为发展道路上可能的障碍，才能激发出员工的工作战斗力。

7.1 人的惰怠是从思想开始的

华为的高级管理顾问吴春波说："万事由心衰，人的惰怠是从思想开始的，不是行为上。中国企业也高速发展很多年了，后面就慢下来，慢生活，小资等。随着创业时间的延长，会不断蔓延开。其实华为遇到的最大的挑战，就是华为文化的变异，狼变异成了喜羊羊。用任总的话来讲，就是在坂田漂亮的草地上，架着二郎腿、欣赏着美好的风光，晒着太阳，听着下属 PPT 的汇报，那就是不奋斗了。如果这样，下一个倒下的一定是华为。"

任正非对于华为员工思想惰怠的担忧从很早以前就有了，当华为逐渐走向成功，当初那些元老级的员工都一跃成为成功的企业家，没有人再愿意过回苦日子，而高层的惰怠也会影响中基层员工的工作状态，以致整个公司都处于一种"享受成功"的状态之中，然而，这种享受是绝对不会长久的。

华为曾因为辞退一些老员工而引起热议，话题围绕华为的"中年危机"展开，因为一名 34 岁的华为员工被淘汰，于是网友纷纷出来讨论华为是否太不近人情。此消息一出，大量被夸张被扭曲的信息开始在全国传播，任正非

就站出来回应这些言论，表示华为没有钱，绝不养闲人，并说华为是依靠华为的奋斗者才坚持下来，还说道："那些30多岁不努力、躺在床上数钱的人，想借此（辞退老员工）调动情绪，问问那些在恶劣地方工作的员工，比如珠峰上、拉美、非洲、伊拉克！他们愿不愿意养这些闲人？"

实际上，华为因为全员持股制，早期拥有大量股权的老员工在华为大获成功之后不再有奋斗精神，思想上懈怠导致行为上惰怠。于是华为出台了"华为管理惰怠行为18条"，并以此来要求所有的华为人保持思想上的危机意识，即使华为或个人已经取得了成功，也不能停止奋斗的脚步。

"华为管理惰怠行为18条"中有几条是针对员工由于安于现状、不去解决问题、自己业务能力等各方面都不再符合企业的要求特别提出的：

安于现状，不思进取。

发现问题不找根因，头痛医头脚痛医脚。

经常抱怨流程有问题，从来不推动流程改进。

不敢接受新挑战，不愿意离开舒适区。

只做二传手，不做过滤器。

热衷于讨论存在的问题，从不去解决问题。

把成绩透支在本任期，把问题留给下一任。

不开放进取，不主动学习，业务能力下降。

这几条都是华为为了强调危机意识以及奋斗精神而提出的，任正非希望"华为管理惰怠行为18条"能作为华为人的思想手册指导华为人的行为。

任正非说："没有什么能阻挡我们前进的步伐，唯有我们内部的惰怠与腐败。要杜绝腐败，惰怠就是一种最广泛、最有害的腐败，人人皆有可能为之，不要以为与己无关。置公司于死地的就是这种成功以后的惰怠。"

也正是因为任正非严禁员工思想上的惰怠，华为将危机意识融入华为的管理制度中，所以才催生了"华为管理惰怠行为18条"，让员工随时都处于一种紧张的工作状态中，从思想到行为上遏制员工有所懈怠。

7.2 反骄破满，坚持走艰苦奋斗的道路

虽然外界都称赞华为获得的巨大成就，认可华为的成功，但在任正非看

来，“华为没有成功，只有成长”。在华为创立至今的数十年里，一直贯穿任正非领导生涯的除了“持续艰苦奋斗”就是“危机意识”，也正是因为反骄破满的思想，任正非能够保持超前的战略思维，凝聚华为十几万员工，让他们对外界变化保持敏感性，也保持一份居安思危的危机意识，让他们坚持走艰苦奋斗的道路，使得华为这家大公司一直充满活力。

1997 年，即将硕士毕业的程野（化名）在衡量了自己的专业和企业前景之后选择了加入华为，成为华为上研所最早的研发人员之一。

当时正值中国移动通信从第一代模拟系统向第二代数字系统（GSM）转换之际，华为正在筹备在上海建立研究所，于是将目光瞄准了复旦、上海交通大学等高校通信专业的优秀人才，利用上海人才优势从事 GSM 研发。

程野回忆刚到华为上研所报到的情形：“办公室在一个厂房的三楼，里面真黑真破，被分配了一台二手电脑，也没人管我，既兴奋又迷茫，旁边的材料堆积如山，很多新技术，学也学不完。”当时几乎所有的研发人员都会时常聚在一起看 GSM 通信原理、啃协议、做测试、四处取经……最开始办公室没什么女性，到夏天炎热之际，所有人都光着膀子在实验室废寝忘食地调试，直到早上才有时间去洗手间冲个凉。当时他们也没有时间在办公室和宿舍之间来回折腾，累了就铺个床垫子往地上一躺，因此经常听到楼里的保安议论：“这是一家什么公司，怎么老有一群农民工在地上睡觉？”

这种“农民工”的状态并没有因为华为逐步有所成绩就全部消失，甚至到了 1999 年，很多华为高层还居住在郊区的民房里，这些高层不仅是优秀的高学历人才，还是助力华为快速发展的骨干精英，但他们仍然保持着最初的状态，坚持奋斗，不畏艰苦。

任正非说：“我们会不断地改善物质条件，但是艰苦奋斗的工作作风不可忘记，忘记过去就意味着背叛。”在任正非的指导下，即使像程野这样高学历、有强大的技术能力、在事业上已经取得了一定成就的人才，也仍然秉持着华为人一贯的吃苦耐劳精神，不骄不躁，低调务实地工作，这种谦逊的态度，正是华为能够屹立在行业前列的重要原因之一。

7.3 持续的危机意识是员工成长的动力

任正非说："我天天思考的都是失败，对成功视而不见，也没有什么荣誉感，自豪感，而是危机感，失败这一天一定会到来，大家要准备迎接，这是我从不动摇的看法，这是历史规律。"

但实际上，每一次国际高科技产业面临危机之时，华为都没有被打倒，而是以惊人的成绩位居全国电子行业前端。华为能够持续成长，得益于以任正非为首的华为人的持续成长，而华为人的成长得益于华为人的危机意识。

2001 年，刘智深（化名）成为华为的网优工程师，他能力出众，在多个项目中承担重要角色，并于 2005 年主动申请为华为开拓海外市场，远赴刚果开拓当地的网络业务。

到 2010 年，他已经成为华为刚果代表处的销售副代表。但在担任干部期间由于业绩不佳，地区部的两位副总裁找到了他，并告知他他被干部"末位淘汰"了。当时的他正作为团队的领导者在培养员工，却得知自己没有资格管教别人，因为他也是"不合格"的。

事业上受挫的刘智深在那个时候又被家庭矛盾所困扰，最心灰意冷的时候他甚至产生了离职的念头。他凭借多年奋斗从一个基层员工一点点成长为企业干部，第一次感觉到恐慌，他发现自己担任地区部代表以来，不再像以前一样全心全意对待自己的工作，前所未有的危机感让他意识到只有不断前进、不断成长才能不被公司淘汰。就在他惶惶然的时候，他接到了被派遣到埃塞俄比亚的通知，虽然知道埃塞俄比亚市场长期被友商独家垄断，是华为的重点竞争市场，接下这个工作意味着他要承担巨大的压力拿下埃塞俄比亚市场，但他还是二话不说就答应了。

埃塞俄比亚的竞争十分激烈，日夜不分的奋战的间隙，刘智深才意识到自己在刚果代表处六年，由于工作时间长，他对当地的工作环境又十分熟悉，于是慢慢产生了惰性。而在埃塞俄比亚工作期间，他发现埃塞俄比亚竞争激烈，但这反而让他的目标感越来越强，同时巨大的压力激发了他的斗志，他决心在埃塞俄比亚干出一番成绩来。

刘智深在埃塞俄比亚的绝大部分时间，不是和项目组成员一起与客户商讨合作事宜，就是在办公室反复研究客户关系，分析对手信息，以及制订竞争策略，拓展客户关系。

在北非地区部和埃塞俄比亚代表处的指导下，刘智深承担起了项目团队的日常组织和具体项目运作，以及维护部分核心客户关系的工作。最终，他完成了华为交给他的重大项目和关键任务，更让他觉得有成就感的是，他不仅全面完成了公司下发的任务，还带领团队为华为争取到了更大的市场份额。

任正非说："通过'末位淘汰制'，将压力传递下去。在这个时代，每个人都要进步，时代不会保护任何人。不要认为华为公司是五彩光环，我们已处于风口浪尖，未来将走向何方？没人知道。因此，我们各项工作都要导向多产粮食、增加土地肥力。"

惶者才能生存。因此，在华为，不论职位高低，只要工作出现懈怠，导致业绩下降，就会被"末位淘汰"，华为通过这种压力形式让每一个华为人都保持危机感，也让每个员工都能不断进步，适应华为的发展，同时也促进华为的发展。

第4章 快速响应与行动

任正非说：『一旦闻到肉味、看到机会本能扑上，这就是本能的进攻，不开会、不讨论、不沟通。』任正非倡导华为狼性团队以敏锐的嗅觉察觉到机会之后，要迅速展开行动，捕获猎物。

1. 快速出击，就有机会赢得胜利

任正非说："我们要特别关注机会点，要迅速地集中能量，要有市场的敏感性，要有快速响应能力，特别是关注客户需求。既要关注长期的目标，也要集中力量抓住近两年的机会。"

任正非认为企业之间的竞争就是看哪家企业的反应速度更快，谁先抓住机会展开行动，谁就能率先摘下胜利果实。企业只有抓住了战略机会，才能够占据战略地位，缩小和那些世界级企业的差距，赢得更大的胜利，谋求更长远的发展。

1.1　市场容不得拖拉，必须快速反应

众所周知，任正非是军人出身的企业管理者，从华为的管理模式就可以看出任正非身上深厚的军事素养，他也十分认同在企业中使用军队那一套运行模式，认为直接又规范。所以他时常推荐下属看一些军事文件，例如关于华为如何抢占市场，他推荐华为中高级干部都去看《隆美尔战时文件》，隆美尔在其中总结出了一个作战规律——快速反应，快速出击。

隆美尔经历多次战争后发现了一条规律，即两军交战，哪一方先动手用火力来压制敌方，获得胜利的概率就更大。而停止不动、被动地等候战况发展的一方，则多会被敌人击败。

所以他作战时会让先头纵队做好随时射击的准备，但凡听到敌人的枪声，就立马开火还击。即使没有发现敌人的正确位置，也要将火力向着敌人所占地区扫射。根据隆美尔自己的说法，只要能遵守这一条规律，己方的死伤数字一定可以大减。但是如果就地观察动静、寻找地形的掩护，错失先开火的良机，或者是想等到援兵到达之后再采取行动，都是犯了根本上的错误。

企业之争也如同军队之战，要快速反应抓住主动出击的机会才有更大概

率大获全胜，尤其是在现代社会，信息网络的快速发展，使得商机往往转瞬即逝，能够抓住机会企业就能占据市场，错失良机的企业只能停滞不前，甚至面临被市场淘汰的危机。

曾经有一家法国媒体在采访华为之后，非常严肃地告诫欧洲的电信行业的各个企业："你们将会受到这家中国企业的严峻挑战。"

这家媒体之所以有这样的结论，是因为他们发现华为相比于那些外国跨国公司，虽然存在一定的劣势，但优势也非常明显。而华为的优势最大地体现在欧洲企业的反应速度普遍较慢，对于客户的一个修改意见，欧洲企业可能要花一年甚至更多的时间来改进方案，而华为，无论客户有什么需求，华为人都会加班加点积极反馈，往往一个问题，少则一周多则一个月就能迅速解决。华为人的迅速响应使得办事效率非常高，华为企业的优势自然就体现出来了。

华为强调以机会驱动企业的发展，所以一直以来华为都非常重视反应的速度，因为机会转瞬即逝，只有紧紧抓住机会，快速出击，才能占据重要市场。任正非认为市场容不得拖拉，一旦错过机会，那么很有可能被竞争对手抓住，给华为以痛击，造成重大损失。所以，华为致力于抓住一切机会，加速发展。

1.2 一切战略素养均要以快速执行为基准

隆美尔谈到从昔兰尼加作战中所获得的经验时，说道："默基利的占领完全是奇袭之功，因为敌人没有料到我们采用经过本盖尼亚的路线，同时想不到我们会来得这样快。同样，仍然留在昔兰尼加的敌人，也没有想到我们会那样快就冲向德尔纳。所以，这次制胜的主要因素是速度。"于是他以这些经验为基础，确立了自己的部队管理模式，对部队的行动力有严格的要求，并强调一切战略素养均要以快速执行为基准。

这样的管理模式被很多企业当成管理的模板，企业之间的斗争与军队之间的战役何其相似，都是谁先抢占先机，谁就占据优势地位，所以企业管理中也要强调一切战略素养均要以快速执行为基准。

联想集团为了保证员工的执行力高，对包括董事长柳传志在内的全体员工都有一个要求，即凡是开会迟到者都要罚站。联想集团董事长柳传志在一次媒体采访中说到这个规定："公司规定，如果不请假而迟到就一定要罚站。我也被罚过三次，但这三次都是在无法请假的情况下发生的，比如：有一次被关在了电梯里边。罚站是挺严肃而且很尴尬的事情，因为这不是随便站着就可以敷衍了事的。在 20 个人开会的时候，迟到的人进来后会议就要停一下，静默看他站一分钟，有点像默哀，真是挺难受的一件事，尤其是在大的会场，会采用通报的方式。第一个罚站的是我的一个老领导，他罚站的时候，站了一身汗，我吓了一身汗。后来我跟他说：'今天晚上我到你们家去，给你站一分钟。'不好做，但是也就这么硬做下来了。"

联想集团为了让全部员工能够在工作中保持较高的执行力，对元老级的领导都严格执行这个"迟到罚站"的管理办法，可见快速行动对于企业有多重要。

同样，华为也早就意识到快速执行对于一个企业起着至关重要的推动作用，所以不管是大业务还是小业务，不管是海外项目还是国内项目，华为员工都以快速行动为基本的工作素质。

2014 年，胡伟（化名）被华为派往尼日利亚，负责推动西非地区部以及尼日利亚的"三年实现财务相符"的变革工作，然而他带着华为团队来到当地的第一个感受，就是穷。穷得连手机都没有。

但要推动与财务相符的变革就必须以智能手机为工具载体，让现场的工作人员能够用"账实方案 App"记录中心仓发货、站点收货、站点验收等全部过程，并实现站点进货全过程的准确可视。胡伟是这样想的，但现实却使这个构想难以实现。2014 年初，尼日利亚作为最贫穷的国家之一，全国的智能手机普及率只有 12%，而且要大规模使用账实工具还要有良好的网络环境，但尼日利亚的多数站点信号覆盖能力不佳，即使解决了手机的问题，也无法使用账实工具。

这个在其他国家不是问题的问题让胡伟的团队几乎寸步难行。直到某一次胡伟和分包商开会，他发现分包商的项目经理手里拿了3个智能手机，胡伟顿时想到了解决网络问题的方案，也就是不去管什么手机12%的普及率，只要让所有站点的操作人员有手机并且能够操作就行了。

想到方案就要立即执行。胡伟立即组织团队深入施工现场实地考察施工队，他们发现只要现场的施工队队长努力肯干，一个月差不多能有1万元人民币的收入，所以他们大多数用的就是智能手机，他们就是那12%；站点的劳动力都是这些施工队的队长招募的，他们的月均工资大概是400元人民币，他们就是剩下的88%。

对情况有了清晰的了解之后，胡伟团队迅速制订了实施方案，并快速分配好各自的工作任务，付诸实践。因为华为团队快速的执行力，接下来华为在尼日利亚的工作开始渐入佳境。首先，华为着手处理机关账实项目的离线方案，即实现在无网络条件下进行签收；然后，华为团队开发了实物图库，让施工人员根据实物照片对比物料，这样就很好地解决了语言沟通障碍的问题；最后，胡伟考虑到尼日利亚代表处进行现代化建设过程中对智能手机的诉求，向公司申请在当地实施鼓励艰苦地区为分包商购买手机的政策，华为代表处同意了胡伟团队的申请，并快速落实这项激励政策，极大地刺激了变革的积极性。

到2017年，胡伟团队顺利完成了公司“三年实现账实相符”变革计划，彻底改变2014年尼日利亚中心仓账实准确率全球倒数第一的境况。

任正非说：“信息网络的加速庞大，使得所有的新产品和新技术的生命周期越来越短，不能紧紧抓住机会窗短短开启的时间，获得规模效益，企业的发展会越来越困难。”任正非表示，快速行动才能使华为抓住机会扩张、发展，才能让华为处于不败之地。

1.3　快速出击才能一击制胜

创业初期，任正非认为只要华为做出了最好的产品，自然而然就能吸引客户来消费，但现实是制造出了产品却无人问津，甚至上门推销都被拒绝。任正非这才意识到，要有针对性地去抓住客户需求，并且在最短的时间内做出产品，否则做出来的产品就不会被接受，或者没能够最先做出产品，就错过了胜利的机会。所以，任正非提出华为团队要有狼性，有狼的敏锐度察觉到机会，也要有狼的行动力，快速出击，一击制胜。

华为的 PL 吴雄虽然自身技术能力过硬，但对于 PL 工作却没有什么经验，刚就职不久就迎来了一次挑战。某天晚上 8 点，他接到了华为呼和浩特代表处一线的电话，当时华为的骨干网络发生持续闪断，设备的故障引起网络震荡，华为一线的员工已经在现场奋战了数个小时，但还是没有定位出问题所在。客户方急需稳定的网络，华为呼和浩特代表处见问题紧急连忙通知了吴雄，请求公司的援助。

吴雄边通过电话与一线员工沟通现场情况，边赶往客户的北京监控中心了解一手信息。与客户沟通之后，客户表示之前从未出现过这样的问题，认为故障是华为割接设备造成的。但华为的设备从未在其他地方出现过任何问题，而且吴雄根据了解到的情况以及采集的数据信息，初步判断与华为设备没有关系。但为了解决问题，消除客户的怀疑，当天夜里 11 点，吴雄以最快的速度回家收拾行李，并订了最早的机票，连夜奔赴内蒙古现场。

次日清晨 6 点左右，吴雄就到了内蒙古，他一下飞机就联系当地办事处的同事一起立即奔赴客户大楼。当时客户的脸上写满了震惊，他几乎不敢相信华为的响应速度竟如此迅速。与客户商讨之后，吴雄获取了很多之前靠电话无法传达的信息，于是紧锣密鼓地开始分析与处理现场的问题。

吴雄综合全部的信息分析，发现闪断现象从一周前某一天出现后就一直存在。由于很难从现有信息定位到问题根源，于是吴雄只好从时间入手，并跟客户确认那个时间点到底发生了什么，客户方工程师回应说："只是增加了一项业务，不会影响网络。"但吴雄立马察觉到不对劲，于是追问增加了什么业务，反复确认之后，吴雄得知问题发生时客户进行了网络质量监控，也就是说如果网络质量不好，会主动切换到备用网络。

吴雄听到这个消息后心中立即确定问题一定出在这里，他向客户反映之后，客户还是有些怀疑："我们的网络都是关键网络，怎么可能会有网络质量问题？"客户一边解释一边打开了设备，彻查网络情况，检测之后发现确实是网络质量出现了问题，导致数据包隔三岔五就丢失，而设备一检测到数据丢失就会切换网络，而切换会有时延，于是就产生了闪断。

吴雄定位到这里终于松了一口气，客户一边表示不好意思，一边不停地感谢华为能迅速响应问题，并对华为全力帮助自己恢复网络，不计较被怀疑问题出在华为的产品上的行为表示了极高的赞赏。

事后，客户方请华为的员工吃饭，其间，客户方工程师说："北京的研发人员能连夜赶过来，跟大家一起解决问题，非常敬业。"

华为以快著称，其行事风格一直以来都是像吴雄这样快速响应客户，迅速解决问题，这也为华为赢取了许多战略机会，帮助华为取得了重要的市场地位。

2. 没有借口，第一时间解决问题

任正非说："走遍全球到处都是质量事件、质量问题，我们是不是越来越不把客户当回事了？是不是有些干部富裕起来就惰怠了？问题不可怕，关键是我们面对问题的态度。我们必须有正确的面对问题的态度，必须找到解决问题的正确方法，问题才会越来越少，我们才能挽回客户对我们的信任。"

实际上，在与客户交流的过程中必须明确的一件事就是，满足客户的需求是企业活下去的根本。所以当出现任正非所说的质量事件、质量问题时，首先要做的就是找到问题所在，并第一时间解决这些问题。

2.1 不找借口，客户的要求是最重要的事

任正非说："市场营销做的客户满意度调查，结果要全面公开，我们花了这么多钱，客户有批评，为什么不公开呢？不公开就不会促进我们的改进，那有什么用呢？"任正非指出这些就是为了强调华为的一切业务都要以客户的满意度为中心展开，客户的要求就是华为团队最重要的事情，华为要接受客户的批评和质疑，不要逃避问题，要从客户的角度找到不足并改进。

2012 年，华为与卡萨布兰卡的一家企业建立了合作关系。华为项目负责人陆成岩与客户的前期沟通非常顺畅，客户非常信任华为项目组，很少会对华为的工作有异议，而华为方需要客户的帮助时，客户也会及时伸出援手，因此项目运作逐渐步入正轨。

2012 年 2 月，陆成岩参与了客户新任 CTO 的第一次会议，会议上，陆成岩代表华为报告项目每天的进程，并表示上线站点对比同期大幅增加，交付非常顺利。客户 CTO 却直接打断了陆成岩的讲话，连珠炮般地问陆成岩："你们的项目交付流程是什么？你们怎么保证我们的网络质量？你们搬迁后网络指标下降了多少？"陆成岩顿时哑口无言，会议上无人发言，当陆成岩想用比较轻松的话语结束会议的时候，客户 CTO 拿出几页简单的材料，生气地摔在桌子上，他说："Huawei provide shit project! With shit project team and shit management!"（华为这糟糕透顶的项目！糟糕透顶的项目团队和管理！）

听到客户这样的批评，陆成岩脑子顿时一片空白，客户还在不断指出华为项目的问题，陆成岩半天才回过神来，仔细倾听客户的抱怨。陆成岩之前从来没觉得从客户处回到自己办公室的 10 分钟路程有多漫长，但在那一天，他觉得那一段路仿佛是他走过的最漫长的一段路。

实际上，客户指出的很多问题，华为都能够澄清，但一切都要以客户的要求为重。陆成岩回到华为办公室之后立即组织团队成员开会说明了客户的意见，因为客户满意度情况不佳，团队全员集体反思了一天，并在这一天确定了团队的最终目标就是要帮助客户商业成功，打造一张精品网。

为了快速并顺利地实现这个目标，陆成岩召集 MS 团队和工程团队充分研讨，商议出了一套可行的流程，并确定在新上线站点没有达到客户 KPI 要求前绝不上线转维。陆成岩找到客户并且说明了这一流程，最终得到了客户的认可。随后华为团队立即开展现网"排雷"工作，快速排查所有网络隐患点并解决了这些隐藏问题。

连续 3 个月的时间里，华为团队夜以继日地工作，抱着不完成客户要求绝不罢休的决心，在短时间内大幅提升站点质量，最终实现客户 KPI 的全面升级。而客户 CTO 得知后首次肯定了华为的工作，并表示要依靠华为继续努力来提升网络质量。陆成岩和项目组全员终于松了口气，并说道："客户认可，再苦再累都值得。”

2012年年中，该客户启动了当时他们企业最大的一次网络建设投资，华为项目经历一年半的时间内的7轮投标，最终凭借客户高层的力挺以及在客户网络中的优异表现全网中标。

事实上，如果企业之间的合作沟通不到位就很有可能引发一些误解，所以陆成岩信心满满地给客户报告项目进程的时候却会被客户训斥，这种时候很多人的第一反应就是要给客户解释。其实，不管客户是否在气头上，解释是起不到什么作用的，客户需要什么，就给他提供什么，其他多余的言语和行动在客户看来都是找借口的行为。

真正提高客户满意度，让客户不再对合作关系有质疑的做法应该是快速行动起来，只有尽快解决问题，才能让客户知道，企业是有能力做好客户要求的工作的，是能够在最短的时间内解决客户疑问的，这才是双方建立信任和合作关系的关键，而不是找借口回避问题。

2.2 不与客户谈条件，快速解决客户问题

任正非说：“这个世界上谁对我们最好？是客户，只有他们给我们钱，让我们过冬天。所以，我们要对客户好，这才是正确的。”华为“以客户为中心”的企业文化就是明确了一点，即华为的一切都是客户给予的，所以华为在与客户来往的时候，往往会站在客户的角度思考问题，这样一来，借口就少了，执行力变强了，为客户服务就不再是一句空话，而是被落实在行动上的执行准则。

2004年底，范哲志（化名）被调到华为的乌干达代表处担任地区代表，成为乌干达、布隆迪、卢旺达三个国家的业务负责人。

当时，中国在大部分非洲人民印象里，除了旗袍、自行车，就是中国功夫。华为在非洲也是一个名不见经传的公司，非洲国家普遍认同欧洲的通信技术，觉得中国的电信技术根本不行，通信设备也跟不上他们的需要。当华为的团队在产品宣讲会上介绍华为的智能网符合国际标准时，常常只会引发

众人大笑，根本没有任何人会相信华为能做到这样高的水平。范哲志深知要获取合作机会，就要与客户建立彼此信任的关系，除此之外，还要满足客户的需求，就是先给客户解决问题，而不是谈条件。

于是，范哲志面对这样一个全新、陌生的市场，决心从最基本的地方入手。首要的一步就是让当地人对当时的中国以及华为有一个真实的了解，于是华为建立了一次“北京—上海—深圳”的交流之旅。在华为的努力之下，多次邀请客户到华为公司参观后，客户终于同意了解华为。有一位美国客户到华为公司参观之后惊讶地对范哲志说：“没有想到华为是这样的一个公司，和美国的IT公司没有什么区别。”

于是，经过半年多的努力，范哲志的团队终于拿下了乌干达U客户核心网和智能网的整网搬迁项目。华为非常重视这个来之不易的项目，并且将这个项目列为当年的重点项目，为了成功打开华为在非洲的市场，因此下达了“只许成功，不许失败”的命令。但由于搬迁项目工作量巨大且难度也很大，初次割接时就出了问题，当时范哲志在机房守了一夜，可就在那个晚上，华为项目组的割接失败了，次日凌晨5点就要全部倒回，更让范哲志措手不及的是，倒回的时候竟然又出了故障。

客户CEO得知这个消息之后，立即联系了范哲志，并一遍又一遍地质问范哲志，非常生气地说：“我们那么信任华为，把那么重要的网络都给了你们，竟然出这么大事故!”面对客户的指责，范哲志没有任何反驳，而是诚恳地道歉，虽然安抚好了客户，但范哲志仍不敢有一丝松懈，而是带着项目组苦练内功，确保下一次割接成功。

在后续多次的资源协调以及测试工作中，但凡客户提出的意见，范哲志都会深思熟虑，全盘接受，不找任何借口，也不谈任何条件。在项目组的齐心协力下，华为的第三次割接终于成功了，而华为也凭借着优良的技术和服务逐渐与客户建立了更为稳固的关系。

任正非说：“所有怨天尤人、埋怨客户的观念都是不正确的。我们不可能从外部找原因，我们是无法左右客户的，唯一的办法就是从内部找原因。怨天尤人、埋怨他人是没有用的，唯有改造我们自己。”也就是说，面对合作中出现的问题，正确的做法就是不埋怨、不解释，尽快与客户达成共识，解决问题。

3. 进攻时不屈不挠，奋不顾身

任正非说："世界上我最佩服的勇士是蜘蛛，不管狂风暴雨，不畏任何艰难困苦，不管网破碎多少次，它仍孜孜不倦地用它纤细的丝织补。数千年来没有人去赞美蜘蛛，它们仍然勤奋，不屈不挠，生生不息。"

任正非认为华为人身上只有狼的攻击力是不够的，出击快速猛烈一举拿下猎物固然是好，但往往企业的业务不是靠一时之力能够解决的，企业与客户建立合作关系是需要漫长的磨合过程的，所以任正非希望华为人身上能够有狼不屈不挠的精神和蜘蛛坚韧的品质，在进攻的时候能够奋不顾身，直到完成任务。

3.1　抓住机会，不放弃一丝可能性

任正非所提出的狼文化，第一条就是要有敏锐的嗅觉。按照他的说法，就是哪里有肉，隔老远就要能够嗅出来，在找到肉之后还要紧咬着不松开，才能保证饿狼存活下来。1997 年，任正非偶然听到天津电信的员工说经常有学生表示在学校里面打电话不方便，任正非立刻嗅到了一丝机会，紧急指示华为："这是个金点子，立即响应。"两个月后，华为推出了 201 校园卡，立即大获成功，在市场上获得了热烈的反响，甚至扭转了华为在交换机市场中的劣势，最终竟然占据了 40% 的市场份额。

2005 年，黄河从巴黎高等商学院毕业，就职于华为财经体系，因为黄河会说法语，所以华为将他外派到阿尔及利亚，负责当地的融资回款问题。

在阿尔及利亚这个北非国家，办事效率普遍不高，所以回款工作操作起来有些困难。黄河每一次与客户对接，对方处理文件的速度都非常慢，而银行系统就更麻烦了，这个国家的银行流程多是手工操作，而且对外汇有管制，

黄河多次在银行窗口拿着票据等到最后，都发现兑不到美元。

如果黄河这边的回款不及时，华为的重点项目就会随之拖延，对此感到十分恼火的黄河别无他法，天天跑到客户和银行主管的办公室里“上班”，没过多久黄河就和他们都建立了很好的交情。黄河发现阿尔及利亚人办事进度缓慢，但是对待朋友都非常热情，只要在规则范围内，他们都愿意提供最大的帮助。于是黄河抓住这一点，时常去客户办公室催促：“快点帮我办了吧！”客户会当即从一摞票据中找出华为的，“唰唰唰”地签字，接着黄河又拿着票据去银行，催促他们：“票据齐了，下面的手续麻烦加快点。”对方也会当场签字“放款”。

做回款工作的那两年，黄河一直咬牙坚持，不放过任何可能性，与多个客户产生了良好的友谊，到2006年末，他的回款大大超过年初定的目标，黄河也因此获得了他在华为的第一个金牌个人奖。

企业在谋求发展的时候总会感觉机会难得，但事实上不是没有机会、没有客户，而是企业能够把握的机会和客户不多。这是因为企业在建立合作关系的时候过早地判断是否能够成功地与客户建立联系，放弃了太多他们自认为“机会渺茫”的客户，从而错失了很多可能性。试想企业的员工如果都能够像黄河一样，在不能以常规的方式拿下客户的时候，就走“曲线救国”的道路，不轻易放弃，就能牢牢把握住更多良机。

尤勇（化名）在华为尼日利亚区域做产品经理的时候，为了能够见到客户方的总裁，费尽周折。他在总裁的门外等了三个多小时都没等到客户的身影，最后竟然在总裁上厕所时将对方堵在厕所门口，才获得了一次会面机会……

就是凭借着这种不错过一丝可能性的工作方式，尤勇连续3个月奔波在40℃左右的天气中，拎着电脑和投影仪，穿着西装打着领带，从早到晚地拜访客户，成功签下了3000多万美元的合同。而他工作的第一年累计签了接近2亿美元的合同，到了第三年更是高达4亿多美元。连续四年，被华为称为“上甘岭”的尼日利亚代表处的销售业绩自尤勇加入以来一直排名全球第一。

不管是像黄河一样另想出路拿下客户，还是像尤勇一样坚持不懈一条路走到底攻克客户，他们都是依靠身上那种不屈不挠的韧劲才成功完成目标的。任正非曾说华为没有什么背景，也没有什么捷径，依靠华为人的努力与坚持，华为才抓住发展的良机，慢慢走向更广阔的天地。所以，即使到今天，华为也一直推行不抛弃不放弃的奋斗精神，谋求更好的发展机会。

3.2　华为狼性体现在不屈不挠的进攻精神

任正非推崇备至的狼性文化中有一条说的是不屈不挠的进攻精神，也就是说确定目标之后，就必须想尽一切办法拿下目标。狼群时常捕食比自己体型庞大数倍的猎物，所以是有生命危险的，但即使有着如此大的风险，狼群一旦展开行动，就势必拿下猎物，绝不临阵退缩，也绝不放弃。华为一直都推崇这种不屈不挠的奋斗精神，华为人一旦发现客户或新市场，就会竭尽全力去拿下客户，攻下市场。

王超（化名）在华为SSD部门工作一年之后，转做S客户的客户经理。由于历史超长期的AR（应收账款）问题，华为和S客户的关系降到了冰点，当时王超带领的团队和S客户的关系已到了破裂边缘，面对萎缩的网络投资以及业绩惨淡的局面，前任客户经理离开的时候，意味深长地告诉他："这个职位风险很大。"

由于客户的合作意向不强，所以客户不接王超的电话，不回复华为的邮件，不接受华为任何人的拜访，王超前几次去拜访客户的时候，都被对方拒之门外。王超在这种情况下咬牙坚持，依然每隔两天就拜访一次客户，从客户的基层员工开始交流感情，同时也悄悄了解客户CEO的相关信息。在日复一日的坚持下，王超终于了解了客户的喜好并逐步掌握了和客户沟通的方法和思路。当巴展的脚步越来越近时，王超终于找到机会邀请客户讨论合作事宜，他计划以巴展作为合作契机向客户全面展示华为的实力。于是他开始想尽一切办法邀约客户CEO一同参加巴展，并且联系客户的中层员工帮忙推动。在他的不懈努力下，客户董事长和CEO终于应邀，同意前去巴展探讨双方下一步的合作战略。华为方在巴展上安排了高层会谈，问题有了突破性的进展，S客户超长期AR问题的解决看到了曙光。

历经3个多月几十轮的艰苦谈判之后，华为终于成功地与客户签署了债务重组方案，双方协定在年底之前就完成所有欠款清理，如果能够按时处理完，客户就能获得大额奖励。不管是对华为还是对客户来说，这都是双赢的方案，基于双方的利益考量，客户开始积极回款。华为也积极牵引和支持，并及时解决途中的困难，在这个过程中，王超还会适时与客户会晤，强化客户的合作信心。

在王超团队不屈不挠的进攻之下，未来难以搞定的客户开始积极响应华为的工作，而成为客户经理的王超也成功完成了他的第一个业务。

管理学理论中有一个“飞轮效应”，即想要让静止的飞轮转动起来，一开始就要使出很大的力气，并坚持反复地一圈圈地推动它，虽然每转一圈都很费力，但这些力气都不会白费，因为到后期飞轮将越转越快，到达临界点之后，飞轮本身的重量和前期努力给飞轮带来的冲力将成为飞轮转动的动力，最后不用花费很大的力气就能使飞轮不停地转动。

华为一直以来推崇的狼的不屈不挠的精神与“飞轮效应”极其相似，也就是为了达成目的，竭尽全力并坚持不懈地出力，直到拿下客户，完成目标。王超虽然一开始就遭到客户的断然拒绝，但他就像推动飞轮一样，不管有多大的阻力，耗费多少力气，都咬牙坚持，最终这些努力都没有白费，他拿下了难以拿下的客户，完成了自己的任务。

3.3 没有做不下的市场，没有完不成的任务

华为前海外市场副总裁范厚华还是一个中基层员工的时候，负责开拓华为在偏远地区的市场，他信心满满地说：“华为一定会进入中国通信行业的前三。”他当时的主管却反驳道：“我们现在使用的设备都是阿尔卡特、朗讯、富士通、西门子等国际品牌，你说的怎么可能会实现?”

事实证明，通过华为人用勤奋和努力开发出无数优质的产品，以及为客户提供的最佳的服务，华为最终从一家不被看好的企业成长为世界级企业。

1997 年初，华为刚进入广西边远的河池地区市场，在当地华为没有任何客户基础，也没有成熟的大型交换机，因此攻克这个地区市场就显得异常艰难。范厚华就是这个时候被派往当地负责开拓市场的，范厚华不知道从何下手，只好先去拜访地市局，并且到当地的各个县去拜访客户。为了在当地建立起良好的客户关系，华为的团队在各个县局机房里检测设备是否有缺口，如果有缺口就向运营维护人员汇报并为客户解决缺口问题，同时了解客户的需求。那时候，范厚华带着华为的团队成员几乎走访了当地所有的偏远地区。

范厚华到广西的第二个月，河池开始电源招标，信心十足的范厚华却得知客户以华为电源的相关产品研发出来的时间还不长，质量一定不符合要求为由，拒绝华为参加投标。但范厚华并没有放弃这次难得的机会，而是和华为的产品经理一起联系了客户的高层，向对方详细讲解华为的产品，并告知对方这款产品的优势。客户还有质疑，范厚华就针对客户的问题逐层解答，这次交谈之后，客户已经有所动摇。为了更好地贴合客户需求，解决客户的实际问题，华为团队对当地所有县区和农话局，有针对性地做了相应的解决方案。

华为终于因为不屈不挠的进攻精神得到了客户的认可，进入投标、应标阶段。华为为了能够获取最大机会，一直与客户沟通、解释，并且站在客户的角度实实在在地讲解华为产品的优势，最终得到了客户的理解和认可，获得了当时华为莫贝克电源公司一次性签单局点最多、金额最大的一笔合同。

范厚华说：“困难是拿来克服的，挫折是拿来斗争的；没有做不下的市场，也没有完不成的任务，关键是有没有信仰。只要客户有需求，只要我们努力奋斗，就一定可以做大市场。”

事实也正如范厚华所说，在华为人的不懈努力之下，所有的困难都迎刃而解，所有难做的市场都被华为成功拿下。华为人不屈不挠的进攻和奋不顾身的投入，使得华为的词典上根本不存在“困难”二字。

4. 在实战中磨砺，随时能顶上去

任正非认为，实践出真知，所以华为有一套训战结合的人才培养系统。刚加入华为的新人会接受新人培训，培训之后大多会被派往最前线，亲身去体验、去操作以累积经验。对于资深员工，华为也有循环赋能的体系，让这些员工轮岗换位，从舒适区调往艰苦地区磨砺，多方位地打磨这些员工，让所有华为人都能够在不断的实践和训战之中学习和成长，最终成为华为需要的随时能顶上去的、不服输的人。

4.1 把新兵放到最前线磨砺

华为的常务董事李杰对华为的新员工说："在进入公司的第一时间去直观体验华为如何为客户创造价值，一方面帮助你们建立在自己未来岗位上为客户创造价值的能力；另一方面在为客户创造价值的过程中，最容易快速建立新老员工的磨合。"

华为的人才管理模式和其他企业的差异在于，其他企业倾向于将有经验有能力的老员工派遣到一线去处理重要的事务，但华为在新员工培训结束之后会直接将他们送往最前线磨砺。因为华为认为刚从校园出来的学生只待在办公室里面是难以熟悉公司业务的，而直接到一个面向客户、能够感受创造价值的以及任务非常明确的工作环境中去，不仅有利于新员工融入公司和团队，更大大节省了华为在新员工培养方面投入的时间成本。

李陈佳（化名）加入华为后的第一个工作就是做好S客户核心网的商用保障。当时S客户的网络业务设计得非常复杂，并且刚刚投入商用，所以出现了很多问题。李陈佳新兵上阵，面对这些问题手忙脚乱，不知道从何下手。更加让他觉得不知所措的是，当时很多客户会围观他工作，催促工作进度。在巨大的压力之下，李陈佳每天都寝食难安。

有一次，客户媒体网的媒体资源处理单板突然出现频繁复位的问题，整个媒体网间歇性退服，几十万的用户受到影响，纷纷打来电话投诉。李陈佳得知这个消息之后在20分钟内就赶到了客户机房，一到现场就立马接入维护平台，开始进行故障清理工作，当时客户CEO、CTO以及维护总监等十几个高层都在机房里查看他的工作进度，极度紧张的李陈佳在机房查询了十几分钟，但还是没能找到问题的根源。客户高层纷纷开始着急，客户CEO甚至按捺不住开始给华为代表打电话求助，并且投诉华为的工作不到位。李陈佳听着客户的抱怨，心知这时绝不能退缩，必须要尽快定位问题，终于在半个多小时之后，李陈佳发现网络故障是由于单板的CPU配置有问题。

发现了问题所在，解决起来就很快了，对症下药地修复后，业务终于恢复正常。李陈佳也如释重负，当他终于回过神来，这才发现在开着空调的机房里，他的上衣竟全部湿透了。要知道，机房的气温只有十几度。

在最初的几次实践工作之后，李陈佳的工作步入正轨，并且从核心网交付部门换到了S客户的网络操作中心负责管理服务项目，兼任PM和TD。慢慢熟悉工作之后，李陈佳成了业务线上的一把手，只要接到投诉电话，他就能立即赶往现场快速做出判断，并立即分析问题大概出在哪里，确定好解决思路，并开始在脑中构想应该找谁解决。然后，立刻联系相关的工程师远程或者到现场处理，同时兼顾内部通报、客户关怀等工作。久而久之，李陈佳从一个“新兵蛋子”变成了一名“老兵”，顺利地完成了一个又一个任务。

试想，李陈佳如果一直在办公室里学习业务模式和流程，他就很难体会到现场那种紧张的气氛，也就不知道面对突发情况该如何应对，但是只要有过一次切身体会，他就能完全掌握整个业务流程，包括如何和客户沟通。华为也是考虑到这一点，才愿意承担额外的风险和投资，默认了新员工入职的前半年到一年的时间内极大可能无法创造收益，但这是公司培养出真正能够“战斗”的员工的非常重要的环节，同时，对公司的发展也非常重要。

4.2　英雄是“上甘岭”上打出来的

任正非说：“我们学习美军的价值评价体系，首先看是否‘上过战场、开过枪、受过伤’，资格审查作为任职资格的第一个台阶，这应该是科学的。通过资格审查后，再比能力。如果能力强的人员没能通过资格审查，提拔要慢。”

在华为的早期阶段，一直采用的是“学生型”组织，也就是说和从学生中选拔干部的方式是一样的，不看是否有实际的业务能力，只关注管理上的才能。但显然企业要选拔出来的是真正能够了解公司业务、熟悉工作的实际流程的人才，所以任正非说要像美军一样，首先将“上过战场”、经受过磨砺作为重要的选拔因素，然后才考虑管理上的能力，选出同时具备业务能力和管理能力的人才。

科特迪瓦是西非疟疾高发地区，疟疾通过蚊虫传播，几乎难以防范，一旦传染，便会高烧不退，对身体伤害非常大。华为驻科特迪瓦代表处超过2/3的人都得过疟疾，有一名叫陈钊的员工，一年得了四次，但他始终保持着乐观的工作态度，甚至还戏称自己是“疟疾之王”。包括他在内，所有驻科特迪瓦办事处的华为人从来没有被吓倒过，疟疾来袭的时候便勇敢面对，一旦病情转好，他们便会再次生龙活虎地出现在自己的岗位上。

华为BG副总裁魏承敏也曾是华为驻科特迪瓦代表处的一员，在1996年他还是华为一个很普通的售后工程师。一次，有人问他是怎样一步步走到今天这么高的职位的，魏承敏笑着说：“如果你能连续三天三夜在冰天雪地的乡下坚持坐没有任何挡风设施的手扶拖拉机，甚至是踩着大雪步行到用户家里，并且连续在客户机房的地板上住一个月，不修好设备誓不离开，那么，你也能坐到我今天的位置，甚至更高。”

当然，并不是说“受过伤”是华为考量员工的重要因素，而是这些经历过风雨的员工往往承受能力都比较强，在巨大的压力之下，仍能够将公司的业务处理得很好的人更是不可多得的精英，所以华为还是认为真正的人才要在实战中选拔，英雄是“上甘岭”上打出来的。

正如任正非所说：“现在我们需要大量的干部，干部从哪里来？必须坚持从实践中来。如果我们不坚持干部从实践中来，我们就一定会走向歧途。”只有将那些打过胜仗的英雄选拔出来，华为才能一直走在正确的道路上。

4.3　要在实战中培养出能打胜仗的精兵

任正非说，基层员工在办公室从前辈的案例中去学习和总结经验是没有多少用处的，案例是从实践中产生的，而且案例的情况有细微的差别都会导致采取的措施千差万别，所以根本无法科学地总结出实际操作的方式，只有实践是最好的老师，平面的培训根本就没有经过验证，多次培训的效果也将会是零。要想培养出真正能够在事业上有突出成绩的团队，就要把他们送上战场，在实战中培养出能打胜仗的精兵。

2008 年底，黄浩宇（化名）远赴瓦努阿图支持 V 项目。瓦努阿图是一个岛国，人口较少，所以业务量不多，当地没有勘测设计人员，所以每次瓦努阿图有宽带网络类的需求时，都要从国外引入分包商。当地还未大规模开发，所以环境比较原始，勘测工作操作起来异常困难。黄浩宇当时还没有什么工作经验，但为了能够通过实践培养出自己的战斗力，他主动向自己的项目经理申请负责当地的光缆规划设计工作。

由于当地环境的限制，山林之中没有可以攀爬的道路，所以黄浩宇负责的勘测任务中最艰难的环节，就是行程问题。黄浩宇为了能够尽快完成工作，专门找了当地的土著人带路，土著人提醒华为项目组的员工不要随意碰触路边的植物，因为有些植物的汁液含有毒素。好不容易到达勘测点，华为项目组终于能够埋头工作的时候，却总有一些以前没见过的动物从草丛和深林里突然蹦出来。

就在这样新奇而又险峻的工作环境之中，黄浩宇带着团队每天从清晨开始勘测工作，到了傍晚才返回住所休息。在黄浩宇团队的努力之下，华为仅耗费一个半月就完成了 4 个岛 120 公里光缆路由的勘测设计任务，以及 115 个办公室综合布线的勘测设计任务。黄浩宇没有想到自己能够带领团队超前完成任务，所以任务完成之后，他立即高兴地给远在国内的项目经理报喜。

任正非说：“实践是您水平提高的基础，它充分地检验了您的不足，只有暴露出来，您才会有进步。实践再实践，尤其对青年学生十分重要。”

任正非认为在员工中搞太多学派是没有用的，既不能锻炼出实际的业务操作能力，也不能检测出个人的不足之处，唯有实践才是企业培养精英的唯一选择。

5. 没有条件，要发挥主观努力

任正非说："寻找机会，抓住机会，是后进者的名言；创造机会，引导消费，是先驱者的座右铭。"

企业要长远发展，就要不断抓住机会创造价值。华为从一家用户交换机销售代理公司逐步成为通信行业的巨头企业，一开始是没有任何机会找上门的，甚至可以寻找到的机会都很少。华为能够有如今的地位，全都是依靠华为人努力去创造机会谋求发展才得以实现的。所以，任正非始终认为，等待机会、寻求机会的都不算是上进的企业，这个企业的员工也都不是上进的员工，在没有条件的情况下，能够发挥主观努力给自己创造机会的企业才能屹立不倒，这个企业的员工才能持续成长。

5.1 没有条件也要自己创造条件

任正非说："选择了华为，就选择了艰苦奋斗，因为我们这种没有背景的公司，活下去的唯一条件可能就是要比别人多努力一点。"

华为从一无所有的作坊式的小公司走到国际化的大企业，都是靠华为人不断地坚持和努力，不断地自己寻求机会、创造机会，所以任正非认为只有"没有条件也要自己创造条件"的执行力和创造力才能让华为存活下来。

华为曾经负责卡拉奇的管道光缆项目，这个光缆项目全网总长 1400 公里，预定工期为 24 个月。但项目开展到 18 个月时，建立的 62 个传输通道却没有一个达到可以验收的条件，也没有一个路由是通的。

项目负责人唐旭（化名）非常恼火，立即组织了 20 多家分包商开会，当场与这些分包商达成一致，签署了遗留问题解决承诺书和完工计划书。但让他没有想到的是，当时所有分包商代表都答应得很好并且签订了协议，但到了第二天，唐旭想要再次与他们确认的时候，大部分分包商老板都不接电话，有的甚至已经关机联系不上了。

唐旭别无他法，立即带着本地的项目经理助理亲自去拜访客户各分区的经理，两人用 3 天的时间跑遍了在卡拉奇 60% 的光缆线路，最终发现项目无法顺利开展是因为没有路权。

巴基斯坦的土地涵盖政府土地、军用土地、私有土地、铁路土地等，要申请到道路使用权，就要走完一系列复杂的流程，比如价格谈判，付款制度的协商等。分包商为了图方便，只解决了容易解决的路段，导致项目开展之后复杂路段完全无法进行光缆安装工作，即使是已经完成的路段，也因为没有批到路权文档而客户无法验收。

举步维艰之际，唐旭决定依靠华为的力量创造条件让项目进行下去。于是他联合本地项目经理去拜访了卡拉奇 Badeer Town 的区长，现场戒备森严，周围还有两个手持 AK47 的警察一直观察着唐旭以及华为的项目经理。一开始的对话十分紧张，但是为了能够完成华为的项目，唐旭最终和区长聊起了巴基斯坦的通信和发展，让这个区长意识到通信的重要性，了解到通信能够在火灾、地震等重大灾难中起到何种作用。双方的交流十分顺畅，这位区长当即找到负责路权的领导，解决了该区 5 处路权问题，这也就意味着第二天华为项目组就能在该区开始施工。

唐旭见这个办法有用，就立马在接下来的 3 个月里拜访了卡拉奇所有的市长，以及 18 个区长和 72 个小区的区长，完成了所有的路权申请。路权的问题一经解决，项目的进程随之顺畅。最终，在唐旭的督促下，华为项目组在客户的计划时间内完成了全部的交付工作，华为也因此和客户建立了真正的战略合作伙伴关系。

唐旭因为善于创造机会，才最终完成了几乎不可能实现的项目。而项目在进行过程中常常会有许多不可控的危机或阻碍，唐旭如果没有应对这些困难的能力，不能自己寻找解决方法，就会面临失败。

5.2 避开“硬碰硬”，使用迂回战术

隆美尔在战场上就进攻要点制订过一个迂回战术，即尽量避免经过村落和一切主要的公路，因为这些地方多数会有敌人设防，尽量采取越野行动的方式，就能以奇袭的姿态出现在敌人的侧翼和后方，取得最后的胜利。

这种战术在企业管理中也常常被采用，用“硬碰硬”的方式即使最终获得了胜利也不可避免地会造成损耗，所以能够避免直接冲突的时候，就要想办法用迂回的战术取得胜利，这样不仅达到了企业的目的，也能够减少时间、精力、物质等损耗，实现投入最小化，利益最大化。

华为进军美国市场的时候并不顺利，当华为前脚刚迈入美国市场时，思科公司就出来强势阻止华为的下一步举动。要知道当时思科在数据通信领域处于绝对领导地位，而华为虽然发展势头很猛，但还是无法和占据龙头地位的思科公司直接开战。

2003 年 1 月 23 日，思科正式起诉华为及华为美国分公司，称华为及华为美国分公司对思科公司的产品进行了仿制，侵犯了思科公司的知识产权。面对思科公司的大力打压，华为先是在美国聘请专业的律师团队应诉，然后迅速找到当时思科公司在美国的死对头 3COM 公司结盟。2003 年 3 月，华为宣布与美国 3COM 公司共同成立合资公司“华为三康”，并邀请美国 3COM 公司的 CEO 专程为华为作证，力证华为没有侵犯思科的知识产权。

华为在诉讼的关键时刻没有选择直接上法庭与思科公司对战，而是放出合纵连横的奇招，令思科公司的“围剿”土崩瓦解。最终，双方达成和解，自此，华为在美国顺利打开了自己的商业版图。

华为进军美国市场本来就阻碍重重，为了顺利进入美国市场已经消耗了无数的人力、物力和资金，如果再采取硬碰硬的方式和思科公司对抗，那么很有可能损耗过大，这样即使成功挤进美国市场，也会因为无力支撑后续的战略布局而落败。所以，很多时候企业要有灵活变通的能力，学会以迂回战术减少损耗，保存实力谋发展，这也是另外一种为自己创造条件的方式。

华为在通信行业不是起步最早的公司，当时很多通信公司强势占据城市市场，华为没有实力和当时的巨头企业硬碰硬，于是选择了“农村包围城市”的迂回战术，才最终在市场中有一席之地。

2000年，华为GSM屡次进入市场均以失败告终，于是华为开始重新定位市场方向，制订了“农村包围城市”的新作战计划。由于国内中大型城市基本都被西方通信巨头占领了市场，并且完成了布网，但是当时很多人在城市购买手机，回到家乡却发现不能正常使用，于是华为察觉到GSM的切入点，把目光转向了广大的农村、乡镇等边远地区。

华为GSM专门设计了一款差异化竞争产品瞄准乡镇市场，即“小体积、低成本、快速建站”的边际网小基站，这样就能够方便运营商有效解决乡村的通信覆盖问题。当时许多乡镇网络一经开通，就聚集了大量的客户排长队等待放号。

当时中国的边远地区都有华为人的身影，也就是这些不辞辛劳去偏僻地区开拓华为GSM市场的华为人让华为的“农村包围城市”之路得以顺利进行，并且让华为GSM逐步站稳了脚跟。华为GSM逐步从农村到县城，再从县城到市区，逐层扩大搬迁，最终突破布局，全面打开了华为GSM在全国移动和联通市场的局面，同时，华为GSM在亚非拉等海外发展中国家也实现了连续突破。

华为采取迂回战术既避免了与巨头企业的正面交锋对抗，也能够有时间、精力寻找到大型企业无暇顾及的农村市场，攻克对方较为薄弱的地方，从而做大自己的GSM市场。

5.3　胜利总会眷顾有准备的人

很多时候，企业要想在激烈的竞争之中脱颖而出，就要为即将到来的机会提前做好准备，以迎接后续的挑战，这样一来，在面对问题时，因为提前有准备，所以更能主动抓住机会，快速解决。而在艰苦的环境中执行项目时，提前做好相关人员和资源的全面准备，更是有助于应对各种突发事件，保证业务能够顺利开展。

2016年1月7日，华为的友商涉腐，所以T运营商暂停了和友商的合作，与T子网相关的一切工作随即停止。T运营商将友商列入黑名单，T子网客户终于决定引入新的供应商并将其纳入核心战略，此前完全不在客户考虑范围之内的华为终于等到了这次机会，于是华为立即组建了项目组，为与客户建立合作关系做了许多准备工作。

2016年2月初，T子网客户全网开放，也就意味着华为突破规模的历史时机到了。华为项目组积极与子网客户交流，并且再三确认正式服务搬迁割接方案，由于华为项目组每一个成员都像打了鸡血一样有干劲，集团客户破例在投标和澄清期间与华为进行了两次独家的搬迁割接细化讨论。客户对华为所指定的方案以及交付的认可度非常高，华为项目组认定客户会接受华为作为合作方，但是仍没有一丝松懈，而是集中精力修改出了更完美的方案。T子网客户在后续的沟通中甚至提出建议帮助华为修改PPT的架构和逻辑，与华为就割接方案展开充分互动。

项目决策前，华为项目组的代表专程拜访了子网客户CEO，表达了想要尽快建立合作关系的意愿。一切准备就绪，项目谈判如期在曼谷进行，虽然博弈过程十分艰辛，但华为的表现远超其他企业，照这样发展下去，华为势必拿下这个项目。

经过两周的焦急等待之后，由于华为“一家独大”，T子网最终流标。客户决定在2016年5月底重启项目谈判。

华为对此早有准备，项目组拿着修改后的方案找到了T子网高层，并对对方的疑问进行全面澄清，同时表示华为过去始终以T子网为中心，曾不离不弃地帮助过T子网取得商业成功。就在密切的交流和谈判之后，T子网高层被华为感动了，主动表示一定为华为争取到这次的合作机会，于是，华为获得了传统网络的突破，赢得了最后的胜利。

华为项目组因为做好了全面、充分的准备，即使在项目流标的时候也不慌不忙，从容应对，所以最终赢得了胜利。

企业员工在执行公司任务的时候，也许不能预先料想到所有可能出现的困难和阻碍，但是全面的准备能保证员工在面临危机时能够快速找到解决的办法，度过危机，赢得胜利。

6. 不做无用功，精力集中在提高效率上

任正非说："现在最主要的是流程、制度和结构的改革，这个是最重要的。流程改革以后，重复劳动才会减少，然后才会提升。而且我不是想增加劳动强度从而得到效益的提升，是要降低劳动强度得到效益的提升。不做重复工作，不做无用工作，精力集中在提高效率上。"

华为素来以加班文化著称，但任正非发现这种全员加班的状态并不是效率最高的状态，反而是以重复劳动和高强度劳动换取的高效益，长此以往，这种低性价比的工作模式只会让企业员工因为精力损耗太大而影响企业整体运营情况。所以任正非再三强调，不要做重复的无用功，要把时间和精力放在提高效率上。

6.1　不做重复工作，不浪费精力

任正非说："减少不必要的重复劳动，有时我们对人力数量要求看得太重，还没有学会把效率提高。当前公司有太多重复劳动，如果把重复劳动人力释放，就能增加很多利润。"

正如任正非所说，企业时刻在为提高整体效益而想办法，首先就是释放重复劳动的人力，如果企业的员工感受到这份压力，自己也会思考自己是否处于高效的工作状态，从而提醒自己不做重复工作，不浪费精力在不必要的事情上。

蒋申是华为的一名普通员工，有段时间他的内心十分压抑，虽然他每天忙得连喝口水的功夫都没有，但等他忙完一天的工作后都会问自己："今天做了什么？"他发现所有事情都只开了个头，却没有完全做完，等再想起来回头去做的时候，又要从头做起，所以效率非常低。那段时间，蒋申一个人负责的某个产品的工作迟迟没有进展，他的主管也不清楚项目难在哪里，只是觉

得项目进度慢。

带着苦恼和不解，蒋申找到直接主管进行交流。主管告诉他，他之所以工作效率低是因为浪费太多的精力在重复的工作上了，想要高效地执行工作，就不能把精力浪费在不必要的地方，要有自己的工作节奏，要从计划、时间管理和及时求助等方面入手。很多人会制订出一堆很好的计划，可往往难以落到实处。因为实际工作中，员工专心处理一件事情时，总会有另外的事情找上门来，这就会使得他精力分散，不集中的工作方式会让员工在两件事上都浪费不必要的精力，做一些无用功或是重复的工作。蒋申的主管还告诉他需要找同事帮忙时，也要找那些效率高的同事，并学习他们身上的优点。

蒋申通过观察那些优秀的同事，发现他们做事情十分专注，始终踩着自己的“节奏”，不浪费一丝精力在不必要的地方。

蒋申照着主管的建议和自己的观察，制订了一份专心工作的计划书：

第一，每天早上来公司第一件事情，就是把当天的工作计划发给团队；整理一天的工作思路，集中精力完成最重要的任务。

第二，每天下班给领导和周边同事发一份工作总结，告知自己的进展。

第三，在工作的过程中，保证自己大块的工作时间，专注自己的工作。确有其他优先级的“任务”委派下来时，要注意做好当前工作现场的保留。

蒋申制订的计划书排除了一切可能的干扰，便于自己集中精力在主要工作上，即使必须先做其他的工作，也注意记录自己的工作情况，保证自己回头能够直接进行下一步工作，不用回头再做重复功。

6.2　明确的工作规划牵引高效输出

管理学中有一个“蚁群效应”，说的是蚁群能够根据环境变化迅速调整行动，并且无须太多的自上而下的控制或管理，就能自发完成工作，同时，虽然蚁群的个体都有弱势，但完全不影响蚁群的高效工作。经研究发现，蚂蚁有严格的组织分工，所以蚂蚁会依据明确的工作规划行动，而这种行动模式最终将直接指向工作效率。

将“蚁群效应”放到企业中就能使得员工的行动直接导向高效输出，当员工有明确的工作规划时，多余的环节就会被及时清理，从而减少工作时不必要的动作，提高工作效率。

2005 年，华为的张俊从产品经理转做客户经理，独立负责 F 公司，F 公司的市场、建设、采购、运维、财务等各部门各科室的客户他都必须熟悉，并保持良好的沟通。F 公司每年大小一百多个合同，从项目启动到合同签订，再到交付回款，都需要张俊参与。张俊开始从早忙到晚，甚至从宿舍走到办公室的几分钟里都要打几个电话。在这种忙乱的工作之中，他逐渐摸索出高效的工作方式，即做好工作规划，明确什么事项应该优先处理，也要知道下一步要做什么，同时在不同的项目之中要有不同的投入程度。这样转换工作方式之后，工作起来果然得心应手，不仅效率高回报也高。

显然，张俊在前期没有明晰的工作规划，导致工作的时候手忙脚乱，也因为没有明确的工作规划，没能分清工作任务的主次，导致他在工作的时候虽然忙，但是有很多不必要的工作损耗，效率很低。

林睿是华为的一位科研人员，他说："曾经我以为在杂乱无章的环境中我会更快地完成工作，并找出各种借口向领导说明'整理'给我带来的负担和时间浪费；但是领导不为所动，坚持要我整理好，否则按照公司规定将被处罚。不过，当我'被迫'开始整理后，我发现我的工作效率确实大大提高了，因为我再也不用为找东西而花费那么多宝贵的时间。"

可以看出，林睿开始像蚁群一样管理自己的工作之后，工作效率有了大幅度提高。所以，企业的员工要想有高效的工作输出，就应该有明确的工作规划，有了责任目标的强力牵引，他们就会像蚁群一样明确自己的工作步骤和最省时省力的工作方式，从而有高效的工作输出。

6.3　要保证工作效率，就要忙在点子上

华为前副总裁徐家骏离职前曾给任正非写了一封信，其中提到了工作要

忙在点子上的重要性。他总结说：“在华为工作十年，3650 天，工作日 3000 天左右，这些时间是不是花在最重要的事情上了，有效的、有产出的工作时间究竟有多少，实在值得怀疑。时间管理是我在华为工作当中最大的教训之一，可能也是公司整体性的问题，工作缺乏计划，经常是面临不断被打断；或者是不断去打断同事下属；或者是不断的会议、讨论，占去绝大部分的时间；或者是被自己的兴趣所牵引，花大量时间搞一些不着边际的事情；或者是花很多时间在一些细枝末节的事情上，把很难很重要的事情一直拖到非解决不可的地步然后被迫仓促行事。现在回想，如果真的能管理好这十年时间，我觉得成就应该大很多。”

隆美尔在指挥军队作战的时候，也发现如果不能很好地管理时间，将时间浪费在不必要的事情上，就会造成军队效率变低，甚至导致队伍溃散。他发现在毫无准备的情况下对昔兰尼加进行突击活动是非常错误的决定，因为这种突击对指挥官和部队来说，都要求有极高的随机应变能力，但有很多指挥官无法达到这个要求。同时，在一次作战中，指挥官最要把握住的就是时间，他应尽最大的力量，在规定时间之内完成他的使命。但最终导致突击失败的原因也就是没有把时间花在刀刃上，许多指挥官在不必要的事情上浪费了太多的精力，例如一些指挥官会为了补充燃料和弹药浪费很多的时间，甚至在车辆的保养上花费了太多的工夫。而战争是需要迅速攻击才有可能大获全胜的。

军队管理和企业管理非常相似，所以隆美尔和徐家骏在进行自我管理和团队管理的时候都发现影响效率的相关因素很多，其中最关键的一个决定性因素是团队中每一个人都在忙，但是否真的都忙在点上了？有没有把时间和精力都用在刀刃上？如果在忙碌一天之后，回想当天做无用功的“闲散时间”很多，而做真正有用的工作的时间却很少，那么就应该重新调整自己的工作状态，去除那些没在点上的事，效率自然会提高。

7. 预先做好谋划，伺机而动

数学家华罗庚在其《统筹方法》中这样讲道：“中国人习惯喝茶，而人们起床后，通常习惯先洗漱，再取杯子放茶叶，最后才烧水泡茶喝，这样看起来是符合常理的，但总会用去你很多时间。倘若换个步骤，起床以后首先选择烧水，然后才做洗漱、放茶叶之类的事，工作量还是那么多，但所需要的时间却极大地缩短了。这就是科学统筹的意义所在，也是一个良好计划的优势所在。”

这个道理同样适用于企业，当企业的员工明晰自己要做什么事情，并明确自己每一个工作环节要做的内容时，就能够在最短的时间内做出最佳的工作效果。

7.1　工作要先纸上谈兵，谋定而后动

一个员工如果在工作之前先制订详细的计划，工作就有了明确的依循和目标，工作才能有条不紊地进行，如果没有计划，工作起来可能是一团乱麻。华为的员工十分明白这个道理，因而在工作开始之前，他们会先做好一份项目计划书或详细的方案，以便让自己的工作事半功倍。

华为HLR是华为开发的一个小产品，当时的项目组负责人王金（化名）认为要想让客户认可这个产品，就必须做得比公司的主力产品更有竞争力。于是他定下了“6个9”的目标，即故障率不超过百万分之一。

但是要怎样才能做到这个目标呢？在项目开始之前，王金组织项目组全体成员先制订详细的计划，经过一个月的技术规划和两个多月的架构之后确立了项目实施的整体规划。

2006年4月，HLR项目正式立项，到了6月份，王金拿着架构找SPDT经理审核，期望可以通过TR1，却没有通过。SPDT经理认为王金虽然拿出了项目的整体计划，但这个项目能否商用成功还是个未知数，SPDT经理让王金

拿着架构和方案去找客户，了解这个架构是否与客户的期望一致后再作判断。于是王金只身前往欧洲拜访客户 T，经过简单的交流之后，王金发现华为提供的架构和方案均与客户的期望基本吻合，深入探讨之后，王金与客户达成了共识，并立即找到 SPDT 经理确定此事。但还没来得及联系上 SPDT 经理，产品线领导就先请来了公司架构部以及其他产品线的总架构师 20 余人，组成了一个架构评估团队，花了一个多月时间对王金的架构进行评审，并提出了 30 多个核心问题。由于早在项目还未开始的时候，王金就与团队整理了详细的架构方案，所以应对这些问题游刃有余，他在 CDCP、核心网 IPMT 两次会议上，共进行了 5 个小时的汇报，项目终于通过了审核。

后来，王金说："当时被折磨得不行，总是觉得所有人都在拖我们的进度。自己觉得方案已经清楚了，可以继续推进了，但是领导要求去见客户，反复去跟相关专家沟通。事后发现，幸好当初做好了详细的计划书和架构方案，不然真不知道要拖到什么时候。"

王金和他的团队在 2006 年做的这个技术规划、架构设计具有很高的执行力度，通过审核后，项目快速进入实施阶段，并依据王金的方案稳步前进，顺利结项。

任正非说："华为公司一定要提高效率，并不是说埋头苦干就行。提高效率，不是要增加劳动强度，而是要减少无效工作。"正如任正非所提倡的，王金制订了详细的工作计划，省去不必要的工作步骤，才真正提高了办事效率。如果员工事先没有详尽的工作计划，那么客户一般不会相信这个企业能够做好这项工作，所以在工作中不可省略的步骤就是制订计划，要先"纸上谈兵"，再采取行动。

7.2 有计划让工作更简单高效

南斯拉夫有句谚语，一次深思熟虑，胜过百次草率行动。在工作之中更是如此，许多人在工作之前没有整体的规划，没有想清楚处理各项事务的措施，接到工作任务就迫不及待地开始干活，最后却因柴刀不快，伤筋动骨，白费力气。想要快刀砍柴就要先把刀子磨一磨，企业之中，工作计划就是最好的磨刀石。

在麦肯锡，每个员工在咨询服务开始之前，都会根据客户问题及其改进要求制订一个科学的工作计划，这也是麦肯锡咨询顾问的首要任务。

林国沣是麦肯锡全球董事，亚洲零售银行咨询业务负责人，他刚刚加入麦肯锡公司的时候，和大多数踌躇满志的年轻人一样，急切地想要证明自己的才能，对待工作的激情远胜于其他新人。然而，入职一个星期以后，他却发现尽管自己每天忙至深夜，却仍然是所在团队中效率最低的人，繁重的任务一件接着一件，几乎压得他喘不过气来。

带着满腹不解，林国沣不得不向同一项目组的法国同事马克求教，马克听后，微笑着说："林，我想你一定没有认真看项目组的工作要求表，上面的第十一条清晰地写着，每天制订一个工作计划，然后去付诸实践。"

林国沣听后，立刻去翻阅工作要求记录，上面果然如同马克所说，有着这一项要求。不等林国沣再次发问，马克继续说："你们中国人常说计划赶不上变化，但我们西方人却觉得，计划即使不能百分百地实现，它的存在也是不可替代的，如果每一天的工作我们都能用实际计划代替设想，抓好计划的真正落实，我们就可以掌握时间的主动权，实现工作效能的最大化。"

马克的话让林国沣茅塞顿开，当天夜里，他便推翻了之前一贯的工作模式，放下了所有工作，专心为第二天设计了一个合理的工作计划，并且在之后多年的工作中，始终坚持这一习惯。

成为麦肯锡亚洲零售银行咨询业务负责人后，《21 世纪经济报道》的记者曾问林国沣，是什么成就了他的今天，林国沣毫不犹豫地回答说："是麦肯锡公司，也是当年一位同事的指导，更准确地说，是一份份精确美好的工作计划。"

同麦肯锡一样，华为也十分重视事先的谋划以及详细的工作计划。华为意识到，合理的工作计划能够帮助员工在有限的时间内，对繁多的工作事务做出科学的排序，让人更合理地分配时间和精力，心无旁骛地处理各种大小事件。可以说，要想让工作更加简单高效，绝对离不开切实精确的计划。

7.3 有严谨细致的计划，才能精确执行任务

麦肯锡公司著名咨询顾问大岛祥誉曾在其著作《麦肯锡工作法》中这样写道：“在自己转换职业或婚姻生活中，如果希望心想事成，行动就不能没有计划。这样做，即便进展不顺利，也可以在每一个步骤内定位并改进受挫的问题点。”

华为非常认可这种行动之前要制订严谨的工作计划的理念，任正非认为，只有做了精确的计划，项目才能依据计划顺利进行，员工才能最高效、最省力地完成工作，取得最佳的工作成果。

2014 年，华为第一次接手西欧五大国的网络项目，而且是德电集团本国子网的搬迁项目，这个项目有着不可忽视的市场地位。于是华为项目组为了完美交付这个工程，从准备到项目最终关闭精心谋划了多时，并在两年内完成了总数达 1.2 万个的物理站搬迁项目。这个看似会有许多困难和突发问题的项目，在悄无声息中顺利完成了，并且在两年间没有一例终端客户投诉，简直是一个奇迹。

华为项目组在项目结束之后总结了成功的原因，原来在项目早期，华为项目组花了近半年的时间和客户一起讨论交付策略和流程，并开了上百次技术澄清会谈主计划和技术方案，计划的每一个细节都力求完美。曾经有一个 HLD 文档因为客户对其中一个环节不是很满意，华为项目组前前后后修改了不下 10 遍。这样严谨细致的策划最终换来了高质量、可持续的搬迁流程，在交付过程中，99% 的操作都是依据制订的项目计划无偏差地精确执行的。

华为项目组这种将制订工作计划当成工作的一部分去认真执行的做法，使得自己能够以最快的执行速度完成项目工作。正如本田宗一郎所说：“行动快的人不一定是第一个完成任务的人，准备工作做得最充分的人才是工作效率最高的人。完善的计划加上坚决的落地执行，一切自然也就变得顺利了。”

2013 年，华为在印尼的微波订货和销售毛利呈双负增长，印尼代表处几

乎天天都有“交付困难”“没办法”之类的声音。林岳峰（化名）作为一名微波销售人员听多了这些负面声音，心里非常不好受，于是他下定决心要彻底解决交付难的问题，带领微波销售团队突破难关。

林岳峰认为光是勤奋认真的工作态度还不足以让销售情况马上转好，开展工作之前必须有科学的行动计划，于是他在 Excel 表格中详细地列出销售微波要做的几件事，并制订了相应的执行措施。

为了解决当时微波销售人员日常工作效率低以及完成方案不及时的问题，林岳峰组织了内部“比武”活动，让所有人通过比赛的方式改变彼此的工作状态。林岳峰还制订了详细的进度追踪表，让工作的进程严格按照计划执行，绝对不允许任何时间的浪费，保证新产品能够在第一时间进入市场。

果然，有了详细的工作计划，华为在印尼的微波订单在 2014 年底超越挑战目标，微波由一个亏损项变成了一个既有量又有利润的产品。

林岳峰按照既定的目标和明确的步骤，逐一整理应该完成的事情，远比之前杂乱无章地处理工作事宜要方便省时得多。也可以看出，依据细致的工作计划，精确地执行任务，不仅方便管理，还能给企业带来更可观的利润收入。所以，企业员工在工作之前都要明确目标，制订计划，才能事半功倍。

第5章 集中优势兵力作战

任正非说：“华为如果有志于成为全球性公司，每名员工都需要有狼性精神。华为可能不是像爱立信那样的狮子，但是可以团结起来对雄狮发起围攻，直到雄狮筋疲力尽。”

1. 采用群狼战术打垮对手

华为早期的确更多的是依靠“个人英雄”的力量快速发展起来的，但走向更高更远的天地之后，任正非发现猛虎的力量再大也抵不过狼群的围剿，十几万华为人的力量远超个别“英雄”的力量，所以华为也逐步从“个人英雄”的道路迈向“集体英雄”的大道。

任正非认为一个企业仅仅依靠极个别精英的支撑，是很容易被外界力量打垮的，但集中十几万员工的力量，就能抵抗外界的任何风雨，不被任何袭击打败，所以华为在与其他企业竞争的时候选择的是凝聚群体的力量去对抗对手，采用群狼战术打垮对手。

1.1　老虎只会单打独斗，狼却能同甘共苦

华为消费者 BG 总裁余承东说：“要在华为获得成功，必须能随机应变，将自己变成一头饿狼。老虎只会单打独斗，狼却必须与团队同甘共苦。”

正如余承东所说，华为人就是群体作战的狼群，他们身上的狼性不仅体现在对外的战斗力上，更体现在内部的团结一致上。

2012 年，刚刚告别校园的彭建树（化名）成了华为的一名“新兵”，入职培训之后就被外派到刚果（布），成为华为海外“军团”的一员。当时还稍显稚嫩的彭建树非常不习惯与那些已经工作数年的资深员工同吃同住的生活。但是，在一段时间的相处之后，彭建树发现这种工作生活都时刻相伴的日子让同事之间积累了很深的友谊，加上大家都远离家乡，同事之间的感情更加真挚淳朴。随后，彭建树更是体会到，深厚的友谊不仅仅是依靠时间积累的，更是靠一次次同甘共苦的经历“浸泡”出来的。

2014 年末，华为的员工照常在办公室里处理各项事务，靠窗的同事突然大惊失色，急忙喊其他人一起看窗外的情况。他们发现街道上的所有人都朝着出城的方向狂奔，紧跟着的是一辆辆载满了士兵的装甲车朝着总统府的方

向开去。这让华为的员工心中惴惴不安，对于这样大规模的民众出逃事件，他们下意识就想到了海外的动乱事件。很快他们得知当地发生了内乱。没过多久，华为办公室外传来一阵阵的爆炸声，由远及近。当爆炸声越来越接近的时候，所有人的呼吸都变得缓慢，神情都开始有些紧张。刚果（布）代表处的负责人稳定住办公室的全体员工，并让他们快速聚集到一间远离窗口的小办公室内，躲开流弹的袭击。因为是第一次亲身遭遇这样的情况，所有人都紧张得脑门冒汗。彭建树正紧张得不敢呼吸的时候，突然听到同事的笑声，原来是大家见气氛太紧张，开起了玩笑，缓解彼此不安的情绪。他们就这样互相支撑、互相鼓舞着等待内乱的平息。

当天下午，办公室附近的爆炸声越来越密集，丝毫没有要停止的迹象。华为代表处的领导在经过充分的沟通和准备之后，决定带着华为的员工转移到安全区域。就在所有人都坐进转移车准备离开动乱区的时候，周围突然响起了炮声，打破了车里的压抑和沉默，物流经理当即吓得轻喊出声，彭建树也打了个哆嗦，而一旁的项目经理见状赶紧讲起了他最擅长的冷笑话。车慢慢驶离骚乱区，大家的心也逐渐不再紧绷。项目经理笑着说："我们现在体验的是战火纷飞的感觉，以后大家就是一起经历生死的兄弟了。"

也就是在相伴两年之后突然遭遇的这次危险，让彭建树意识到，刚果（布）的所有同事不管是工作上还是生活上都是并肩作战、同甘共苦的好兄弟好姐妹。为了完成工作，大家一起熬过夜加过班，在客户的办公室外互相鼓劲，为了拿下项目大家彼此团结，与竞争对手死磕。生活中，不管是谁有任何需要，大家都会伸出援手，共渡难关。这次一起经历生死危机，更是让彭建树发现了华为人团结的力量。

任正非曾说，同甘共苦的华为人不仅是利益共同体，更是命运共同体，华为人如同狼群一般一荣俱荣，一损俱损。通过上面的案例也可以看出，华为人的团结不仅体现在狼群出战的时候，也体现在生活中的互相扶持中，也正是因为华为人形成的这种"共同承担命运"的团体，使得华为人在面对任何困难时，都会选择共同进退，这种团结的力量也让华为走向更好的未来。

1.2 群狼作战，才能发挥最大力量

有句话说："饿虎不敌群狼。"也就是说，不管竞争对手有多强的实力，只要团队能够上下一致，集中力量对外，就一定能胜过对方。狼群就是这样的有力量的团队，狼群不仅明确自己的工作任务，保证自己有很强的执行力，最重要的是，它们将团队的目标当成自己最重要的事情，所以每每作战，狼群都能集中在一起，发挥最大的力量捕获最多猎物。

华为在任正非的引导下也是采取群狼作战的工作方式，任正非强调，每一个华为人在确保完成自己的工作任务的同时，还要以团队的目标为己任，和其他的华为人团结一致，集中力量实现团队的目标。

2010年7月，李汉东（化名）到尼泊尔支持Ncell项目组的交付工作。当时尼泊尔的基础设施十分落后，因而站点获取、土建设计和实施等工作进程缓慢，工程的实施更是成为项目交付的一大瓶颈。

李汉东想着要在尼泊尔西部三个省的各个角落里安装完224个全新建站点需要做多少准备工作，尤其北部山区最为艰难的交付站点需要投入多少人力物力来支撑，结果越想越着急。当时团队中的另一个负责人发现李汉东似乎有些焦虑，于是立即组织团队全员开会商量站点勘测设计这一难题。整合了集体的智慧之后，华为团队觉得在将站点分包给正常的勘测分包团队之外，应启用华为自有团队负责部分站点的勘测设计工作，并且现场联合分包团队一起勘测设计，并应联系华为首都作战室的各个专家和客户一起远程支持，及时决策，以高速高效的方式解决现场的问题，这样一来能够大大减少前期无效勘测和重复勘测的情况，保障关键站点的勘测设计工作。

但是，好事多磨，华为团队在北部站点勘测攻坚的最后几天出现了意外。李汉东带着队伍坐上直升机前往勘测点，到了傍晚都没有按计划返航，华为尼泊尔代表处始终联系不上李汉东带领的小分队，整个作战室的成员急得像热锅上的蚂蚁。到了当天夜里十点左右，李汉东才终于联系上作战室的员工，向他们解释由于当地大雾，直升机无法再次起飞，小分队只好在当地宿营。为了不让其他人着急，他们走了十几公里才找到有信号的小镇打电话给作战室。

这次有惊无险的经历过后，团队集合力量推进站点勘测设计的工作，全员分工协作，一起奋战到深夜，最终尼泊尔的站点如期成功上线商用。这个站点也成为唯一一个项目组因单个站点开庆功会的站点，因为它见证了一个团队的成功协作。

李汉东自己也说：“团队是成功的基础，团队良好的运作更是项目成功的保障。”任正非说：“华为最优秀的一点，就是将十七万员工团结在一起，形成了这种力量，让公司发展这么快，腐败这么少，同时也在管理和控制领域做出了突出贡献。”

1.3　“蚂蚁雄兵打群架”

任正非说：“当我们建成内耗小、活力大的群体的时候，当我们跨过这个世纪形成团结如一人的数万人的群体的时候，我们抗御风雨的能力就增强了，可以在国际市场的大风暴中去搏击。”

华为曾为了在与爱立信的战争中取得胜利，在销售工作中不吝巨资，甚至不计成本派出人数多过对手十余倍的技术人员，让他们出现在每个县的电信局里与爱立信的技术人员展开“肉搏战”。因此，不管是哪里出了问题，华为人都会立即赶到现场，并且依靠团队的力量迅速解决眼前的问题，然后奔赴下一个战场。

事实上，当时华为的实力远不及爱立信，但就是这种集中所有能够集中的力量，并迅猛出击的方式，让华为能够逐渐在与爱立信的斗争之中占到上风。

华为自创业以来采取的就是这种“蚂蚁雄兵打群架”的集中力量一致对外的战术，当时实力雄厚的企业太多了，企业之间的竞争也十分激烈，华为要与这些大象一般的企业搏击，并在市场上占得一席之地，只能首先从数量上取胜。

华为在成长初期决定先占领市场，但由于华为还是一个名不见经传的小企业，所以只能依靠销售人员的攻坚来实现目标。于是华为采取“蚂蚁雄兵打群架”的战术，即在初期便组成由客户经理、产品经理、售后技术人员等20多人为一组的团队，奔赴全国270多个地区经营部，并且派专人负责把守北至大兴安岭的各农垦管理局。对于那些一时攻克不下的“硬骨头”，华为的销售人员就长期驻守在客户单位，为他们扫地、擦桌子，最终成功打下堡垒。也就是依靠人海战略，华为打赢了在中华大地上的圈地战，这种“蚂蚁雄兵打群架”的销售战术对于今天的高科技企业或许已不可想象，但华为就是在这样的不可想象中拼出了硕大的业绩版图。

华为早期以“蚂蚁雄兵打群架”的战术获取一定的胜利果实之后，任正非确定了华为要走集体作战的奋斗之道，他说：“我们对所有的华为人以同样的标准来要求，从一开始就培育团结合作、群体奋斗的精神，从而推动实现集体奋斗的宗旨。”

2. 力出一孔，利出一孔

华为的高级管理顾问吴春波说：“我认为华为提出的‘力出一孔，利出一孔’是很常识的。‘力出一孔’是价值创造，‘利出一孔’和价值评价、价值分配相关。我一直认为，价值创造、价值评价和价值分配的良性循环，是华为的一个发动机，可以输出巨大的能量，来影响这帮人，改变这帮人，激励这帮人，当然也在约束这帮人，使这帮人不懈地奋斗。”

华为采取的“力出一孔，利出一孔”这种压强式的人力资源管理模式，让利益分配成为刺激员工前进的动力，使得华为人能够集中力量攻打市场，让华为在市场上占据优势地位。

2.1 采取“火箭原理”，实现力出一孔

为了实现“力出一孔”的战略模式，华为采取了吴春波提出的“火箭原

理”，即将华为的人力资源以及各种物质资源都装在一个容器里，并用一定的刺激方式激发这些资源，让这些资源能够在内部凝聚成一股巨大的能量，最后通过一个很小的口把火箭打上去，力出一孔，迅猛出击，完成任务。

IT危机爆发后，国外的主要通信设备制造商不再对下一代NGN交换机研发信心满满，并对未来IT业的发展感到迷茫。加上IT危机导致这些公司的财务状况转坏，裁员、缩减市场等行为纷沓而来，研发之路变缓。于是没有任何企业敢集中资源和财富投入NGN交换机的研发。

然而，华为坚信NGN交换机将会取代传统的交换机，于是华为决定集中全部精力加大投入NGN交换机的研发。但当时很多华为人不理解这一举动，他们认为盲目研发新产品的风险很大，于是整个研发团队显得有些懒散。任正非发现这一现象之后，集中了研发团队的所有人，并告知他们如果团队能够在最短的时间内研发出新一代交换机，将得到丰厚的物质回报，利益分配大大刺激了研发团队的成员。在这样的激励手段之下，很快研发团队就提升了华为新一代的交换机的技术，并在短时间内赶上了竞争对手，这种聚焦在一个项目上的工作战略让华为占尽市场优势，NGN交换机最终取代了传统交换机，华为也因为集中力量研发新产品占据了最佳的市场地位。

要实现力出一孔，首先要做的是采取有效的刺激措施，使容器里的资源能够互相作用产生巨大能量最终让“火箭”有动力，能够实现“送火箭上天”的目的。要想很好地利用容器里的资源，就要找到合适的刺激，华为懂得“利出一孔”才能实现“力出一孔”，所以要想员工有动力，企业就要多考虑员工的利益，多为他们着想，这样员工才有很好的执行力，完成企业的战略目标。

2.2 集中能量在一个孔里努力

任正非曾说：“水和空气是世界上最温柔的东西，因此人们常常赞美水性、轻风。但大家又都知道，同样是温柔的东西，火箭是空气推动的，火箭燃烧后的高速气体，通过一个叫拉法尔喷管的小孔，扩散出来的气流，产生巨大的推力，可以把人类推向宇宙。像美人一样的水，一旦在高压下从一个小孔中喷出来，就可以用于切割钢板。可见力出一孔，其威力之大。十五万人的能量如果在一个单孔里去努力，大家的利益都在这个单孔里去获取。如果华为能坚持‘力出一孔，利出一孔’，下一个倒下的就不会是华为。”

京瓷创建不到10年时，IBM公司曾给京瓷下了一批精密陶瓷产品的订单。此订单中对产品性能的要求远远超出常规水平，也远远超出了京瓷当时的技术水准。京瓷上下绞尽脑汁，历尽艰难，总算做出了样品，但交到IBM那里时，却全被盖上了“不良品”的印章。20万个产品被悉数退回，这给京瓷造成了很大的打击，公司内弥漫着无可奈何的消沉气息。

产品被退回的那天夜里，稻盛和夫在生产现场遇到了一位意志消沉的技术员。看着技术员的神情，稻盛和夫突然脱口而出这样一句话：“你向神祈祷了吗?”技术员听到此话时颇为吃惊。但是，当稻盛和夫把这句话连续重复了几遍后，这位技术员终于明白，随即再次投入工作中。

此后，包括这位技术员在内的开发小组成员们，无数次地克服了各种各样的技术难关，最终成功制成了满足客户苛刻要求的、高水平的、完美无缺的产品，并完全按客户规定的时间顺利地交了货。

可以看出，京瓷并不是不能够完成任务，而是因为京瓷的员工首先心里就认定了自己不可能完成好工作，于是呈现出来的结果必然是“失败”，但稻盛和夫的一句话，竟然让这项看似不可能完成的任务成功完成了。细想之下，可以看出稻盛和夫并不是真的让员工寄希望于神明，而是让员工心中有一个信念，就是自己一定能够成功，这样所有员工才能够集中自己的全部能量在工作中，把所有的时间和精力聚焦在工作上，这种集中全部能量在一个孔里努力的工作模式最终引导他们很好地完成了工作。可见，任正非说得非常有道理，所有人的能量聚集在一起，足以凝聚成一股势不可挡的力量，让企业能够完成所有具有挑战性的目标。

3. 集中力量冲破一点，形成优势

华为自创业之初就形成了聚焦主航道的战略模式。最初，华为无力与强大的竞争对手直接竞争，于是没有选择全方位的战略模式，而是选择聚焦于集成电路的高新技术，并集中全员的力量大胆创新，最终才在这个方面取得了巨大突破，逐步有了自己的优势，开始开发别的项目。但即使有了雄厚的实力，华为也依然坚持以往的聚焦的方式，集中全部兵力，攻打一个地方。

对此，任正非说："这样就可撕开一个口，撕开一个口就有市场，有市场赚了钱再加大投资，加大投资又会有更大的突破，有突破又会有更大的市场，这样就会形成一个良性循环。"

3.1　集中精力只做一件事才能形成优势

隆美尔在作战时讲究"在针尖大的点上形成局部优势"，也就是说隆美尔认为集中兵力攻占局部才能形成优势，逐步扩大范围拿下敌军。华为在管理上也是采取同样的方式，即集中全部精力做好一件事或一个产品，逐渐在这个领域形成优势，最终整体获得胜利。

隆美尔在带领军队与英国军队作战之时，由于战车被大量击毁，所以虽然两个师都获得了胜利，但进入格布尔沙里—西迪欧麦尔地区之后，隆美尔的兵力已处于劣势。而且当时友军意大利军队的战斗力又有限，所以隆美尔调整了作战计划，将军队全部机动兵力集中在一起，用各个击破的手法逐一消灭敌人的部队，直到整个英军打击力量全部消灭为止。

这是因为英军把他们的装甲旅分成独立的单位，分别投入战场，这样就使隆美尔的军队在每一次战斗中都能获得局部的优势，并取得最终的胜利。

隆美尔这种将有限的兵力全部集中在一个地方的战术，让他的军队扭转局势，在战场上成为优势方。这一点和华为的成长历程非常相似，华为也是聚集力量攻坚，将一件事做到极致，才得以占据市场，成为通信行业的领头企业。

华为数年来坚持不计成本地投入研发，根据2006—2015年的财报显示，联想在这10年间共计投入研发的成本约为44.05亿美元，远远比不上华为这10年间的投入，甚至整个10年的投入都比不过华为2015年一年的研发支出，2015年华为共计投入研发的资金为596亿元，比起当年中国上市公司前10名的总和还要多45亿元。

2015年，华为凭借自己的实力和投入，位列财富500强第129位，面对如此优异的成绩，任正非说："其实不必执着结果，我也不用结果来作为导向，因为我注重过程，遵循规律常识把该做的做到了，老天会给我一个满意的答案。"

华为之所以取得这样的成就，是因为华为十分明确自己的战略目标，知道自己要达成什么样的结果，于是集中财力、物力、人力聚焦战略目标，不断投入并突破战略目标，最终才形成了压倒性的优势，收获了很好的成绩。

3.2 激光突破：集中力量攻克目标

太阳的能量强过激光无数倍却无法穿透纸张，但激光却能够穿透一块钢板，这就是集中能量于一点所能发挥出的效果。企业管理也是一样，讲究聚焦于主航道，在一个领域形成绝对优势，所以华为的战略指导思想一致——"有所为有所不为，只做华为最擅长的事，只进入最高附加值的领域"。

华为最初面对巨大的通信市场的时候，无力走全方位投入的竞争之路，所以，强调要集中力量打歼灭战，也就是"压强原则和利出一孔"的战术。选准一个突破口，把人力、物力、资金全集中在这个点上。

于是，华为从创业一开始就把代理销售取得的利润全部集中到小型交换机的研发上，利用压强原则，力出一孔形成局部的突破，逐渐获得了技术领先。抓住机会窗后，又将积累的利润投入下一代产品的开发中，这样周而复始。到了今天华为依然坚持这个战术，集中力量开发核心网络。

当年楼市、股市一片繁荣，互联网也呈喷薄态势。但华为的业务仍聚焦主航道，把精力集中到一点上突破，华为因此遭到了外界的挖苦与嘲笑。然而当时那些这边投入股市那边投入楼市，还分出精力做互联网的企业现在都已经消亡了，而华为却走到了今天，并且一直走在中国企业的最前列。

华为轮值CEO郭平说："28年来，我们从几百人对准一个城墙口冲锋，到后来，几千人、几万人、十几万人对准同一个城墙口持续冲锋，从不畏惧，决不屈服，英勇奋斗。我们现在每年投入1000多亿元人民币，研发约500亿元、市场服务约600亿元，仍然对准同一个城墙口：大数据传送，终于取得了突破，处在世界领先位置。"

郭平所说的就是华为能够成功，很重要的一个原因是华为从来不分散力量大规模建设其他业务领域，而是像一束激光一样，心往一块想，劲往一处使，才能有所突破，有所成就。

3.3 压强原则：集中优势兵力迅速击溃对方

华为的高级管理顾问吴春波说："华为的压强原则，从基本法开始就在发挥作用。华为的战略特征其实概括出来就是压强。从概率论的角度来看，大赌注比小赌注胜算更高；我没有赌博这种实践，但概率是一种科学，也是常识。专注押赌一个比四面出击地押赌赚得更多，长期单一押注比短期分散押注要赚得多。这是企业与人为什么要专注、聚焦、坚持与执着的理由，也是区分伟大和平庸的标志。在现实中，人的贪婪，往往经不起这些诱惑，耐不住寂寞，聪明摧毁了常识，着急替代了奋斗。等不及那就是赌一把。但华为的这种专注，始终如一。"

华为的"压强原则，力出一孔"的战术十分看重人力资源的规模。《华为基本法》第八条指出："我们强调人力资本不断增值的目标优先于财务资本增值的目标。"第十三条指出："机会、人才、技术和产品是公司成长的主要牵引力。这四种力量之间存在着相互作用。机会牵引人才，人才牵引技术，技术牵引产品，产品牵引更多更大的机会。加大这四种力量的牵引力度，促进它们之间的良性循环，就会加快公司的成长。”

于是，华为公司自1995年取得程控交换机的入网许可证后，便开始大规模引进人才。人数从当年的1200余人，一直增长到2016年的17万人。

在技术研发上华为也投入了巨大的资金，2015年全年华为共计投入研发的资金约为90亿美元。要知道当年全球上市公司的研发经费排名之中，排名第10的公司也不过投入85亿美元，而2015年苹果公司全年的研发投入为60亿美元，排名全球第18。没有上市的企业可想而知，是不可能超过华为在研发上的投入的。

投入巨大的财力和人力去建设华为的技术团队，做出来的产品可想而知。因此华为产品的销售额一直名列前茅，在2017年上半年更是占据总体市场份额的21.6%，成为当之无愧的第一名，而苹果不过占据市场份额的7.8%。

人才、技术以及产品给华为带来了更多的机会，为了能够将这些机会转换成销售额，华为用精兵强将来强势销售产品。每当华为的新产品上市，华为就会迅速征召主要兵力去抢占市场的销售机会，这就造就了华为强悍的市场能力，令各大电信巨头头疼不已。

2015年，华为实现销售收入3900亿元，是国内互联网三巨头BAT收入的3倍以上。

任正非说，坦克在稀泥沼泽上可以通行无阻，但是针从高处落到强硬的地板上，地板有可能经不起压强而破裂。就是说，我没钱，我就把它集中在一点上来投，压得死死的，我可能在这里面就有突破。所以，华为坚持采取压强战略，以超过竞争对手数倍的资源和配置，集中全部可用的力量在关键的战略点上，形成优势并迅速击败竞争对手。

4. 分工协作，共同“围剿”猎物

德鲁克曾经说过，一个企业，当每一个人都明白“一荣俱荣，一损俱损”

的道理时，这个团队的团结性一定是毋庸置疑的。

华为素来以狼性团队著称，除了具有像狼一样迅猛出击的战斗力，更为人称道的就是像德克鲁描述的那样，华为人深谙一荣俱荣，一损俱损的道理，于是他们在工作中会选择团结协作，合力攻坚一个目标。而华为人之所以能够如此团结，是因为华为通过对团队价值的强化和“自愈合”机制的建设将华为人凝聚在一起，建设出了一支价值意志高度凝聚的集体，并通过分工合作实现企业的终极目标。

4.1　杂乱无章地工作，团队将一事无成

管理学中有一个“华盛顿合作效应”，说的是人与人的合作，并不是简单的人力相加，因为实际情况要复杂得多。在一个 10 人团队中，假使每个人的能力都为 1，那么在有效的合作之中，这个团队取得的成就却会远超 10，但如果没有科学的管理而在混乱的环境下工作，10 个人的合作结果甚至会比 1 还小。

华为深知，杂乱无章地工作不仅不能发挥集体的力量，反而还有可能消耗团队的能量，最后却一事无成。任正非认为有效的管理应该从减少人力的无谓损耗入手，并且以此为基础建设出一支能够合理分工的队伍，将各自的能量最大限度地发挥出来，相互推动，达到事半功倍的效果。

麦肯锡欧洲区主席赫伯特·亨茨勒对这一点深有感触。赫伯特曾经遇到一位百货公司的总经理，这位总经理有三部手机，雇用了三位秘书来管理 100 多名员工。在公司里，这位总经理几乎要做所有的事情，他要参与决定产品上架的品种、和供应商商定优惠的价格、负责企业的场地租赁事宜。他每天工作 16 个小时，每周 7 天，像个陀螺一样忙个不停。

他身上缺乏的不是全情投入，而是对自身的职责的准确定位。正因为如此，他总是去干预下属负责的工作，不久之后，企业陷入了困境，这位总经理也被撤职了，但企业的颓势已经无法挽回。

管理的主要目的不是让每个人做到最好，而是结合每个人的力量让团队能够做到更好。利用组织提高人的效能才能有效避免内耗，所以对一个组织

来说，进行详细的职务设计是绝对必要的，只有让每个人都知道自己该做什么，才能遏制“华盛顿合作现象”的发生。

曾任麦肯锡管理咨询顾问的保罗·弗里嘉曾讲过其麦肯锡校友亚尼克·格雷考特在负责一个项目时的亲身经历。

刚开始负责这个项目时，项目组仅仅由1名项目经理和1名咨询顾问组成，于是项目经理和咨询顾问制订了一个适合小型团队的评价计划。但在两个月后，该项目组团队成员增加到7人，即1名项目经理和6名咨询顾问，于是项目经理开始告诉包括亚尼克·格雷考特在内的6名咨询顾问原来的评价计划，并让他们提出建议修改原有计划。因为在原有计划不修改的情况下，其他5名咨询顾问无事可做，于是在大家进行充分的讨论后，项目经理对团队的成员重新进行了合理分工，结果在经过了授权和职责划分之后，团队成员们顺利完成了咨询项目。

分工是执行的基础，正如狼群出击，狼群内部有明确的分工，每一匹狼只须做好自己分内的事情就能够快速准确拿下猎物。华为在管理企业的时候非常排斥上文中百货公司出现的这种分工不明导致工作进度迟缓的现象，而推崇狼群分工明确、快准狠的行动力。所以在华为，每个人都非常明晰自己的工作，也明白应该如何与其他成员配合完成目标，避免杂乱无章导致团队任务无法完成的情况。

4.2　分工协作才能发挥优势解决问题

任正非发现，团队科学的分工合作不仅能大大提高员工的执行力，提高项目完成的效率，还能够让团队成员发挥所长，达到更好的工作效果。

管理学中的“米格－25效应”就证明了任正非这个想法的正确性。米格公司是一家制造飞机的企业，为了做出一流的产品，当时米格公司在设计时对各零部件进行了更为协调的组合设计，把产品每一个部分的优势都作为重点凸显出来，没想到这样一来，真的因为组合协调而产生了意想不到的好效果，这款机型成为当时世界一流水平的飞机。

2015 年，华为的 PL 周强（化名）接手了一个新模块合入的项目。接到项目时，项目已经延期交付，并且积攒的问题很多，如果继续按照以前的思路推进，项目交付还会延期。

经过思考后，周强认为应该先从团队成员开始了解交付情况，把每个问题都彻底弄清楚，并对团队成员擅长的领域进行了解。这样做就是为了在给团队成员分配任务时，能够合理分工，提高问题解决的效率。

之后，周强召集团队成员开会，与他们真诚沟通，并且改变之前任务分工不明确的情况。重新安排工作后，团队每位成员不仅都能发挥长处，还能协同作战。同时，周强还做好项目跟踪，明确每人每天要解决的问题和任务。两周后，周强就带领团队解决了所有遗留问题，模块开始进入正常的交付阶段。

周强说到任务的合理安排时，表示并没有什么秘诀，就是遇到困难时多思考多谋划，根据每个成员的特点来安排任务。

一个团队仅仅依据任务内容来分工其实是不合理的，而是要多参考团队成员的特长和优势，靠明确的规则来分工协作，这样才能把大家的力量形成合力，完成好团队的目标。

5. “狼狈组织”：后方支援前方

任正非说：“我们提出‘狼狈组织计划’，是针对办事处的组织建设的，是从狼与狈的生理行为归纳出来的。狼有敏锐的嗅觉，团队合作的精神，以及不屈不挠的坚持。而狈非常聪明，因为个子小，前腿短，在进攻时不能独立作战，因而它跳跃时是抱紧狼的后部，一起跳跃。就像舵一样地操控狼的进攻方向。狈很聪明，很有策划能力，以及很细心，它就是市场的后方平台，帮助做标书、网规、行政服务……”

任正非认为华为的一线团队应该像狼一样有着敏捷的反应和迅猛的攻击力，能够在前线为华为打下市场，而狼群出击的方向和方式则由后方平台来决定，因此他认为华为的机关平台要像狈一样有着冷静、理智的思维和极佳的决策能力，指挥前方部队并支撑前方部队的行动。

5.1 构建“狼狈组织”

任正非说：“狼与狈是对立统一的案例，单提‘狼文化’，也许会曲解了狼狈的合作精神。而且不要一提这种合作精神，就理解为加班加点，拼大力，出苦命。那样太笨，不聪明，怎么可以与狼狈相比。”

华为就是依据狼狈的协作机制形成的组织构架，处于战略前沿的作战部队就是战斗力极强的狼，不仅有很好的灵活性和机动性，更是有狼一般不屈不挠的作战精神，一旦接近猎物，就死死咬住不放，直到最终拿下猎物。而强大的后方支撑系统，包括战略司令部、参谋部、人力资源部、后勤部以及其他部门就是狈，为华为的一线队伍出谋划策，并提供最牢靠的支持和资源。

华为的“联勤化”就是要求后方联合勤务，前方只需要一封电子邮件或一个电话就可以了，余下的即使再困难也由后方协调完成。通常企业的市场人员抱怨最多的就是协调难、客户要保障、交付很紧急等，经常不是给这个打电话，就是给那个打电话。任正非指出：“这就不是联勤，这样不仅效率很低，而且后方的官僚之风会越来越严重。”

华为的“共享化”就是前方能够与后方平台共享资源，也就是后方在服务的同时也能够提供资源。例如，PPG公司建立了数十个人力资源专家中心，支撑公司各个独立的经营单位。各经营单位的人力资源管理处则能够随时获得来自后方人力资源专家中心的资源和服务。这种联勤化、共享化为华为的前后端信息传递提供了及时、有效的支持与服务，以及分析监控。

任正非说：“必须建立一个适应‘狼’生存发展的组织和机制，吸引、培养大量具有强烈求胜欲的进攻型、扩张型干部，激励他们像狼一样嗅觉敏锐，团结作战，不顾一切地捕捉机会，扩张产品和市场。同时培养一批善统筹、会建立综合管理平台的‘狈’，以支持‘狼’的进攻，形成狼狈之势。”

而任正非提出的“联勤化”和“共享化”就是为构建狼狈关系做出的重

要举措，此举意在搭建好华为前后方的工作模式，以便形成任正非所说的狼狈之势。

5.2　一线作战，后方支援

2009 年，任正非在销服体系奋斗颁奖大会上指出：“前方要准确清晰地提出并输入需求，后方要能清楚准确地理解前方的需求，按需求提供支持。只要前方的需求没有发生变动，所有的协调工作，应由后方平台之间自行协调完成，而且必须在前方需求的时限内完成。前方的需求变化了，要及时准确提供给后方。”

这种“一线作战，后方支援”的战略模式，使得华为的一线团队能够在前方没有顾忌地冲锋作战，为华为争取更好的业务成绩，即使出现无法应对的难题，后方平台也会及时提供帮助，与前方合力突破难关。

2016 年，在韩国一线的华为同事给国内支撑业务的后方平台发来喜讯，称在过去的 2015 年，韩国业务团队获得了全年业务比拼的第一名。唐汉奇（化名）刚从技术研讨例会回到办公室就听到里面传来的阵阵欢呼声，连续两年排名第一的成绩并不是轻松得来的，唐汉奇不禁想起过去那些挥汗如雨的日子。

2014 年，韩国开始了一年一度的无线网络比拼测试。这个项目是由当地政府组织的国家级年度运营商无线网络的质量评比，测试结果将直接影响运营商的公众形象和接下来的运营收入，而且评比结果完全由第三方机构评定，因此所有参与测评的运营商都高度紧张，非常谨慎地对待此次评比活动。

华为的客户 LG U + 在 2013 年年度比拼中排名末位，华为承诺 LG U + 在 2014 年的评比中帮助 LG U + 实现首尔区域排名第一的成绩。

在 2014 年的比拼专题中，载波聚合是一个关键的项目，但当时支持载波聚合的手机 6 月刚上市，到 9 月就要开始比拼，华为项目组在之前毫无这种规模的商用经验，再加上其中要用到的 LTE – A 技术操作困难、风险非常大，而华为又急于借此机会打入韩国市场，所以整个一线团队压力非常大。

当时华为的后方支持平台制订了一系列的应对方案，但是由于方案没有经过商用验证，很有可能在实际的场景应用中暴露出各种不足，所以后方平台不仅提供策划方案和各种资源，还派遣了后方的研发设计工程师直接去韩国参与现网测试，以便后方团队能第一时间发现一线出现的问题并及时沟通，优化整体的业务方案，以最快的速度消除隐患。

于是，唐汉奇立即从上海出发飞往韩国首尔，刚到目的地就飞奔华为一线团队根据地，当时工作室的成员都面色凝重，唐汉奇也跟着紧张起来。

为了尽快采集数据输送到后方整理出可行方案，唐汉奇带着几个华为员工去首尔的大街小巷反复行走测试，并针对每一个关键技术点设计出充分的测试用例。

采集完数据之后，一线团队继续他们的工作，唐汉奇则根据采集的信息进行初步分析，并发送到国内，跟后方一起沟通测试计划。这样的方式虽然非常辛苦，但是华为项目组很快就确定了方案，解决了过程中遇到的问题，及时地推动了华为项目组的进程。

经过华为前后方的共同努力，3 个月后，华为完成了大部分的准备工作。10 月初，唐汉奇回到上海后，在后方继续为一线提供支持，直到比拼全部结束。

从唐汉奇及时支援前方团队的工作可以看出，华为的后方平台存在的意义就在于为一线项目组提供支持和服务，换个角度来看，可以说华为后方平台的客户就是一线的作战部队，所以后方平台会针对一线团队的需求，把他们遇到的阻碍清除干净，同时，快速供给一线团队所要用的资源。

5.3 狼狈组织是最佳进攻组织

任正非说：“‘一切为了前线、一切为了业务服务、一切为了胜利’，也许会成为变革时代的一个标志性口号。我们要在 10 年内实现大体系支撑下的精兵战略，逐步实行资源管理权与作战指挥权适当分离。指挥权要不断前移，让优秀的将领不断走向前线，灵活机动地决策。以代表处为利润中心，对结果承担责任，指挥权、现场决策权首先移至代表处。”

1998年，任正非决定形成大平台的组织结构，所以，华为快速建立了四大共享平台，分别是产品研发平台、销售及服务平台、生产及供应链平台、财务平台。

2008年，华为决定将指挥作战中心向一线靠近，也就是前移指挥中心。所以华为将当时全球的8个片区拆分成20多个地区部，并选派工作人员在地区部搭建小平台，以销售服务为核心流程，向各地区下沉，采取矩阵式管理的管理方式。地区部围绕业务线开展工作，也就是让听得见炮声的人决策。这种做法最大限度地共享了资源，同时也避免了各业务单元独立作战的局面，例如，销售只管销售，管合同的只管合同。只要前方有需求，大平台立刻给予支援。

在四大平台的基础上，华为又划分了四条产品线，分别是核心网、无线网、网络、业务和软件。各大产品线各有所专，其目的是建成专业的共享平台。例如核心网产品线平台为无线网和软件产品线提供共享资源，以降低成本，缩短研发周期。对此，任正非说："产品间的竞争从长期来看，归根结底在于基础平台的竞争。一个产品不能完全从零开始做起，要有丰富的平台、CBB支持，要有强大的工程工艺能力和技术管理体系支撑，使得产品的成本、质量能在一个很好的平台上得到实施。"产品线向客户区域延伸时，也就是铁三角中的解决方案专家，负责形成客户解决方案，工作中随时向四大产品线平台提出需求，而平台则随时响应提供人财物的支撑。

任正非说："一切作战主管，关注的是胜利，要把确定性的事权，分给职能部门；一切平台主管，眼睛应是盯着前线，驱使自己的部门，及时、准确提供服务与支持，你们的考核是你们服务事项的结果。前方打了败仗，你也是败将。"

也就是说，华为前移指挥作战中心，就是要让后方平台能够及时响应一线团队的需求，盯紧一线团队的作战情况，从而便于快速为前方调整后续的作战模式以及所需资源，构建更加牢固、好用的进攻组织。

6. 借力打力，获取成果

任正非说：“我体会到了团结合作的力量，这些年来进步最大的是我，从一个‘土民’，被精英们抬成了一个体面的小老头。因为我的性格像海绵一样，善于吸取他们的营养，总结他们的精华，而且大胆地开放输出。那些人中精英，在时代的大潮中，更会被众人团结合作抬到喜马拉雅山顶。”

任正非认为，自己是凭借华为其他精英的力量成长为一名合格的领导者的，而华为的精英也是靠其他华为人合力铸就的，所以华为很重视借助外部的力量形成自己的优势，也通过和外部力量的合作，使得双方都能提升自己的优势，最重要的是能够在双方的合力之下，取得业务上的成果。

6.1　充分利用资源，实现成果最优化

在企业之中，首先能借助的力量就是企业提供的资源，而能不能充分利用资源创造出最大的价值又决定了员工在企业中的竞争力。所以，懂得合理利用资源的员工能够很好地借助资源的力量实现自己业务上的目标，他们会像狼一样，把骨头吃得干干净净。

华为就十分提倡员工有狼的“绝对消化”的能力，即充分利用华为提供的有效资源，将这些资源完全消化成自己的能量，并借此能量获取最大的成果。为了让员工能够更好地利用华为提供的资源，华为鼓励员工在拥有有限资源的情况下，借助其他部门或是其他业务线上的资源，实现自己的成果最优化。

1996 年中国邮电部允许交换机嵌入其他厂家的用户模块。华为摩拳擦掌，但接入网产品与交换机业务部的远端模块冲突，且交换机业务部又隶属中研部。由于是在一个部门开发，接入网产品所需的资源得不到保障，研发进度缓慢。而老对手中兴的接入网产品在市场上占有率很高，新对手 UT 斯达康也借接入网产品在中国市场上风生水起。华为公司市场部频频告急。最后，在

任正非的主持下，中研部专门成立了交换机业务部、传输业务部、无线业务部、多媒体业务部共同参与的跨部门接入网新产品研发团队。各部门都选调核心技术人员参加项目组，在项目组的统一安排下开展各项工作。同时各部对接入网产品的相关内容提供大量技术支持。此举实现了研发资源的共享，发挥了产品和技术的组合优势。跨部门项目组成立后三个月内，就一举突破了接入网新产品的关键技术；并且在组建接入网络、ETS 无线接入、会议电视等方面，率先提出并实现了商用。

信息化的时代，只有资源共享才能够充分利用有限的资源。华为跨部门资源共享的工作模式，不仅避免了各部门工作的重复努力，还减少了成本支出，组织的资源也能够得到充分的利用，因此最终取得了最佳的工作成果。

6.2 借助外部力量，快速完成目标

除了借助企业其他部门提供的资源，企业员工还要学会在企业中相互借力和相互求助，充分发挥资源效能。华为内部就推行了这种能够互相借力的求助系统——“矩阵管理系统”。在这个大系统中，每个人都是一个开放的子系统，员工积极、有效的求助，既能充分调动资源和利用资源，又能在自身能力有限的情况下，借助其他员工的能力，完成自己的工作目标。

自华为的“工具村”成立以来，无线终端芯片、无线网络芯片、SPO 等多个产品线受益于它的交付平台和小工具，获得了大批用户的点赞。

2012 实验室配置管理部部长苏伟借助华为“工具村”的力量用 5 分钟解决了原本 3 个小时才能提取的问题单，事后他说：“工具组社区真是出乎我的意料！”华为的“工具村”实际上是个兴趣小组，“村长”刘珍珍组建这个兴趣小组的初衷是解决研发团队每个月还要为度量统计手工提取数据、核算数据而花费不少精力的问题，于是在 iSource 内源平台上开放所有的源代码，帮助研发团队解决烦琐的计算问题，没想到被华为其他部门的同事用来解决各项事宜，促进了各个业务的快速进行。

华为的“工具村”就是可供华为其他所有组织和部门利用的有效力量，华为员工借助“工具村”的技术和资源解决了很多自己部门的问题，疏通了工作上的障碍，使业务流程速度加快。华为建设的这种“求助”系统，既有利于圆满地完成任务，又能充分发挥各个职能部门的作用。

6.3 内外合力，创造最佳战果

任正非曾说：“恶虎难敌群狼，狼是最善于团队协同作战的动物，是所有群居动物中最有集体意识和互助精神的种群，它们的精神是值得人类颂扬的。”这也是华为的管理观念，每一支华为的队伍都应该是狼群，懂得互相协作，而不是孤军奋战。

所以，华为在任正非的带领下总是能最快找到团结一致解决问题的办法。除了借助华为内部的力量，华为团队特别会利用华为的资源大平台找到最合适的外界合作伙伴，并且迅速联系对方组建出一个合作团体，分解任务并协同完成，最后赢得“战役”的胜利。而这种内外合力、团结一致的工作方式，往往能够取得最佳的工作结果。

华为传统数据库软件的金融行业 IT 运维人员在做 Hadoop 这个数据库产品的时候遇到了很大的困难，由于这个数据库产品对运维管理要求很高，但这些 IT 运维人员在管理这一块的经验却几乎为零，也就是说这个团队既没有管理功能和管理界面，也没有指导资料。

华为的运维团队一筹莫展，虽然意识到当务之急是要解决产品没有运维管理界面的问题，但做管理界面不是仅靠技术就能完成的。华为的运维团队里没有一个成员具备 UCD 设计能力，于是只好向外部借力。

华为公司具有大平台的优势，得益于此，华为运维团队很快就从 ISV 借来 UCD 专家苏阳和美工设计师程爽。这两位专家此前接触的都是存储工作，对大数据毫无概念，运维团队就带着他们先理解用户使用的流程，再安排团队中最熟悉产品的几位成员与他们一起封闭设计。

运维团队和两位专家经过商讨和设计，初步制订了解决方案，然后与客户一起再次确定方案细节。客户方对于其中的一些环节不是很认同，运维团队就和两位专家合力拆解方案并且重新修改细节，那时华为大楼运维办公室的灯从夜晚一直亮到清晨，运维和 UCD 设计团队不眠不休，终于修改出升级的方案。

经过几轮修改，华为比原计划提前一周输出了高保真设计，通过了内部的审核和客户的评审，给后续开发赢得了宝贵的时间。

华为团队通过华为的资源平台，找到了行业内的顶尖人才，并通过他们的帮助迅速解决了问题，这也是一种借助外部力量完成内部工作的手段，不仅能够合理利用资源，还能以最省时省力的方式解决问题并获取成果。

第6章 细节决定成败

华为把产品的品质和质量当成企业存活的关键，对于产品和服务，华为坚持细节决定成败的理念，认为只有精细化处理产品生产的每一个环节，才有机会在激烈的竞争中屹立不倒。

1. 工作就是要把细节做到位

惠普创始人戴维曾说过：“小事成就大事，细节成就完美。”任正非对于产品品质近乎苛刻的追求也能反映出他对待工作的看法与戴维是一致的，任正非深知细节是决定产品质量的关键，所以非常重视产品开发和生产的每一个环节，同时要求每一个员工都要以严谨的工作态度处理好工作的每一个细节，不允许在任何细微之处出现任何差错。

1.1 勿以“错”小而为之

洛伦兹是美国的气象学家，他曾在华盛顿的美国科学促进会上做了一次著名的演讲，题目是《一只蝴蝶拍一下翅膀会不会在德克萨斯州引起龙卷风?》。这个演讲的主题是洛伦兹发现一件非常微小的事情，可能给另一件表面上看来毫无关系的事情带来巨大的改变，也就是所谓的“蝴蝶效应”。

在管理学中，蝴蝶效应更加显著，企业员工在工作中一个微小的操作失误，很有可能直接颠覆原有的预计结果，给企业造成巨大的麻烦和损失。华为对此十分关注，坚持将所有工作最细小化，争取尽量做好每一个细节，绝不允许在操作上有任何失误，以避免因为一个小错误而引发的巨大麻烦。

2010 年是丁景元（化名）在华为工作的第十年，当时华为有一个新产品在日本市场取得了重大突破，巨大的机遇背后是巨大的挑战。向来谨慎近乎苛刻的日本客户要求到华为的厂房进行产品检测，于是丁景元模拟了当地实际组网进行全功能测试，发现共有 100 多套待验设备，1 套系统须检测 40 多项指标，而将日本客户的检验要求打印出来，足足有数百页。

为了能够顺利通过客户的检验，丁景元决定先进行模拟测试，于是华为团队依据客户的要求搭建了厂验环境，并且开始逐个指标地进行检测。检验过程非常顺利，只要完成最后的温循测试，这次模拟厂验就能圆满结束。

让丁景元万万没有想到的是，前面几千项指标都正常，却在最后关头出现了问题。在温循测试过程中，一台测试仪表突然出现了误码的提示。但在提示过后，所有的测试单板都能够正常运行，所有的指标显示灯也没有异常情况。而提示误码的仪表也能够稳定地输出数据，没有出现过异响。

丁景元认为这是一个零星误码故障，也就是说，接下来重测十遍也十有八九不会再出现误码提示，即厂验是能够顺利通过的。但是如果分析出故障来源，后续工作则会陷入非常艰难的局面，因为造成故障的可能性实在是太多了，任何微小的变化都可能导致故障的出现，甚至是光纤上面的偶然脏污都有可能引起误码。

丁景元开始想着，到底要不要因为这种极其微小的故障给自己找麻烦，但是他又想，不给自己找麻烦，可能就会给公司找麻烦，那么很有可能会让客户放弃华为，使华为错失良机，失去进入日本市场的机会。

于是丁景元决定一定要根除病因，不管工作量有多大，都一定要将零星误码定位出来。但进入分析阶段后，丁景元发现故障来源可能是设计上的容差不够，也有可能是工艺参数设置不准确，还有可能是环境的设置不完全匹配，一时之间，千头万绪，不知从何入手，于是丁景元决定重现误码场景，然后一一分析故障来源。

复原误码现场的时候，因为温循实验室是封闭空间，再加上本来发热量就很大，员工在里面还穿着防静电工衣，同时，室内的各种设备发出高分贝的声音，在又热又闷又吵的环境中待久了，丁景元觉得自己晕乎乎的。但为了让产品达到完美状态，丁景元不敢有一丝怠慢，他分段测试整个组网，每段网络都得反复测上好几遍，他紧紧盯着仪表上的指示灯，生怕一眨眼的工夫就错过问题重现。

就这样，寻找故障来源的一周，丁景元每天下班后都头晕脑涨地躺在床上回想还有什么没考虑到的问题。到了第八天，仪器突然“滴”的一声，误码终于现出原形，丁景元定位出故障所在。

丁景元组织团队排除故障，迎接正式厂验，华为产品最终以高性能和高质量获得了日本客户的高度评价，也成功和客户达成合作关系。

丁景元对待工作的细致与追求完美的态度，反映出华为人的工作态度和工作状态，即为了避免当下任何一个环节对未来的工作成果和状态造成影响，华为人将所有工作环节细分到极致，绝不忽略任何微小的误差，对工作的每一个环节都秉承着精益求精的工作理念，把每一个细节都做到位，力臻完美。

1.2　天下大事，必做于细

华为一直以来都要求员工必须具备严谨的工作态度，不仅对员工的工作效率要求非常高，更重要的是对员工的工作质量有非常严苛的要求。华为要求所有员工必须认真对待每一个工作环节，做好每一个细节，避免不必要的失误发生。华为因为对工作细节的关注，完成了无数重要的业务，也因为对细节的追求，挽回了许多几乎不可能的机会。这和麦肯锡公司的情况十分相似。

华盛顿邮报公司的记者曾经向马文·鲍尔请教麦肯锡咨询公司的成功之道，对此，马文·鲍尔并未给出解释，而是让他去问华盛顿分公司的负责人。记者认为马文·鲍尔是在敷衍他，并没有真的去询问。

几年后，这位记者在一次采访中，意外与苏姗·朗格相遇，得知苏姗·朗格正是当时麦肯锡华盛顿分公司负责人的时候，他终于想起了当初马文·鲍尔的回答，于是果断地向苏姗发问道："麦肯锡之所以能够获得客户的一直信赖，秘诀到底是什么？"

苏姗·朗格看了看记者，随即对身边一位看着稚气尚存的年轻咨询顾问说道："亚力，你能回答一下记者先生的提问吗？"

亚力显然没有想到自己竟然拥有回答《华盛顿邮报》记者提问的机会，略显紧张地说道："细节决定成败。麦肯锡人向来注重细节，不论我们的改善方案多么恢宏大气，只要有一个人从我们的方案中找出哪怕一丁点的不足，那么这个方案也会变得一文不值。麦肯锡咨询顾问所做的，便是用细节成就一个伟大的作品和宏伟的规划。"

"天下大事，必做于细"强调的就是亚力所说的细节决定成败。正如亚力所言，在工作中，只有每一个员工都认真对待工作的每一个细节，才能创造出不凡的工作成绩。而一旦员工忽视了细节上的微小误差，就极有可能在工作中出现失误，这个失误就会像蛀虫一样，逐渐摧毁公司的整个计划。

2. 发挥匠人精神，做精益求精的产品

匠人精神历来被华为公司所推崇，任正非曾提出："我们公司也有工匠精神，我们从年产几百万，到年产 4000 亿是怎么过来的，多少辛酸泪。我们要让千万技师、技工成长起来，我们产品的质量要百尺竿头更进一步。"

在任正非的领导下，华为十分重视产品的品质和服务的品质，为了在企业内部更好地推行工匠精神，任正非甚至将国外优秀企业的管理体系融入华为的管理之中，任正非希望有一天能够仅仅依靠华为人的匠人精神就能使华为很好地运营下去，实现"无生命管理"。

2.1　工匠之心处处可见

在日本有许多"工匠"，他们都对自己的工作有着近乎苛刻追求的工匠之心，这不仅让他们对自己的手艺充满了自信，也让他们对自己的工作从不感到厌倦，而是永远在细节上下苦功，追求完美。一旦有任何质量不合格的产品流通到市面上，这些日本工匠就会倍感羞耻，而比起金钱收益他们更在乎的是自己的工作是否做到了完美，是否得到了消费者的认可。

华为非常推崇日本的工匠精神，认为每一个华为人都应该有一颗工匠之心，有用一生钻研、做好一件事的决心。任正非认为，工匠精神所体现的是不仅将工作当成赚钱的工具，而更多的是树立一种对工作执着，对所做的事情和生产的产品精益求精、精雕细琢的精神。

华为的日本中心仓比起其他地区的仓库似乎有一些精巧的细节，仔细留意会发现日本中心仓的货架上有许多"小抽屉"，这些小抽屉都是由废旧的包装盒改造而来的，而工厂中经常要用到的各式各样的终端备件就整整齐齐地码放在"小抽屉"里面。更加让人不会注意到，但是又非常重要的一个细节

就是这些“小抽屉”上甚至都标明了产品的标号和编码，并且与电脑中的编码一一对应，方便员工在需要用这些备件时，可以直接从电脑系统中搜寻到对应编码，定位具体的“小抽屉”，从而快速找到所需备件。

华为的中国仓管理者在参观日本仓的时候，打开了日本中心仓的工具箱，其精巧的结构更加让所有人叹服。这些工具箱都是库管人员利用废弃的包装盒制作的，工具箱内被划分为大小不等的多个空间，每个空间都标注着各种工具或零件的形状，既便于找寻又便于在用过之后放回原处。

而这些在其他地方无人注意的细节和小小的改进之处，都是日本中心仓所追求的“精益求精”“持续改善”的一个缩影。

2015 年初，华为日本中心仓正式成立了现场改善小组，库管人员以小组为单位，在现场寻找可以改进的点，为实现“百分百准确率”和“零物流事故”做好准备。

著名企业家王石曾说：“亚洲最好的工匠文化在日本，那种精益求精的执着，值得我们学习。”事实上，所有企业的管理者都知道，质量才是企业的生命，同时也是底线，企业生产的产品的质量决定了这个企业能否长久发展，而与产品质量息息相关的就是员工的工匠精神，没有工匠精神、缺少工匠文化，一个企业是无法持续发展的，而有工匠精神的企业，则能够借此培育出企业的内生动力，支撑企业长久发展。

2.2 对产品品质要一丝不苟

对产品品质的追求是华为一贯的标准，任正非认为只有将产品的质量做到极致，才能得到消费者的认可，而消费者的口碑决定了华为能否有持久收益，除了收益之外，产品的品质决定华为是否能够达到全球一流的品质标准，并通过全球化的品牌运作和市场开拓，将产品输送到全球市场，并在全球市场上站稳脚跟。

2015 年上半年，华为公司在写着“宁损千万，不留隐患”的横幅之下销毁了 17000 多部荣耀手机，总价值 2200 多万元。

这是因为在运输过程中，货车轮胎发生起火事件，导致集装箱内的手机受到高温影响，很有可能出现故障。这次突发事件之后华为立即将这些手机按照生产检验标准进行了再次检验，发现手机的不良率仅为1.4%，而良品率达到98.6%，但是华为方面考虑到一年之后这些手机由于这次影响可能出现一些隐患，而且手机零部件在高温烘烤后会有加速老化的趋势，所以为了避免之后发生手机质量问题，华为方面还是决定将这批刚上市的手机集中销毁。

在手机销毁现场，除了考虑到环保问题，将手机电池取出集中处理之外，手机的其余部件全部被集中在一起碾废料，保证这些零碎部件无法再次流入市场投入使用。现场有不少人都非常心疼，这些手机都是刚从工厂生产出来，经过严格的生产管控程序以及严苛的质量标准检验的，可以说这批手机的质量远超过一些大牌手机。

当时的荣耀总裁赵明表示，集中销毁是为消费者负责。他说："一个品牌（是否）具有生命力，要看最终为你的社会和用户贡献了什么，荣耀是一个长跑马拉松选手，而不是一个短跑的选手。"

而这种对品质的高要求自然让消费者心生好感，据了解，华为获得了沃达丰授予的最佳供应商奖以及BT零售设备金牌质量奖，手机质量也满足了欧洲、美国、日本等国家和地区客户的严苛要求。而荣耀品牌的手机在中国市场的客户满意度高达90%，要知道同年苹果手机的客户满意度为87%，荣耀手机做到了全行业第一。同时，荣耀产品在中国市场的重复购买率为81%，仅次于苹果的82%，远远领先于其他厂家。

荣耀总裁赵明说："荣耀必须坚守让品质为产品代言，如果华为荣耀的产品品质要赶超日本、德国，必须要走这一步，这也是我们坚持笨鸟先飞的一个方面。"荣耀销毁了价值数千万元的手机，坚持以产品品质为先，无疑就是赵明所说的"笨鸟先飞"，而正是华为对产品品质这种一丝不苟的精神，让华为及荣耀通过其产品品质，赢得了超高口碑，并获得了良好的收益。而这种由品质换来的好口碑及高收益不仅是一时的回馈，更重要的是能够逐步建立起客户忠诚度，拉长产品和企业的生命长度。

2.3 将产品当成艺术品，将质量视为生命

全世界年龄最大的三星主厨小野二郎说：“一旦你决定好职业，你必须全心投入工作之中，你必须爱自己的工作，千万不要有怨言，你必须穷尽一生磨炼技能，这就是成功的秘诀，也是让人家敬重的关键!”

小野二郎所说的就是日本的工匠精神，不仅是将自己全身心投入工作之中，热爱自己的工作，还要对工作精益求精，精雕细琢，也可理解为“将产品当成艺术品，将质量视为生命”。

日本的知名企业家梅原胜彦的公司叫“A－one 精密”，从名字就可以看出梅原胜彦对于工作和产品的追求。A 是字母表的第一个字母，one 是所有数字的第一位，精密代表了工作的精细和精密。梅原胜彦的信条也明明白白地说明了他的追求：“不做当不了第一的东西。”

有一次，其他企业的高管来到 A－one 精密公司参观学习，有位大型企业的高层管理者问道：“你们是在哪里做成品检验的呢?” A－one 精密公司的员工回答道：“我们根本没时间做这些。”那位高管非常惊讶，并说：“不可能，你们肯定是在哪里做了的，希望能让我看看。”但最后，这些来参观的企业家真的发现不仅 A－one 精密公司没有检验车间，很多日本的公司都没有成品检验的流程。

A－one 精密公司的员工对于产品的自信完全来自他们对产品质量的高要求，任正非也希望能够在华为实施日本的这种“将产品当成艺术品，将质量视为生命”的工匠般的工作态度，他说：“日本非常重视质量，这是未来胜利最根本的基础。日本经过这 100 年的脱胎换骨，成了世界高质量代名词，我相信中国通过多年努力，经历多次阵痛后也会成为新的代名词。”所以，华为要求每一个员工都要以最高的标准对待自己的工作，做到零投诉，并且做到高品质。

李一恒（化名）是华为专门负责海外签证业务的员工，十几年来，李一

恒的手机 24 小时开机。因为办理的是海外业务，各国会有时差，李一恒经常半夜接到来自不同国家的客户打来的电话，但他从来都不抱怨，而是尽心尽力地为客户处理好一切事宜。

2009 年，华为德国代表处的员工带了一位客户回国，要立即办理签证，当时时间非常紧张，而且按照计划客户一定要在下周五之前拿到签证，但因为带着客户在上海、深圳两地之间奔波，该员工根本抽不出时间来办理签证。

为了不耽误这个员工的工作，李一恒在周末通过手机让员工将资料都收集好发送给他，加班加点帮他清点了材料并逐份检查，并且帮他把没有填写完整或者填写有误的地方都修正好。如此，这名员工就能够在陪着客户跑业务的同时将签证的事情处理好了。

事后，他给李一恒写了一封邮件，里面写道："我感受到公司支持平台的高效、职业和热情，您的办事风格和责任心的确让人非常敬佩，您的严谨和敬业是我学习的榜样。"

类似的事情还有很多，李一恒的土耳其同事说："老是麻烦您都有点不好意思了，但又总觉得您比较权威，问问您才能放心。"

乌兹别克斯坦的老员工给李一恒写邮件："您的热情、认真细致、高效、严谨、敬业在海外都是有口皆碑的。"

甚至华为公司总裁办高级顾问陈培根老师都说："今年我出国频繁，多亏有你的精心组织，没有误过一件事情。"

在一个看似枯燥的工作岗位上工作了十八年，做了十八年的签证业务，李一恒没出过一次错，没收到过一例投诉。

任正非在和华为的高管探讨企业的寿命问题的时候，说到日本的企业常常能够做成百年企业，但中国的大多数企业的寿命仅为两年，深究其原因，任正非认为是日本工作者的工匠精神让他们能够执着于手头的工作，对产品的质量有非常苛刻的要求，这也驱使他们对产品的品质精益求精，正是这种将产品质量视作生命的工匠之心，让日本企业有大批的忠诚客户，也成就了日本企业的长寿。因此，任正非要求华为人要能够像日本工匠一样追求高质量，他说："要用世界上一切最先进的生产装备、最先进的工具方法、优秀的人，瞄准高质量前进。”

3. 客户再小的事，也是大事

任正非说：“充分理解‘为客户服务是公司存在的唯一理由’，要以此来确定各级机构和各流程的责任，从内到外，从头到尾，从上到下，都要以这一条标准来进行组织结构的整顿和建设。这是我们一切工作的出发点与归宿，这是华为的魂，客户是永远存在的，华为的魂就永远同在。我们只要能真正认识到这个真理，华为就可以长久生存下去，不随自然规律的变化而波动。”

也就是说，任正非认为客户的体验是华为生死存亡的关键，要让客户满意，就要把每一个细节都做到尽善尽美，要实现客户的全部要求，客户再小的意见也要考虑到，客户再小的事情对于华为也是一桩大事。

3.1 再小的客户也是上帝

事实上，要做到为客户做好每一件小事，首要的一点就是能够不区别对待客户，把所有的客户都当成是上帝。企业在与客户接触的过程中，要一视同仁，不能因客户大小、职务高低而区别对待，要知道不管处于什么职位的客户，对于企业而言都是起着一定作用的。所以要平等对待所有的客户，与他们建立起长久的合作关系。而细微处的待人接物很有可能会影响客户的判断，所以再小的客户，华为都主张将他当作上帝来对待。

2004 年，华为与文莱电讯公司签下了合作协议，随后，双方在文莱一家酒店举行华为承建文莱 NGN 网络（下一代网络）的开通仪式，这是当时全球规模最大的商用 NGN 网络之一。

华为邀请了全球 40 多家运营商参加会议。会议开始的那天，一大早，任正非就站在大厅门口迎接到来的运营商。任正非向每位入场的客户发放名片，并且向每位客户介绍自己。

有些客户是初次与任正非见面，看到递过来的名片上关于任正非的信息时，都惊讶不已，没想到华为的CEO会亲自来迎接他们。以任正非为代表的华为人，以这种谦逊的态度，给每位客户都留下了良好的印象。

任正非并没有因为运营商公司的实力而区别对待他们，只要是华为的客户，任正非都会一一接待。任正非认为实际上华为接触到的小客户数量远超大客户数量，如果能够给每一位小客户提供优质的产品和服务，那么也能积累一笔巨大的财富。尤其在其他企业过分关注大客户的时候，华为主张关注小客户就有可能打开新的局面，获得发展的机会。

华为刚进入俄罗斯市场的时候，知名度很低，客户很少，而大多数大客户使用的设备和服务都是友商提供的。

即便这样，华为人也没有放弃，而是坚持认真对待每一位客户。华为在俄罗斯取得的第一笔订单仅12美元。之后，华为不放过任何一个客户，凭借对客户谦逊的态度，一点点打开了俄罗斯市场。凭借这种坚持和公平对待每位客户的态度，在一段时间后，俄罗斯成为华为在海外最大的市场。

浩瀚的大海也是由一滴滴水组成的，没有小客户的积累，华为也很难在最初的阶段生存下来。任正非强调华为壮大后，更不应该忽视这些小客户，一旦拒绝再为小客户服务，就会逐渐偏离华为以客户为中心的基本工作准则。

3.2 不放过客户的任何一个问题

千里之堤，溃于蚁穴，在企业中也一样，一些并不引人注意的小问题很有可能会给企业带来毁灭性的危害。所以，任正非多次强调客户有任何问题都不能放过，要让客户的问题得到完美解决。

试想，如果能细致地观察客户对于华为服务的态度，抓住客户对于华为产品的每一个建议，以及客户不经意间透露出的看法，然后采取相应的措施，把很多潜在问题扼杀在摇篮里，不放过任何一个问题，那么将大幅提高华为在客户心中的认可度。

其实，在工作中不仅要重视那些显而易见的问题，对于一些看似微不足道的问题或小细节，也应该彻底查清楚，找出根源，并及时处理。小问题容易被忽视，遇到难以解决的问题，很多企业也只是采取暂时性措施稳定局面，而不是彻底解决问题。这种治标不治本的做法，常常导致客户满意度低。

有些时候问题虽然是客户引起的，但企业不要一副事不关己的模样，而是要积极主动地帮助客户。遇到问题不要推卸责任，企业部门之间也不要相互推脱。把责任从一个部门推到另一个部门，这样推来推去，解决问题的时间就被耽误了，客户也会投诉。

华为在阿联酋的客户，要求非常严格。有一次，客户投诉说，电话老掉线，有时听不到声音。华为立即派去一名维护人员，经过一天一夜的检查，在不同情景下拨了600个电话后，终于找出一个出现概率非常小的问题，并解决掉了。

2006—2009年，华为负责保障麦加朝觐期间的网络通信，连续4年实现零故障、零中断运行，创造了移动软交换新的历史。对于这些成功，一位华为老员工说出了原因，那就是华为团队不放弃每一个机会，不忽视任何一个问题。不管是在阿联酋还是麦加，很多问题在开始无法解决，但最后还是被华为团队攻克了。

正是这种对任何问题都不轻易放过的做事态度，才使得华为面对客户投诉时，能快速解决问题，实现网络零故障运行。企业要认识到不重视客户问题的严重性，并时刻提醒员工对客户的每一个问题都要解决到位。做事马马虎虎，对客户问题视而不见，就会给企业贴上不敬业的标签。

3.3 要消除客户的疑虑，解决客户的问题

企业要想赢得客户信任，和客户建立长期合作关系，就要用产品和服务打动客户，除了做出最符合客户需求的产品，还需要能够随时为客户答疑解惑，消除客户对于企业和产品的重重疑虑。

任正非一直强调，客户就是华为生存的根本，要以为客户服务为最基本的工作法则，要知道客户的选择有很多，但华为的目标只有一个，就是拿下

客户。所以当客户表示质疑时，华为人要毫无怨言随时为客户解决问题，消除客户疑虑。

李成（化名）在华为摩洛哥代表处干了 4 年后，开始负责一个运营商客户，管理一个项目组。最初客户对项目组并不信任，但经过多次沟通后，项目组慢慢取得了客户信任。

但问题还是出现了。2012 年 2 月，在与客户新任 CTO 进行的第一次会议中，方案被客户 CTO 直接叫停。客户对项目组给出的方案十分不满意，将材料狠狠地摔在桌子上，连说了三句带有不雅单词的英文。

事情发生后，项目组所有成员进行反思，提出了一定要帮助客户实现商业成功的目标。李成召集 MS 团队和工程团队商议出了一套新的流程。这一流程最终得到了客户认可。随后项目组进行现网“排雷”，第一时间解决网络隐患点。

3 个月后，站点质量大幅提升，客户 KPI 排名进入前 10 的城市，有 7 座城市背后有华为的服务。客户 CTO 首次肯定了华为的工作，并希望华为继续帮助他们提升网络质量。最终，华为优异的表现获得了客户认可，在客户高层的力挺下，华为在经历 7 轮投标后，又获得了一个更大的项目。

李成之所以能够在最后赢得胜利，并和客户建立长期合作的关系，都得益于他快速组织华为团队做好了产品服务工作，让客户能够看见华为的实力以及真诚的态度。

华为拥有一大批忠诚客户的原因，就在于华为能够把客户的每一个意见都考虑到，把客户的每一件小事都当成是重要的事情来处理，因此才能维系好与客户的关系。任正非提到华为已经持续发展三十余年，往后的三十年也要坚持走以客户为中心，为客户处理好一切事务的道路。

4. 科学细致的管理与认真勤勉做事

任正非说：“你们知道吗？丰田的董事退休后带着一个高级团队在我们公

司工作了十年，德国的工程研究院团队在我们公司也待了十几年，才使我们的生产过程走向了科学化、正常化。从生产几万块钱的产品开始，到现在几百亿美元、上千亿美元的生产，华为才越搞越好。”

起初华为在发展迅猛时期，管理混乱，员工光有一身力气但不知道往何处使，于是华为请了 IBM 等企业的团队来为华为制定出一套科学细致的管理方案，以此来规范员工的行为，督促员工认真勤勉工作，保持高执行力，确保华为能够持续发展。任正非说华为要走出国门，公司就要逐步走向管理规范化；华为想要长远发展，就要全体员工团结一致，认真努力地工作，把华为的事业建设好。

4.1 制作流程图确定工作进程

美国管理学专家詹姆斯·哈林顿曾说：“管理是不能模糊描述的，量化是管理的第一步，它导致控制，并最终实现改进。如果你不能量化某些事情，那么你就不能理解它。如果你不能理解它，那么你就不能控制它。如果你不能控制它，那么你就不能改进它。”实际上，要让员工依据流程迅速处理工作，提高执行力和工作效率，就要将工作内容规范化、标准化，因此，华为人在执行任务的时候时常会制作工作流程图来确定工作进程，确保工作顺利开展。

林政（化名）是负责南非地区华为无线业务的工程师。他的团队在三年间不断通过快速与高质量的交付来证明自己的实力，同时由于华为团队的勤奋与努力，林政等人不仅为客户完成了南非一半区域的无线现代化改造，还为客户建设了整个光网络和 IP 回传网。业务上的成果打动了客户，获得了客户的认可和信任，于是新的项目如同雨后春笋般涌来。

2015 年，因为客户的信任，林政接手了从未涉猎过的 Turkey 领域，毫无经验的团队面对客户提出的端到端负责网络规划、站点设计、获取以及建设的全 Turkey 工作的要求有些手足无措，尤其是南非站点获取流程复杂，而林政等人又不知从何下手。当时客户获取一个站点的时间在 6 个月到 9 个月之间，而这样的站点获取速度成为华为项目组最难攻克的难题，也成为项目组最大的瓶颈。

林政虽然做过很多与设备相关的项目以及这方面的工作，但对于实际的站点获取工作一无所知。为了迅速打开局面，尽快熟悉站点获取全流程，林政拉着有经验的本地员工从头开始梳理，并且针对不同的区域和不同的站型分别制作了工作流程图，梳理每一个步骤所需要的时间和相关负责人，识别风险点。经过两周的梳理，华为团队建立了所有区域站点类型的全流程图，所有成员只要按照流程图的规划认真细致地执行工作就能够完成客户的工作计划。

事实上，华为拥有18万名员工和全球一百多个国家和地区的业务，在这种情况下，正如詹姆斯·哈林顿所说，“没有衡量，就没有管理”，所以，任正非坚持要在华为内部制订流程模板。任正非说：“规范化就是工作模板化，就是我们把所有的标准工作做成标准的模板，就按模板来做。”也正是在他的领导下，华为人在工作时会依照相应的工作流程模板办事，执行力强且办事效率高。

4.2　服从管理，认真对待工作

孟子曰：“不以规矩，不能成方圆。”在企业之中也一样，只有严格遵守企业的制度、职业化处事，才能确保企业的工作能够有序地进行，才能够在做好事情的基础上保证企业的工作效率以及管理的有效性。

这也是任正非在华为多次强调的，华为人要能够服从华为的管理，认真地对待工作，从而保证科学有效地实现华为的工作目标。

20世纪50年代，极力推行精益化管理的大野耐一制订了一项“规则”：要将工作中发现的劣质产品放在所有人视线所及之处，绝不可隐藏起来。当时，员工普遍认为“出现劣质产品就等于技术不过硬”，于是，为了避免处罚，他们便习惯性地将劣质产品藏匿起来。因此，无论大野怎样强调“不要隐藏劣质产品”，员工们都不会心甘情愿地去做。

一天，大野到工厂视察生产情况，工人们都聚精会神地埋头工作。突然，大野大声喊道："这是怎么回事?"声音大得让所有在场员工都吓了一跳。生产小组长赶忙跑过来，大野指着一些被藏在角落里的不合格半成品大声训斥："为什么要藏起这些不合格品？我已经说过无数次，一旦出现不合格品，就立刻停止生产，把它们放到通道中，为什么你们不按我的要求去做?"大野气愤地将不合格半成品全部扔到了通道上，强调"不要隐藏不合格品，把它们全部放在通道中，让所有人都看见。"并处分生产线长，然后转身离去。

大野耐一之所以愤怒，是因为在企业中追求个体自由、肆意破坏制度是管理中的最大障碍。企业已经制订出了完善科学的管理方案，只要员工按照这套管理流程认真勤勉地工作就能有效完成企业的目标，但私自违背企业的规则，随意地对待工作，只会给企业的管理带来麻烦，也会影响工作效率。所以，职业化处事的工作原则才是高效管理真正需要的。

华为素来以注重制度著称，所以华为的执行力也是非常强的，这也得益于军人出身的任正非的领导，他将军事管理思维融入华为的管理制度之中，多次强调："组织纪律性才是任务完成的重要前提条件。"

华为高级管理顾问吴春波曾记录了任正非与他沟通的一个细节：2009年5月20日，他正参加硕士答辩，突然手机震动，一看显示，原来是任总打来的。任总问："在忙什么?"告知正在进行硕士答辩时，任总回："不打扰您了!"说完马上挂断了电话。

所以在华为，即使管理制度异常复杂和烦琐，但为了保证执行的效率和绝对的权威，华为人也会服从管理，认真勤勉地工作。

5. 小改进、大奖励，大建议、只鼓励

任正非说："能提出大建议的人已不是一般的员工了，也不用奖励，一般员工提大建议，我们不提倡，因为每个员工要做好本职工作。大的经营政策

要有阶段的稳定性，不能每个阶段大家都不停地提意见。我们鼓励员工做小改进，将每个缺憾都弥补起来，公司也就有了进步，所以我们提出‘小改进、大奖励，大建议、只鼓励’的制度，就是提倡大家做实。”

成功很大程度上来自对于细节的改进与管理，大建议在很多时候都无助于工作的改善。因为大建议是建立在一定的数据、信息、实践经验等综合分析基础上的，如果没有一定的积累就提出“大建议”，往往就会脱离实际，结果做了无用功。因此，华为一再强调“小改进、大奖励”的改良方针，就是要避免员工搞一鸣惊人的大动作，或者其他不脚踏实地的行为。

5.1　不断改进本职工作，提升自己的待遇

众所周知，华为是非常乐于奖励员工的，除了可观的薪酬和年终奖、分红等，华为经常会对员工在工作上取得的巨大成绩即时给出奖励，这都是为了鼓励员工将精力和重心放在自己的工作上，不断改进自己的工作，来取得更好的成果。

2015 年 9 月 25 日，任正非签发了一条华为 EMT 会议决议。由于前期华为组织的各项管理改进活动卓有成效，为华为节约了大量的运营成本与经营费用，共计金额约为 1.77 亿美元。任正非与华为的各级高管商议之后，一致决定将这 1.77 亿美元全部发放到每个员工手中，奖励每个员工 1000 美元。

任正非说华为能够吸收这么多人才，并且让他们在工作上取得很好的成绩，没什么别的诀窍，就是华为知道应该如何奖励员工，激励他们不断改进自己的工作。

2012 年 10 月，在埃塞俄比亚电信网络扩容项目 LOT1 中，华为中标 50% 市场份额，并大规模进入首都价值区域，一举扭转了埃塞俄比亚市场格局，为公司带来了巨大效益。任正非亲自予以通报表彰，在给予项目组 600 万元的项目奖励的同时，对重要贡献者潘国强、周建军、白利民等人分别给予个人职位提升 1～2 级不等的奖励。

任正非认为企业能否实现重大成就不在于企业中是否有精明的战略家，而在于有没有能够将目标落实到位的执行者，所以他对于一些提宏大建议的员工持奖励态度，但对于真正能够将工作做好，并不断改进工作的执行力强的员工会大力支持并给予物质奖励或者晋升机会。

5.2 专注于工作，小改善赢得大机会

任正非指出："如果我们的产品好，可以减少大量的售后服务等损失和潜在用户需要的机会损失。我们认为企业的最根本利益是要追求不断的成本改进，不断的质量提高，然后在此基础上才能谈到产品是否具有先进性。"

涂家成（化名）于2000年加入华为，在单板元器件相关岗位上一直兢兢业业地工作了十余年。当时他负责制造单板，单板制造的核心技术为SMT高精度贴片技术，而相关物料的取料精度和贴片精度直接由飞达供料的质量决定。所以经常要用到型号为8mm飞达的后卷带轮，但是这种后卷带轮的后轮紧固位置的螺孔出现滑丝现象，无法保证高精度供料，无法直接使用，要更换材料，成本又较高。

这让涂家成和设备工程师都非常头疼，于是专注于工作的他多次在旁边钻孔固定，但中心却总是发生偏移，而加固电焊，则会导致飞达本体被高温烧坏，如果使用更粗的螺杆，就会使得后轮转动不灵活。涂家成在四十多次的尝试之后，工衣袖口都被磨出一个洞来，但是问题仍然没有很好地解决。

好不容易周末休假，涂家成却仍然沉浸在工作之中，他边在家里清洗工衣边试着用备用纽扣把衣服上的洞遮盖住。甚至这个时候他都还在想工作上的事情，忽然他灵感闪现，发现这种掩盖的方法可以用在飞达上，于是他立即在飞达设备原螺孔的位置打出一个更大的孔，把不锈钢压铆螺母压进钻孔部位，经过压平处理与打磨处理之后跟飞达表面一样平整，精度也就得到了保障。于是单价仅1元的不锈钢压铆螺母就这样替代了5000多元一个的备件，成功解决了问题，不但延长了飞达设备的使用寿命，而且减少了其修复成本和维修频次。

这个最便宜、可靠、迅速、彻底的解决方案让整个项目组都非常兴奋，

但很快问题又出现了。由于SMT高精度贴片无法识别封装相似的物料，所以飞达里上料的动作需要手工来完成，全凭人眼在众多飞达尾部的8位编码中，快速搜寻物料对应的正确编码，工作量巨大。即使员工做到六西格玛的行业水平（即100万备料次数3.5次缺陷），每年也会产生25批报废单板。

就在大家苦恼于这个问题的时候，涂家成无意间看到SMT设备上的信号灯，瞬间联想到了激光灯。他再次想到一个巧妙的办法，即用激光灯指引物料上料的物理站位，然后让员工按信号指引上料操作，这样不仅能大大提升作业效率，而且可以降低人为操作失误。

涂家成立即联系了IT工程师和设备供应商，成立项目组一同分析研究。半年之后，第一代飞达智能穿料指示系统诞生了，只需要扫描物料条码，系统就会自动触发LED激光灯，指出这个物料应该放在哪里，操作人员只需要按照提示操作就可以，完全实现可视化操作。因为专注于工作，涂家成带领项目组共同开发的智能穿料指示系统获得了国家专利，也由于出色的业务能力，涂家成在2014年被破格提拔为飞达设备领域的高级技师。

涂家成不断追求更好的工作成果，且对工作专注，通过改进自己的工作，优化了操作系统。而在华为，只要一步步完善自己的工作就能够赢得更大的机会，成就更辉煌的事业。任正非提出要“分好钱”“多给卓有成效的奋斗者机会”也正是为了促使华为人提高执行力，将手头的工作做好。

5.3 鼓励员工提建议，但不赞成胡乱发言

任正非说：“要有系统、有分析地提出您的建议，您是一个有文化者，草率的提议，对您是不负责任，也浪费了别人的时间。特别是新来者，不要下车伊始，动不动就哇啦哇啦。要深入、透彻地分析，找出一个环节的问题，找到解决的办法，踏踏实实地一点一点地去做，不要哗众取宠。”

任正非认为新员工刚进入职场环境中，首要任务应该是熟悉工作，在自己的岗位上做出成绩，而不是一进公司就提想法、提意见，他曾在不同场合反复强调执行力的作用，就是强调员工应该踏实工作，而不要稀里糊涂地以为自己能提出有见地的意见。

某年，华为有一个新员工，入职不久就给任正非写了一封“万言书”，就华为的经营现状提出了很多关于经营策略的建议，原以为能够得到任正非的认可，没想到任正非看完以后批示：“此人如果有精神病，建议送医院治疗，如果没病，建议辞退。”

事实上，任正非认为这个新人完全没有摸清楚华为的状况，就开始自以为是地提一些“高端”的意见，实际上是不知深浅。他认为企业员工就应该先把身边的“小事”做好，而不是连手头上的简单工作都做不好就开始胡说八道。

当然，任正非并不是不听取下属的意见，很多时候他也是一个可以虚心接受各种声音的领导者。但任正非认为那都是建立在员工能够把自己的工作做好并且卓有成效的基础上的。

在一次华为市场部的高层管理会议上，市场部“老大”孙亚芳正在组织内部高层讨论市场策略和人力资源的相关事宜。会议中途，任正非突然走进会议室，拍着桌子说：“你们市场部选拔干部应该选个人素质高的干部，我认为某某（某办事处的主任）这样的干部就不能晋升。”

任正非话才说完，在场的各个干部还没回过神，就见孙亚芳站了起来，对着任正非说：“任总，某某不是你说的这个样子，你对他不了解，不能用这种眼光来看他。”孙亚芳在公司的高管面前直接否定了老板，很多人猜想任正非会大发雷霆，但任正非听完孙亚芳的话之后，顿时不发一语，就像是串门似地走出了会议室，开门出去的时候还说：“你们接着讨论吧。”

后来，任正非去细致观察了某某一段时间，发现他的确有能力且踏实肯干，任正非还提拔了他担任华为副总裁一职。

事实上，任正非是非常欢迎真正有想法和有话要说的员工大胆说出自己的意见的，很多时候任正非能够虚心接纳这些真正有见地、对华为的发展有利的建议，但没有根据的话是任何一个企业领导者都不愿意听见的，所以华为一直以来都提倡员工把更多的心思放在改进自己的工作上，而不是整天想着要提出一个大建议。

6. 遵守工作的规范化和标准化

任正非说："我们的员工文化层次很高，很聪明，但如果不规范管理，那么，主意越多，人心越乱，管理就越没有希望。"任何企业，如果没有一套完整规范的管理制度，那么企业就不能形成凝聚力，团队将军心涣散。这个时候就会有很多主意冒出来，不管这些主意有没有用，团队成员都会因为各自主意的利益导向不同产生不可调和的矛盾，这时不要说管理，整个企业都会面临死亡的危机。

所以，任正非多次在华为内部倡导要以规范的管理制度对华为上下进行行为的制约，而"无生命管理"就是华为管理最终要达到的目标。

6.1 规则意识：不能取巧

麦肯锡纽约分公司的一面墙壁上写着这样一句话："Once there is one exception occurs, there will be exceptions occur one after another, more accidents will become routines and habits."其大意是：一旦有一次例外发生，便会有接二连三的例外发生，意外多了，就会成为常规和习惯。

企业的员工一旦容忍工作中发生的意外，并且习以为常，那么他将逐渐失去规则意识，一切以自己的工作情况为主，不考虑企业对于整体的要求，长此以往，这类员工将给企业造成巨大的伤害而不自知。

麦肯锡公司为客户提供咨询服务的时候，往往需要在客户的企业中做一定的实践调研工作，在这个过程中不断修改咨询方案并进行深入管控。所以在咨询工作开始之前，麦肯锡公司的咨询顾问需要在客户的公司或工厂生活一段时间。

有一次，麦肯锡公司在佛罗里达做咨询工作，新入职的咨询顾问弗朗西斯回到员工宿舍之后，发现自己晒在客户员工宿舍阳台上的衣服不见了。

弗朗西斯想："一件衬衫竟然也会被偷，这家企业确实需要好好整治一下了。”就在他气恼之时，他的室友，同时也是麦肯锡资深咨询师的里昂走了进来，手中正拿着弗朗西斯失踪的衬衫，边走边说：“嘿，伙计，这里有专门的晾衣间，你在阳台晾晒衣服，会影响宿舍的美观，更会影响客户对我们的评价。我们来这里便是为客户塑造规矩的，所以我们自己一定不能破坏规矩啊。”

弗朗西斯听后，尴尬地接过衬衫，解释说：“我没有发现晾衣间的存在，这是个意外。”然而，里昂则严肃地摇头说道：“我们这个行业，需要解决的最大问题便是不让各种‘意外’干扰到客户的正常经营。如果你不能快点养成规则意识，我很担心你会被踢出项目组，毕竟，老杰夫可是最讨厌拿‘意外’说事儿的人……”

企业的员工如果没有规则意识，很有可能这个员工的责任感也不会很强，反映到工作状态上就会呈现出随性散漫的情况，常常不讲究细节，习惯以取巧的方式应付工作，认为即使有一点小小偏误也不会影响整体的工作情况，但往往就在最不经意的地方，可能会给公司造成不可挽回的损失。

1999 年，华为 D 产品组的所有成员迎来了一段灰暗的日子，由于他们负责的样板局暴露了基站的问题，导致用户投诉不断。开发经理立即组织了一个“救火队”赶往东北，去解决客户的问题。

在实地考察并且结合以往的记录报告分析之后，华为“救火队”很快定位出问题所在。但为了赶时间，这些员工想出了一个“巧妙”的主意，就是不和交换机连接，而是使用一个测试软件来测试，但华为项目组没有想到，产品在测试环境中没有出现问题，但在生产环境中却大规模地爆发出了各种问题。

华为项目组一次“取巧”的行为造成了如此严重的后果，究其原因正是这些员工没有坚持按流程进行评审，对规则视而不见。也正是因为类似事件的发生，使华为意识到，只有强化员工的规则意识，大力推行规范化和标准化的工作规则，才能避免员工出现取巧行为，真正对工作有一份责任心，依据规则完成自己的工作。

6.2　遵守规则才能杜绝意外

常言道，凡事预则立，不预则废。员工的工作需要合理的规范和规则作为指引，但在工作过程中，往往存在着许多不可预料的事情，而这些意料之外的事情往往会成为规则的破坏者，影响员工的工作执行力。

所以，华为、麦肯锡这样的大型企业，都会要求全体员工明确一点，那就是良好的业绩依赖于高效的执行力，而高效执行力的塑造在于突破意外的钳制，也就是说遵守工作规则才能杜绝意外，保证员工的高效执行力。

麦肯锡达拉斯分公司资深董事戴维·库尔曾说："通常情况下，在一个公司里面，总会出现两种个性鲜明的员工，一种人常常被'意外'骚扰得焦头烂额，另一种人则总能有条不紊地悠闲工作。第一种人普遍存在于各种企业，而第二种人，则普遍存在于麦肯锡的各个岗位。"

戴维·库尔所言非虚，在麦肯锡的大量咨询案例中，许多企业执行力欠佳的主要原因其实就是某些员工经常因为一些"意外事件"，诸如"没有那个意外这份工作我便完成了""任务失败全因为那个意外""这结果要怪就怪突发事件"，没有遵守工作规则、没有依据规矩行事。

为了杜绝这种现象在麦肯锡出现，麦肯锡咨询公司上至高层，下至每一个后勤人员，全都竭力要求自己养成规则意识，用规则意识约束自身行为。甚至每个麦肯锡的新人都要接受老员工关于"杜绝意外"的教育。

事实上，正如麦肯锡人所坚信的，意外事件不可避免，但这并不代表一定会因为意外而扰乱正常的生活和工作秩序，自控力不好，没有严格遵守工作规则，才是出现越轨行为的根本原因。

所以，当面对突发事件的时候，员工虽然无法逃避却能尽量克服其影响，只要让工作按照既定的计划和规则执行下去，就能最大限度地减小意外造成的影响。

6.3 实现工作规范化管理

华为内部曾发表过一篇题为《标准不是一纸空文》的文章，对华为不遵从流程和标准的不规范行为提出了批评意见："作为个别用户，您也许体会不到标准有多么重要，但作为一个大型制造企业的内部 IT 热线中心，我们深深感到制定和推行标准的必要性和紧迫性。当今，信息技术迅猛发展，产品换代日益加快。像我们这样拥有一万多名员工的大公司，如果计算环境不实施标准化，各部门或个人的硬、软件平台全都根据自己的需要进行选择和配置，势必五花八门。那么一旦有人遇到故障，很难想象能够寻出一位'全能技术好手'来应对它，即使是整个 IT 热线中心倾巢出动，也未必能够应付这些千奇百怪、毫无规律的各种软件、硬件故障，更谈不上经验积累。"

华为于 1998 年引进了英国 NVQ 企业的行政管理资格认证体系，并且首先在秘书部门建立了文秘的行为规范体系。华为初次实行工作的规范化管理获得了巨大的成功，不仅解决了文秘的职业通道问题，还极大地提高了文秘们的工作积极性，使他们的工作效率有明显提高。

于是，华为的人力资源部开始着手在华为的其他部门推广规范化管理。当时很多华为人对此抱有抵触情绪，对此，任正非回应道："前人已经做了错事，走了那么多弯路，认识到今天的真理，我们却不去利用，我们却要去重新实践，自然就浪费了我们宝贵的青春年华。"于是华为高价聘请多位来自全球顶尖的科技公司的专家为华为制定了专门的管理制度，帮助华为一步步实现工作的规范化管理。

华为引入国际先进的管理技术，并且发布了《华为基本法》，实现了公司的流程改革。有了规范的管理制度，实际上华为完全可以实现"无生命的管理"，即便是没有管理者的指导和监督，只要全员都依据制度行事，那么公司也依然能够持续健康地发展。而华为正是在朝"无生命的管理"的目标前进的道路上，向国际舞台迈进了一大步。

任正非说："我相信这些无生命的管理会随着我们一代又一代人死去而更

加丰富完善。几千年后，不是几十年，这些无生命的管理体系就会更加完善，同时又充满活力，这就是企业的生命。”

任正非认为只有通过规范化的管理，才能训练出一支骁勇善战的铁军，管理的成果才能得到巩固，效益才能提高。所以华为在工作的规范化管理上下了苦功，希望能够实现员工工作的规范化和标准化，同时华为要求每一个华为人都要遵守规则，以确保高效工作，并实现真正的无生命管理。

7. 追求完美，坚持比别人做得更好

任正非说：“在产品开发过程中构筑客户关注的质量、成本、可服务性、可用性及可制造性。任何产品一立项就成立由市场、开发、服务、制造、财务、采购、质量人员组成的团队（PDT），对产品整个开发过程进行管理和决策，确保产品一推到市场就满足客户需求。通过服务、制造、财务、采购等流程后端部门的提前加入，在产品设计阶段，就充分考虑和体现了可安装、可维护、可制造的需求，以及成本和投资回报。”

任正非实际上是指出华为的目标是以优异的产品、可靠的质量、优越的终生效能费用比和有效的服务来满足顾客日益增长的需要。而要做到这些，就意味着华为人在工作的时候不能仅满足于完成任务，还要想办法改善手头的工作，追求更好的工作成果。

7.1　把东西做好，然后等待机会

任正非说：“做大市场首先就要接触市场，培养市场感觉，同时积累资金，更重要的是准备自己的产品，咱搞技术的没有钱，只有技术，技术的代表不是学历和证书，而是产品，拿出像样的产品，就可技术转让或与人合作搞企业！先把东西准备好，等待机会，否则，有了机会也抓不住！”

也就是说，任正非认为企业要做大市场，最重要的一点是能够拿出客户认可度高的产品，有高质量的产品才拥有话语权，才能在与友商的竞争中处于优势地位，并且抓住机会撕开市场。

2016年9月，华为无线宏基站的项目经理欧阳磊（化名）负责当时的无线明星产品，产品发货数目巨大，因为出色的业务能力，他的主管调遣他去做Small Cell（小基站）。当时的Small Cell并没有打开市场，销量不是很理想，欧阳磊觉得有些失落，但是他相信只要做好自己的工作，把产品做好，就一定能够成功打开市场。于是欧阳磊开始研发他在Small Cell的第一款产品——Micro 3911E，并带着这款产品出差日本，希望借此机会突破日本的无线市场。

日本市场一直以来都是通信行业各大厂商激烈竞争的高端市场。通过近十年的努力，华为无线仅在日本市场获得了1.7G和2.5G频谱的极少量份额，但宏基站拓展一直没有任何成绩。直到2014年，华为才凭借ATOM BOOK这个小站明星产品突破了友商的重重“围剿”，在东京、名古屋、大阪城三大价值区域撕开一个口子，成功建立了实验局，并于2015年初在1.8G频谱上实现了商用，也实现了FDD在软件银行集团的首次突破。

但是，有了突破不代表之后的合作就一帆风顺了。日本客户对于产品的质量有着近乎苛刻的要求，这也使得华为的小站产品必须持续改进，精益求精，给日本客户提供最优选择。

2015年7月，华为研发团队接到来自一线团队的消息，说日本客户希望在900M低频谱上扩建无线网络，但这不是件容易的事情，东京是世界上人口数量最多的城市之一，人口密度非常大，是日本人口最稠密的地区。如果按人均每月使用1Gbit的流量来计算，东京每月将产生1300多万Gbit的数据交互，东京对于流量数据的需求巨大，也就意味着华为需要提供更优质的数据交互产品。

欧阳磊正在研发的Micro 3911E正好符合这个要求，这款平台化产品的体积仅为烤箱的一半，但是下载数据速率可达300M/s，可容纳1200人同时观看视频，并且安装步骤非常简单，只需要一个螺丝钉和一根钢带。

欧阳磊已经有了成熟的产品和技术，只需要说服日本客户，Micro 3911E就能顺利进入日本市场。于是他联系了华为SmallCell MKT（解决方案销售）的徐向宁以及Micro 3911E项目组的SE（架构师）于香起，专程去日本拜访了客户。

日本客户果然追求最完美的产品，虽然对Micro 3911E非常有好感，但还是觉得可以调整到更佳状态，于是提出“产品体积不变，发射功率增加一倍”的诉求。好在华为早有准备，产品已经研发成功了，所以只需要独立更换并演进内部单元模块就能将原本10W的功率提升到20W，并且可以通过更换更高效率的放大器单元来提升发射功率。欧阳磊将改进过的平台化设计介绍给客户后，得到了高度认可，华为也打败众多竞争对手，成为客户的唯一选择。

任正非认为，最终真正能够体现一个企业实力的还是这个企业的产品，不管市场的情况如何千变万化，最终还是会选择出最好的产品。所以，任正非强调，华为要追求完美，将工作做到极致，做出最精致的产品，才能真正在市场上占据有利地位，掌握话语权。

7.2　坚持比别人多前进一步

华为曾经和日本企业合作过一个项目，项目进展到尾声，日本的项目负责人在华为的员工做无线模块装配环节的时候，指出应该将放在作业台上的电批挂起来，这样做可以节约每次取放的1秒时间。当时华为团队的成员全部都震惊了，他们完全没有想到能够在这个细节上改进工作，而日本的员工则真正做到了重视每一个改善点，哪怕只有1秒的改进时间，对于一个企业来说都可能是巨大的收益。

此后，华为一直提倡要坚持比别人多前进一步，做到别人没有发现或还没做到的改进。也正是因为重视细节，追求完美，华为才能通过几十年一点一滴的持续改善，最终取得今天的成就。

2012年初，华为的胡卫华（化名）在翻看客户的反馈信息时，得知天线外部模块的喷涂层有轻微起泡现象，于是他立即找了在材料领域工作了三十几年的工程师胡师傅。说明了起泡现象之后，胡师傅说涂层有轻微起泡是正常现象，在天线使用年限内不会出现任何问题，也不会影响模块里面的器件正常工作。但是为了打造出更加符合客户要求、更加完美的产品，也为了打消客户的疑虑，胡卫华和胡师傅达成一致，要将产品做得更好。

于是，为了找到更加合适的材料，华为材料实验室的科学家们开始研究与腐蚀相关的材料工艺和应用场景。这些专家甚至开展了实地勘测活动，亲临现场调查产品应用场景和腐蚀现状，于是华为科学家的脚步遍布世界各地，从极寒之地到炎热地带，从高湿度国家到干旱地区，这些专家两年累计走了30多个国家，2000多个经典站点，从凝结的露水到堆积的雪再到空调外机的水汽，他们都一一分析，甚至分析了海鸟的粪便、蚂蚁的唾液。胡卫华连同这些专家在海南开辟了一个盐分最重的地区观测站，在里面放置了许多样品，定期去检测腐蚀情况。

针对铝合金腐蚀的问题，专家们通过近三个月的检测、分析和讨论，初步判断如果改善材料中微量元素X、Y的比例，会较好提升防腐蚀能力，但是合金中各种元素的配比，对材料的防腐蚀性能、加工成型性能、散热性能、机械强度等都会产生相关影响。现有的材料配比经过长期改良，目前已经是行业标准材料。没有十全十美的材料，但要合理平衡配比、取其所长就异常困难。

专家组经过长时间的观察和分析，共同商讨出了优化的合金配方。胡卫华立即找到供应商去谈合作，胡卫华和专家组陪着供应商在深圳夏天接近50℃的车间里，接连三个月不断试验和改进配方。而配方过程非常艰辛，专家组一直没有在防腐蚀和散热之间找到平衡，熬过一整个炎热的夏季，才终于验证了优化后的配方能使防腐性能提升4倍。于是华为的专家组根据新配方调整了几次产品的材料，验证之后性能接近完美，专家组都非常兴奋。

为了使新配方、新工艺能够应用到不同类型的产品中，专家组又在一起研究了11个月，对不同产品做了200多次压铸及验证之后，最终确定了性能和材料配比上的平衡点，把抗腐蚀性能提升了4倍，散热性能提升了30%，成型能力也更好，真正创造了一种新型铝合金材料。

任正非说："成功者只不过比失败者多忍耐了一分钟，多走了一步路。"实际上，任正非认为追求完美的成果没必要时时刻刻保持头脑紧绷状态，而是持续地对自己的工作进行改善。改善，就是今天的工作比昨天做得好，明天的工作又比今天做得更好，天天小改进，年年大进步。这对于组织来说，将是一个了不得的举措。

7.3　力臻完美，精益求精

早期华为为了打下坚实的基础，采取了批量生产模式，这让华为成功迈出了第一步，但随着供货需求的不断增加，最初的生产方式不再适用于华为现在的发展速度，原始的生产方式的过程周期长，资源也大量浪费。于是华为采取持续进行精益求精的方式，通过更佳的生产模式把制造业务做精做简，再大力推行生产自动化，并用智能化牵引，持续减少和消除各种等待和浪费，取得了生产周期、质量和效率的同步改善。这也让华为能够顺应外界的变化，逐渐成长为中国最强大的企业之一。

任正非深知，这个事情反映出华为要走精细化工作的道路才能保持领先于其他企业的速度，占据优势地位，所以华为一直坚定地走不断改善、追求完美的道路。

1973年，日本爆发了石油危机，于是日本政府提出全国减少能耗的倡议。当时日本树研公司的总经理松浦元男从中窥见了商机，他认为减少能耗就意味着所有的产品会越来越小，而所需的零件和工具也会越来越精细，于是当时这个不起眼的小公司立即开始着手做世界上最小的齿轮。

当时，日本同行业能做出的最小的齿轮重量为百分之一克，被广泛应用在手表中。松浦元男买了很多手表并拆开研究，他在想是否能够做出更小的齿轮替代原有的齿轮。1986年，在松浦元男的深入钻研下，树研公司终于成功做出了千分之一克的齿轮，理光、卡西欧等钟表公司得知后纷纷找到树研公司签订合作协议。

松浦元男并没有因此就停下研发的脚步，而是开始着手制作万分之一克的齿轮。成功之后有日本匠人说，十万分之一克的齿轮才称得上完美，于是松浦元男接受挑战，并于1988年5月成功做出了十万分之一克的齿轮。瑞士著名的斯沃琪手表集团、英国汽车零件制造商百代适等公司闻风而动，立即主动找上门来要求订货。而树研公司因为没有任何竞争对手，在价格谈判上一直处于优势地位。

十万分之一克的齿轮逐渐用于微型相机、摄像机、特型手机以及电脑等设备上，之后更是被政府机构收购，用于迷你侦察机上，以减轻飞机体重，便于作业。

就在所有人都认为树研公司已经做到极致、做到最完美的时候，松浦元男悄无声息地开始研发百万分之一克的齿轮。当时公司里面有质疑的声音，认为更小的齿轮已经派不上用场了，但松浦元男还是坚持能够做出来就一定能用到。

2002 年 8 月，树研公司生产出了被称为粉末齿轮的百万分之一克的齿轮，这种微型齿轮的直径仅为 0.15 毫米，最宽处不过 0.08 毫米，面积与一根头发的横截面积差不多，但就是如此微小的齿轮上竟然还均匀分布着 5 个小齿，并且能够正常转动，而且这种齿轮的生产速度极快，只需要 3.5 秒就能生产出 4 个。而这种被认为派不上用场的齿轮一经上市就被美国顶级医院的医生安装到人造纤维血管的导管前段，用于清扫脑梗塞患者的脑血管，成为保命的重要医疗器材。

这家只有 100 多人的日本小企业所生产的产品，已经占据全球超小齿轮市场 70% 以上的份额，每年利润达上亿美元。

松浦元男说："技术高超的匠人加工的模具，手感妙不可言。"正是他这种没有止步，只有超越的研发精神和追求完美的工作理念，让树研公司能够创造出不可超越的营收，占据全球超小齿轮市场 70% 以上的份额。

而华为作为一家以研发为重的科技型公司，对这种追求完美的极致精神推崇备至。任正非认为既然研究一个领域，就要做到极致，这也是华为的产品多次成为全国第一，甚至超越三星等公司产品的原因。

第7章 务实与专注

任正非说：『每个员工都要把精力用到本职工作上去，只有本职工作做好了，才能为你的成长带来更大效益。』华为要求每一个员工都有『傻阿甘』的精神，以务实与专注的态度对待工作。

1. 紧盯“目标”，坚定地追逐

华为高级管理顾问吴春波说：“中国人讲傻人有傻福，而任总最欣赏的两个人是阿甘和许三多。这种傻其实和管理是相关的，是管理对于员工的一个导向。一个人、一个企业不能富得太快了。阿甘精神是什么，就是目标坚定、专注执着、默默奉献、埋头苦干，任正非认为华为就是最典型的阿甘。中国社会聪明人太多了，但是华为的聪明人加上一个傻的价值观，我觉得成功的可能性更大。看起来有点另类，但这种傻最终得到了回报，中国的老话从来没有讲聪明人有福气，都是说傻人有傻福。”

1.1 心无旁骛，发扬乌龟精神

吴春波说：“华为经过25年的艰难历程，用任总的话说叫发扬乌龟精神，一直跟着别人后边爬，心无旁骛，执着、经得住诱惑、耐得住寂寞。爬着爬着，最后发现前面没人了。这就是华为，把那些百年老店踩在脚底下。”

任正非所说的乌龟精神就是要让华为人在工作过程中要认定目标，心无旁骛，艰难爬行，这样华为才能成为那只赶上兔子的乌龟。

1998年，唐钢（化名）博士毕业初入华为就被派往下乡，到生产一线去锻炼、去实践。等回到公司之后，华为安排唐钢从事电磁元件的工作，唐钢当时心有不甘，认为自己作为电力电子专业的博士就该担当重任，承担大型项目，但公司竟然安排他做电磁元件这种“小事”。虽然出于服从工作安排的想法去坐了“冷板凳”，但是在华为文化的影响下和随后的工作体验，唐钢逐渐发现工作无贵贱，只要专心致志，心无旁骛地投入工作中，所得到的成就感和满足感不亚于当企业的项目负责人。

最初工作的时候，唐钢发现电路板联出了故障，但自己作为一个电子专业的博士竟然没有应对办法，而从事电磁元件工作几年的同事很快就排除了故障，唐钢心里不好受的同时决定以后要全身心投入到工作之中。

在深入生产、研发与中试第一线，刻苦钻研之后，他在电磁元件技术方面的工作上取得了不平凡的业绩，让部门的所有同事都非常敬佩，唐钢也是从此之后才逐渐甘坐“冷板凳”。

1999 年，市场竞争激烈，华为号召降低成本，唐钢发现 100A 电源主变压器的体积过大，成本太高，于是他召集部门同事一起对该电磁元件进行技术改造、优化设计，希望降低其成本。经过一段时间废寝忘食的研究之后，唐钢和同事一起研发出了更优质的变压器，并确定了新的处理方案，将每个变压器的成本由原来的 750 元降为 350 元，且减小了体积和重量，每年可为华为节约成本 250 万元，这在 1999 年可不是个小数目。

2000 年开始，华为决定进军海外市场，开拓新领域。而当时这种没有铜绕线且厚度远低于常规变压器的新型变压器是国际电源界的潮流产品，因为优点突出，被朗讯、爱立信等国际著名公司用在最先进的电源产品中，并申请多项专利加以保护。跟踪并掌握这类二次电源产品线就变成了华为当时最大的任务，唐钢主动申请负责该项目，经过努力取得了一定的成绩并申请到一项专利，并且唐钢在后续工作中还持续优化该变压器。

唐钢在平凡的岗位上取得不平凡的业绩，实现了业务上的丰收，也逐渐平息了最初的不甘，带着坚定的信念以及乌龟精神继续心无旁骛地前进。

唐钢自己也说：“在华为公司，不论从事什么工作，只要能安心于本职工作，兢兢业业，在平凡的岗位上也能做出不平凡的业绩。”

1.2　瞄准同一个城墙口，持续冲锋

任正非曾用央视纪录片《神秘的刚果河》中渔夫的故事来提醒华为人必须要瞄准目标，坚定地朝一个方向进攻，否则很有可能不仅没有任何收获，还会因此而影响华为的发展。“渔夫奋力在波海汹涌的刚果河上，历尽九死一生，才捕到鱼，突破的困难是人们难以理解的。瓦格尼亚人编织巨大的木篮，放在每秒流量 2.8 万立方米的刚果河中，湍急的河水会把鱼推到木篮里。瓦格尼亚人捕鱼时必须非常专注，否则就会被河水卷走。”

非洲L电信公司于2011年宣布破产，负责L电信公司和华为的合作项目的孙佳乐（化名）有些慌乱。要知道L电信公司还拖欠华为千万美元的债款，L电信公司宣布破产就意味着这笔款项很有可能就无法追回了，但是华为一贯不放弃任何机会，于是华为非洲代表处、办事处以及地区部和机关的“马拉松”式的追债之路就这样开始了。

L电信公司地处非洲某偏僻小国，孙佳乐和当时的法务部长杨策赶往当地才发现这个案子竟然是这个国家第一次正式的破产案。由于这个国家整体经济水平较为落后，法律制度的建设也较为缓慢，甚至破产的相关法律也刚出来不久，因为没有先例可循，也没有法律细则支撑，华为的追债之路非常艰难。

华为决定找本地律师一起打这场官司，但这个国家由于经济较为落后，道路建设不全，导致孙佳乐一行人很多时候只能徒步去律所，所以通常一天下来，所有成员鞋子和裤子上都沾满了泥土。但华为团队没有因为困难而随便找个律师应付了事，而是综合考量专业基础、技术逻辑以及费用等方面之后，才找到了合适的律师。

因为当地没有破产案例的前例可循，于是孙佳乐只能把目光转向其他国家，联合本地律师一起做好相关的资料收集和案例准备。

在准备案例的过程中，本地律师被华为人不分昼夜、不分周末的工作状态所感动，也跟着一起加班加点地准备打一场硬仗。华为团队以及本地律师团队一起瞄准目标一步步进发，终于将各种材料分拣、核对完毕，并且逐步将证据链清晰地整理了出来。

2013年5月，破产清算组进行第一次分配，华为获得了数百万美元的债款，但还没来得及庆祝初步胜利，就有新的挑战出现了。

5月底，L电信公司的母公司R向法院申请禁止后续任何财产分配行为，理由是L电信公司曾向母公司R借了数千万美元，而破产分配是依据优先级来操作的，也就是说，L电信公司的母公司R将与华为公司等债权人一起按比例分配。这样一来，初次的破产分配要重新清算，连后续的款项都将直接缩水一半以上。

虽然华为团队预料到有可能会发生这样的情况，但是真的发生时还是没有找到应对策略。果然，法院在9月份做出判决，L电信公司与其母公司R的债权成立，破产分配要重新清算。华为团队多次上诉被驳回，于是向最高法院上诉。华为团队抓住剩下的1%的希望，打算放手一搏。

2014年10月，最高法院做出判决，L电信公司按照判决结果再次清算债权，华为公司再次分得约数百万美元。

华为团队乘胜追击，联合关键同盟M公司等债权人直接出面，并再次向最高法院上诉。由于华为公司以及M公司均以第三利益方出现，导致法院态度发生质的逆转，最终判决L电信公司再次清算破产分配，华为公司又追回数百万美元的债款。

得知这一消息，孙佳乐很是兴奋，他甚至不敢相信自己竟带领团队实现了这个几乎不可能实现的目标。至此华为团队费时六年累计追回约1000万美元，实现了34%追偿比例，远超世行全球破产追偿标准的2～3倍。

孙佳乐之所以能够带着团队追回华为的债务，是因为他坚定地朝着一个方向集中力量攻坚。六年里他瞄准了目标就不再动摇，坚定地盯紧目标去努力，最后才找到突破口，成功拿回了华为的款项。

1.3 保持专注，让企业活下去

俗话说“多刨坑不如深挖井”，实际上经营一家企业也是如此，只有专注才能做到专业且精通，在行业中更有竞争力和突破力。华为的成功历程就很好地诠释了“专注制胜”这一道理，任正非常说华为人实际上是一群“傻子”，他们身上的傻劲就体现在对工作的专注和坚定上，也正是华为这种高度专注的研发精神，让华为成为电信行业的巨头企业，也让华为能够历经三十余年仍高速向前发展。

说到中国高新行业的巨头企业就不得不提到华为公司，不管是从研发技术还是公司的经营层面，华为已然不仅仅是国内企业的标杆，更是全球企业的典范。能够在三十余年内高速发展，成为电信行业的奇迹，很重要的一点是因为华为从开创以来就只做一件事情——通信。

事实上，在这三十几年间有许多行业异军突起，吸引了无数企业转行，比如火爆的房地产行业和股市，数年间有许多企业或个人因为投机赚取了大量财富，但更多的企业则在追逐市场的过程中覆灭了。就在许多国企、央企都试水其他行业的时候，面对巨大的诱惑，华为在关键时刻仍坚持只做一件事，并且把这唯一一件事做好、做精，坚持战略聚焦，充分集中战略资源攻打市场。时过境迁，华为仍然心无旁骛地做通信，并蓬勃发展，任正非常说："凡是战略，都是专注，凡是执行，都是坚持。"而华为人跟随任正非的脚步，坚持专注地工作，推动了华为的快速发展。

在股票行业刚刚兴起的时候，许多人从中赚了大钱，当时很多人的想法都是市场上有机会就跟着大势走。而华为最初不过是靠 2 万元的资金开创事业，任正非坚定地全身心投入通信行业，专注于研发工作，开始的时候为沃达丰这家世界著名的公司做贴牌，还研发出华为品牌的手机并首先在德国销售，在欧洲大获好评。之后才杀回中国市场。雷军说："猪站在风口上也能飞起来。"但华为不借风的力量，完全依靠自己持之以恒的耐力和专注打开了中国市场，并逐步超越了小米手机。而华为在默默坚持了三十余年后，则从只有 2 万元创业资金的小公司，成为全球第二大电信设备制造商。

古训有言："欲多则心散，心散则志衰，志衰则思不达。"华为也意识到企业发展不是一朝一夕的事情，要靠持续的积累来成就企业的未来，如果看见这个行业短期内就能赚钱，那个行业能快速有回报，那么从短期发展来看是可能取得小小的胜利，但这绝不是一个企业的长久发展之道，什么都想抓住，什么都想做好，往往只会分散自己的战略精力，消耗掉持续创新研发的精力和动力，最后结果只能是什么都做不好。

而华为的这种专注，数十年坚持只做一件事情看似简单，但其实非常需要企业管理者和员工能够有毅力和恒心，盯紧既定的目标和前进的方向，积聚力量共同前进。唯有专注才能成就华为这样的大企业，也唯有专注，企业才能长久发展。

2. 保持耐心，专注于眼前的“猎物”

狼群扑食的时候都是专注于自己的猎物，并且保持耐心，不急于一时，但步步为营，一点点靠近，然后迅猛出击，拿下猎物。

任正非认为华为人在工作时也应该像狼群一样，既要专注又要有耐心，任正非说：“这个时代是‘春秋战国’，是我们所期望的。因为我们是强者，但现在称霸不了世界，让他们混战，然后我们逐步去统一世界，当然这是需要过程的。但即使竞争激烈，我也不鼓励你们降价来参与恶性竞争，而是鼓励提高质量，耐着性子跑，这样才能跑赢。不要担心别人短期内占领了这个市场，以人们两三年换一次手机的频率，下次就该换成华为手机了，三年以后才能‘出水才见两脚泥’来。”

任正非说的“出水才见两脚泥”指的是让华为人能够像狼一样伺机而行，必须等到一定的阶段才能采取行动。任正非是希望华为在“捕食”的过程中，要踏踏实实，控制欲望、控制合理发展速度，脚踏实地。

2.1　干一行，爱一行，专一行

任正非要求华为人要以“平常心”专注于本职工作，要对工作保持耐心，爱一行，干一行，专一行。为此，他还专门在其文章《致新员工书》中鼓励华为人，希望员工们丢掉速成的幻想，学习日本人踏踏实实、德国人一丝不苟的敬业精神。“现实生活中能把某一项技术精通是十分困难的。您想提高效益、待遇，只有把精力集中在一个有限的工作面上，这样才能熟能生巧。您什么都想会、什么都想做，就意味着什么都不精通，任何一件事对您都是一个学习和提高的机会，都不是多余的，努力钻进去，兴趣自然在。我们要造就一批业精于勤、行成于思，有真正动手能力和管理能力的干部。”

有一次，任正非走到一个华为的实验室，他看到一名工作人员，就很随意地跟他聊起来。任正非问道：“老产品的不断优化和对新产品的开发，你更喜欢哪一行?”这名工作人员回答道:“我当然喜欢新东西,越多越好,将来离开华为后,还好就业。”

任正非感到非常气愤,但他生气的原因并非这名工作人员说要离开华为,而是这名工作人员对工作的态度,他过于追求新事物,对本职工作毫无耐心,长此以往他所做的都只会是皮毛工作,最后不可能有所成就。

最后,任正非举出微软公司的例子。他告诉这名工作人员,在华为工作,就相当于在给一条铁轨上的一段枕木钉道钉,而到了微软,普通员工甚至连钉道钉的工作机会都没有。他说,微软分工比华为更细,还得做频带更窄、更细的工作,简直就是0、1、0、1、0、1地累加下去,这样的工作会更加无聊,如果没有耐心,根本无法从事这么专业的工作。

在任正非看来,只有在很小的领域里甘于寂寞、刻苦钻研,才能有利于核心竞争力的培养,才能有所成就。

任正非的这种观点很有道理,庄子云:“吾生也有涯,而知也无涯。以有涯随无涯,殆已”,一个人将有限的精力投入到各个领域的研究中,终将一事无成。很多人抱怨自己的付出没能达到期望,获得应有的回报,很大一部分原因就在于此。

2.2 成功要凭借努力和专注

任正非2013年在新西兰接受记者采访的时候被问到华为凭什么成功超越对手,成为世界通信制造业老大。任正非就回答了四个字:“不喝咖啡!”并接着说道:“把别人喝咖啡的时间用在工作上,凭什么不超越?”

众所周知,华为的成功离不开华为人的艰苦奋斗以及他们对事业的专注,任正非并不是真的说要让华为的员工连喝咖啡的时间都没有,而是希望华为人能够一如既往地专注于工作,自发自觉地将时间花在工作上,因为只有才能够让华为保持在巅峰状态。

1902年,62岁的画家以及雕塑大师罗丹招助理。27岁的诗人里尔克听说后去应聘助理职位,在前往画室的途中,这位生性浪漫的诗人猜想这位名满天下的艺术家罗丹一定过着非常浪漫狂放的生活。但到了现场，他发现罗丹竟然是一个整天孤独地埋头画画的老人，这与他原本的猜想大相径庭，于是里尔克问罗丹："如何能够寻找到一个要素，足以表达自己的一切？"罗丹沉默片刻，然后极其严肃地说："应当工作，只要工作，还要有耐心。"

是什么让人成功？罗丹说出了真正的秘密，那就是工作和足够的耐心。而任正非的事业之路也证明了这一点，成功的确是凭借努力和专注才能够获取的，想要成功就必须保持耐心，专注于自己眼前要做的事情。

了解任正非的人都会发现他根本没有空闲时间，他从来不会做和人闲扯、和人吃喝这类消遣的事情，他从不喝酒也从不抽烟，有一点工作之外的时间他都会有计划地选书阅读，有计划地和人交流。他一直处在学习、思考、求生存的状态中，并且大多数的时间里他都是在思考华为的未来，为华为谋求更长远的发展。他一直对华为有着超乎寻常的对于未来的担忧以及对华为辉煌未来的无尽向往，这种急迫感与成就感交织，驱使他心无旁骛，一直专注于自己的事业。

也正是这种专注的精神让任正非这个看起来很普通的人做成了一项伟大的事业，而之前和他一起共事过的人，对任正非能够创建华为这样伟大的企业则感到非常吃惊。这种吃惊是因为他早年压根就没有显示过这方面的才能，也没有人相信他有这种才能，所以任正非以普通人的身躯干成了不普通的事业，完全得益于他的努力和专注。

任正非的成功历程实际上也就是华为的成功历程，华为从一个代理商成为行业巨头企业，这一路凭借的都是华为人的专注，华为人盯紧目标，瞄准方向努力前行，才成就了今天的辉煌。为了延续这份辉煌，任正非常在华为内部强调，成功不是喝喝咖啡就能实现的，要把喝咖啡的时间花在工作上，才能成就事业上的辉煌。

3. 工作要厚积薄发，欲速则不达

每个人都有自己的事业理想，但无数的案例都证实了伟大的事业都是从一点一滴开始积累的。因此，我们要脚踏实地地工作，在循序渐进中实现成长与进步。

3.1 工作要踏踏实实，循序渐进

创造了女子100米短跑世界纪录的乔伊娜说："对于短跑选手来说，跑完赛场上的100米总共只有10秒钟左右的时间。所以我们会把每一秒钟都划分成100个等份来计算，很多人为了提高这百分之一秒的成绩而甘愿付出巨大的努力。要知道，每0.01秒都很重要。"

显然，华为非常认同这种将工作分解到每一个步骤，认真对待每一步的做法。任正非认为，华为对待工作没有别的，就是"务实"，脚踏实地地干好手头的工作，再去想怎么做好下一件事情，循序渐进才能创造佳绩。

2008年，潘博坤进入华为之后被分配到华为的无线基站天线岗位，他的第一反应就是："天线？电视机的天线吗？小时候家里黑白电视那种？"

等他真正到工作岗位之后才发现无线基站天线和电视天线有天壤之别，而这类天线对于员工的焊接水平要求非常高，每根天线都需要上百次地焊接才能送检。潘博坤没有任何相关的工作经验，只能认真地学习别人的操作，但最终他送检的所有天线都显示为不良品。

潘博坤向主管请教如何做好天线的焊接工作，主管告诉他天线表面上看起来很坚固，实际上内里有千百个焊接点，不是简单地衔接在一起就行了，还要考虑焊接的角度和厚度。最后他的主管说："制造工作就是个熟能生巧的过程，没有别的诀窍，多练就是。"

于是潘博坤将全部精力都放在学习焊接工作上，只要一逮到同事有空暇，他就追着问追着学，并且在业余时间反复练习操作步骤，反反复复几百次以

后潘博坤终于掌握了诀窍。就在潘博坤每天低头干活，抬头思考，踏踏实实做了大量操作工作之后，他探索出了一些属于自己的独特焊接手法。一年左右的时间，潘博坤做出的天线是工段“生病”最少的，他也如愿当上了华为的工作标兵。

潘博坤之所以能够最终做好工作，成为标兵，并不是因为他天赋过人，也不是因为他专业知识过硬，而是因为他踏实肯干，不盲目急进，循序渐进，慢慢熟练。正如任正非所说：“遵循循序渐进的原则，每一个环节对您的人生都有巨大的意义，您要十分认真地去对待现在手中的任何一件工作，十分认真地走好职业生涯的每一个台阶。您要尊重您的直接领导，尽管您也有能力，甚至更强，否则将来您的部下也不会尊重您，长江后浪总在推前浪。”

3.2　专家是磨出来的

任正非曾说，华为需要的是专家，而不是万金油式的员工。但罗马不是一日建成的，要培养出能够独当一面的专家，需要企业员工做好打持久战的准备，因为那些在某个领域有建树的人才都是长时间坚持做一件事，从点滴的小事开始积累，最终经过磨砺成为真正的行业专家的。

2015年11月，被称为“DSLAnnex. C之父”“华为铜线领域技术领航人”“美国亚裔杰出工程师”的朱睿（化名）博士在华为与数百位一线工程师分享了他的工作之旅。

作为清华大学的高材生，朱睿大学期间主修的是无线电专业，毕业后正逢“文革”，他被下放到东北的深山老林里，一待就是十年。十年之后他回到清华大学继续读研究生，后来去美国求学并开始了他的事业之旅。虽然他早已成为铜线技术领域的佼佼者，但谈到为何能如此成功时，他云淡风轻地说道：“从清华毕业时正值‘文革’，大学生被认为在学校里受了修正主义教育，被称为‘臭老九’，要到艰苦的地方去，接受工农兵再教育，我被分配去了东北建水电站。单位说造水电站没有无线电，你就搞有线电吧。”简单几句话说了他为何从事有线电工作，接着又非常平静地说了他那十年的工作情况：“所谓‘搞有线电’，就是在东北的深山老林，爬电线杆、架电话线。从此和铜线结了缘，爬了十年电线杆。”

朱睿博士说起他坚持了数十年的事业时脸上还带着笑容：“在有线宽带接入上探索了一辈子，成就不必说，质疑也从未消失过。实际上，我很庆幸自己一直在干这个。这几十年来，铜线接入从当年的每秒几百字节已经提升到每秒上百兆字节，而且很快要达到每秒吉字节，为几亿人提供了便捷又便宜的宽带接入服务，大大提高了工作效率，我为我能从事这一工作感到自豪。”他感叹道：“我一辈子就做了这么‘一条线’。”

朱睿博士虽然笑称自己一辈子就做了这“一条线”，但实际上在现在的工作环境中很难有人能够十年如一日地坚持做一件事，并把这唯一的一件事做好。任正非认为华为正需要这种勤于钻研，从点滴做起，循序渐进成长起来的员工。

任正非常号召华为人要踏实地工作，不要妄想一步登天成为华为的英雄人物，在华为要想成功，就必须踏踏实实在岗位上慢慢磨炼，任正非相信只有经过实践和时间打磨的人才，才是华为需要的专家。

3.3 板凳要坐十年冷

南京大学的一位教授曾经写过一副对联：“板凳要坐十年冷，文章不写半句空。”这副对联的意思是学者要专心致志做学问，不慕名利，甘于寂寞，只要坚持自己的学术方向，就不怕别人不重视。

任正非把“板凳要坐十年冷”这一句拿出来作为华为人的工作准则，鼓励华为人耐住寂寞，坚持学习，一步一个脚印地走自己的事业之路，鼓励华为员工在自己的岗位上把一切吃透，成为一个领域的专家。

到2013年李慧强（化名）就加入华为公司八年了，这八年来，李慧强在华为子公司、地区部、机关等部门都工作过，他在每个岗位上都有过为了项目寝食难安的时候，也有过因为一次次胜利而欢欣鼓舞的时刻，但这八年来他都坚持在基层磨砺自己，从来没有因为艰辛而产生过放弃的念头。于是，在李慧强进入华为的第九年，他终于成了一名管理者。

2005 年，李慧强是一个初出茅庐的毕业生，和一批学生一起被华为聘用。但让李慧强感到茫然的是，同批进入华为的人都去了总公司，唯独他的第一个岗位是在华为子公司——慧通公司的财务部。但是既来之则安之，李慧强没有因此心存不满，而是在自己的岗位上默默坚守。

慧通公司是华为负责独立核算的子公司，李慧强在部门经理的带领下开始接手做预算方面的工作。但他初涉职场，一开始什么都做不好，连 PPT 和 Excel 都要研究很久才能顺利操作，于是李慧强就一直搜寻各种 Excel、PPT 的操作指导手册，利用每天晚上的业余时间学习基本功，每个周末休息的时候他也一直恶补工作的相关知识。

就在李慧强的努力之下，在连续 3 个季度考评 C 后他终于拿到了 A，并逐步成为部门的一把手。

在慧通公司取得了一定的成就之后，李慧强进入了华为总公司，并被派往南非地区部负责当地的业务拓展。在极端艰苦的环境之下由于水土不服，最初他在南非的工作非常不顺利，但他也没有任何怨言，只是一点一点地熟悉当地的环境并逐渐在业务上展开手脚。李慧强默默地坚守在自己的岗位上，在南非数年后他也算是当地的领导阶层了，终于在工作八年之后迎来了自己事业的春天。

任正非说：“在冷板凳上坐的都是一代英豪。科学是老老实实的学问，要有思想上艰苦奋斗的工作作风，要有坚定不移的精益工作目标，要有跟随社会进步与市场需求的灵活机动的战略战术。做实不是没有目标、没有跟踪、没有创新，但没有做实就什么也没有。点滴奋斗与持之以恒的努力，踏踏实实地在本职岗位上不断地进取，就意味着太阳已经从地平线下升起。”

4. 把每一件事都做到精彩绝伦

苹果公司的联合创始人乔布斯说：“这辈子没法做太多事情，所以每一件都要做到精彩绝伦。生活就是一件让人倾尽全力，充满智慧的作品，一切都不能任意所为。”

这也是华为CEO任正非的工作信条，他深知华为能够获得如今的成就，离不开华为对于工作的极致追求。任正非倡导这种把每一件事都做到精彩绝伦的精神，这体现在华为做产品时对完美的追求上，也正是华为人对于所有工作精益求精的精神，让华为能够做出众多口碑极高的产品，给客户提供最优质的服务。

4.1 只做一件事，做好一件事

华为的轮值CEO郭平说：“华为的文化是，你做好一件事，你就有机会做更大的事。你一件事情都做不好，你想做所有的事就可能都没有机会。所以你必须专一行，才有机会做更大的事，你必须是一个领域的专家，才有机会去扩展更多的领域。在一个领域都做不好，‘屋不扫，专想扫天下’，这个在华为是难以成功的，只有体会一个小的成功才能有更大的舞台。”

伍漫波在华为从事硬件方面的工作已经二十多年了，历经多个项目的开发工作，成为华为资深的专家。所有同事对她的评价都是“功夫深”又“不折不扣”，伍漫波却说自己不过是专注做一件事，并努力做好而已。

1997年，伍漫波加入华为的时候，华为在硬件方面还稍显薄弱，连386主板都做得不太稳定。也正是她加入华为这一年，公司决定做奔腾（586）主板，伍漫波加入设计团队做产品开发，她深信“产品质量是设计出来的”，她选择在工作中十二分地用心，确保过程中不会出现任何差错，带着这个理念，伍漫波开始主导设计奔腾主板。从原件材料的选择到整体设计工作的布局，她都一一检查和确认，确保工作万无一失。

也正是因为伍漫波的用心和细致，她在接下来的各种测试中得心应手，毫无阻碍，最终很快完成了产品的研发与设计工作，并获得了公司领导的一致好评。也因为伍漫波工作的高质高量，她的主管很放心地将许多重要的工作都交给了她，伍漫波也由此开始了她二十几年的研发之旅。

后来伍漫波以追求极致的工作态度一路走来成为研发团队的专家。值得一提的是2010年伍漫波在IP开发部时，由于6G多框路由器产品每天都有零星链路存在少量误码的问题，伍漫波就负责攻山头，解决这个问题。伍漫波仔细分析系统，逐块单板查看PCB，并逐块单板比对检测问题，最终和团队一起找出了影响高速系统可靠运行的瓶颈，解决了6G多框问题。领导紧接着就把PCB的后续设计交给了她。2011年，伍漫波成了高速设计小组的技术负责人，而她还是和十几年前一样，坚持“产品质量是设计出来的，细节决定成败”的理念，从器件选型到PCB设计，所有环节她都亲自参与。

为了做好产品升级，做出最高速度的产品，伍漫波亲自跑了数个城市，向多个供应商学习取经。因为网板高速SerDes芯片对电源纹波要求很高，她就将电容选用、电容数量、层叠、布局、走线等全部细节重现，并做板子进行调测，最终做成了完美的产品。当时其他产品线的工程师不相信伍漫波做成了达到厂家严苛要求的纹波，还专门派人带着示波器过来测纹波，测完之后都表达了自己的敬佩。

伍漫波十几年对工作的极致追求换来了无数的成果，这次也不例外。公司传来好消息称NE5000E 6.4T成功通过欧洲的第三方测试即EANTC测试，收发125万亿包零丢包，实现了全球首个400G满框测试，如此卓越的可靠性极大地提升了华为公司的路由器产品形象。

伍漫波这种一次只干一件事，把每一件简单的事情干好的态度成就了她不平凡的职业价值，这也是任正非一直以来希望华为能够做到的，因为有太多的企业为了更快抢占市场，忽略产品的品质，一味地追求速度与数量，极大地影响了企业的长远发展。所以，华为向来注重将细节做到极致，将产品和服务的品质放在第一位。华为之所以能够一步一步超越同行业的爱立信、中兴等企业，靠的就是这种把每一件事都做到极致的精神。

4.2 把每一个细节都打造精致

曾有人问伟大的建筑师密斯·凡·德罗成功的秘诀，他反复强调：“细节的准确、生动可以成就一件伟大的作品，细节的疏忽会毁坏一个宏伟的规划。”

在任正非看来，对待工作也是一样的，每一项伟大的事业都是一点一滴的付出成就的，每一项业务都是靠员工坚持不懈一步一个脚印做好的。所以，在华为，所有员工都会认真对待工作，将工作的每一个细节都做到完美无缺，以此来成就华为的伟大事业。

2000年前后，华为正面临传统电话网络更新换代带来的冲击，为了最快抢占市场，华为将崭新的控制与交换分离的通信系统的开发提上日程，希望能够尽早研发出来，以取代传统的程控交换机系统。

2001年，伍漫波成为UMG8900系统分析组和硬件平台组项目组的一员。当时项目组组长王战峰和团队成员确认了唯一的一个目标，那就是要么不做，要做就做最好的，除了功能上要做到最好，在集成度、容量和性能等各个方面都要远超友商，领先业界。所以，在工作开展之前，王战峰和团队的所有成员花了大半年时间反复讨论方案，决定采取当时最先进和最复杂的技术做出最领先的产品。

完成了整体的工作规划之后，王战峰带着整个硬件开发团队耗时近一年做开发和调试。为了做出最完美的产品，项目组采用最先进的技术，加上团队对整个设计工作的全面分析和把控，整个系统的研发基本上都是一板调通。在这个过程中，整个硬件团队聚在一起反复讨论各种可行方案，互相检查彼此的工作是否有什么纰漏，互相“找碴”找出更好的处理方式。尤其是作为研发专家的伍漫波，在每块单板投板之前她都会问团队的成员：“假设板子回来以后上电有问题，首先会检查什么？”这样一来就能把所有应该确认的工作都在投板之前做完，保证不会在后续阶段出现问题。

经过长时间的攻坚，华为于2004年凭借UMG8900产品一举反超友商，奠定了其在广东移动核心网TOP1的地位。UMG8900还获得了华为公司内部多个奖项，包括2006年的华为公司最佳PDT奖以及2007年的公司可靠性大奖。一直到现在，UMG8900都在持续发货，为华为赚取了可观的利润。

华为的团队之所以能做出业内最高水平的产品，都是因为他们对细节追求极致，将每一个细节都打造得精致无缺，才换取了最后的胜利。任正非认为，成功和失败往往只有一步之遥，这之间的距离就在于对细节的管理。任正非还认为每个细节都像是表盘里的齿轮，只有将每一个齿轮都做得精细，并与其他齿轮完美契合，才能让整个钟表运转起来，所以他强调华为人要做好每一件小事，认真对待每一个工作细节，以此来推动华为这个整体的运转。

5. 把简单的事情做出不简单的结果

任正非在公共关系年会上说："假大空成不了世界第一，世界第一就是一件件小事积累起来的。工作提升是一个长期、持续的过程，我们不能期望做一件大事改变环境。若要在当地改变认知、获得理解、建立信任、减少发展阻力，需要的正是这种几年、十几年、几十年碎片化、润物细无声的过程。'大志小行、知行合一、持续改进'的工作要求，适用于华为全体员工。"

任正非认为一味地想要做成大事不是一个企业的长久发展之道。华为要走的是从细微之处入手，做好每一件事的持续发展之道。所以，任正非提出要放下华为已有的成绩和荣誉，踏实前行，把所有细节工作做好，把简单的事情做出不简单的结果，只有每一件小事都做好了，才能成就大事。

5.1　把细节做到位是做好工作的关键

华为坚持做好工作要"从大处着眼，从小处着手"。任正非认为实现世界级的制造工艺、制造管理和制造质量就要从细微处入手，所以他一直强调华为人要从自己做起，把所有的细节做到位才能做好本职工作。而对于企业而言，每个员工都能够做好自己的工作，才能成就企业的大业。

徐磊（化名）最初是华为的费用报销会计，他进入华为的时候还是2000年。当时华为没有SSE系统，所以他清算公司的费用报销的时候都是靠纸质单据传递，每天早上踏入办公室的时候，徐磊都要面对桌面上堆积如山的单据。

徐磊工作不久之后，发现整个部门的同事都是一样，每天都必须埋头处理桌上堆满了的单据，由于单据没有及时整理，常常需要做很多重复无用的工作，于是他忍无可忍，号召大家将整个工作流程做好记录，诸如哪个单据放在哪个筐里，哪类凭证传递给谁等要一查就能明白。徐磊的想法是非常美好的，但实际操作起来非常困难，只要有其他部门的同事到办公室走一遭，在筐里搜罗一通，一切就又呈混乱状态了。

更让徐磊感到发愁的是，很多员工单据攒了很久才想起来要报销，有很多单据在这个过程中往往就已经丢失了，剩下的单据也贴得乱七八糟，不符合基本的财务制度。到徐磊这儿，情况就麻烦多了，因为会计要将每一张发票都对上，就是公交车票的五毛钱（当时）也不能出现任何误差。徐磊无奈之下只能拿着计算器一遍又一遍地计算，如果这个过程中有谁打电话来咨询问题，那么徐磊就会更头疼了，这意味着前面计算的都将作废，都得从头再来。

单据不合理、不合乎要求的，徐磊就一个个打电话让提交单据的人重新做好，但往往会遭到对方语气不善的拒绝，徐磊几度想要放弃，但最终坚持了下来。他想了很多方法，最终决定从细节入手，先亲自上 SSE 的平台，教所有的员工自己填写报销类型以便于及时报销，为了让大家理解操作步骤，他常常是一步一步分解所有的操作过程，便于员工理解。然后他开始在公司上下推行“先付款后审单”，总算把费用报销秩序慢慢建立起来了。到后来，员工通过扫描二维码就可以很方便地传递单据，会计处理的时间缩短为平均 2.6 天。

因为徐磊细致入微的工作，给会计部门省下了许多时间和精力，也是因为他能够将工作的细节都做到位，才能把这份看起来简单实际烦琐的工作做得这么好。徐磊常说每个部门都以自己最大的能量把事情做好就足够了，徐磊做了主管后也是这样要求他的员工的。

徐磊自己也感叹，因为华为投入大量资源到费用报销这些看似简单的岗位上，才造就了华为领先于业界的 SSE。而会计部门也是因为所有的员工能够把所有的工作细节处理到位才有了后来的成绩。这也是任正非想要做到的一点，那就是培养出更多能把简单的事情做出不简单的结果的人才，有了这些能够做好简单工作的人才，把华为的所有业务都做成业界领先，才能成就华为更好的明天。

5.2　简单的事，成就了不简单的人生

华为 CEO 任正非在和管理学专家彭剑锋对话时说道：“屠呦呦这次获得诺贝尔奖开创了中国原创研究新时代，屠呦呦获奖还饱受争议，还有人不服，认为屠呦呦的研究太简单，就是将农村清明节挂在门上的青蒿秆泡在酒里做研究，其实屠呦呦的研究不简单，她从常识之中发现了真理，从简单之中挽救了成千上万人的生命，创造了不简单的巨大社会价值。”

从这里也可以看出任正非在企业管理上也提倡华为人不要眼高手低，任何大事都不是一时就可以实现的，大部分都是由不起眼的小事成就的，要想成就大事，就要沉下心把每一个细节都做到位，坚持不懈地钻研，才能把简单的事情干出不简单的成绩。

2006 年，傅云宪（化名）刚入职华为一年，就被主管安排到新产品 OCS（在线计费系统）的设计团队之中。当时的网络环境有大量的业务支撑，视频通话、网上冲浪、游戏娱乐等业务已经成为网络使用者的主要消费项目，但业务计费模式非常单一，适应不了快速变化的电信市场。于是华为把目光转向在线计费系统的设计，希望能够抢先设计出一个对用户使用的各种网络资源、服务资源进行实时、准确、个性化融合计费的系统。

因为傅云宪是初步接触这类工作，所以负责比较简单的业务，客户要求他在两个月内实现 OCS 每天凌晨能快速生成前一天的详细报表数据。这也就意味着，要将客户方的用户余额信息、状态变更的用户信息等导出为 3 张报表，详细说明用户的情况。虽然傅云宪按照当时的目标格式和规则直接写代码就能够满足客户的需求，但他没有仅仅满足于交付一个及格的产品，而是想要做一个九十分甚至一百分的产品。

于是，当傅云宪发现可以重新定义报表中部分字段的规则，保证统计结果的准确性时，他就想重新编写一个更加灵活的程序，并且需要和 SE（系统分析师）以及客户确认，这样不仅省时省力，从长远的业务量来考虑，也将

是最好的选择。

于是傅云宪利用业余时间，编写雏形程序，并验证了自己的思路是可行的，他立即制订了两个月的具体实施计划。虽然开发难度加大，时间变得更紧张，但傅云宪认为华为就是要交出最令人满意的产品和服务，于是他鼓起勇气向项目经理申请更多人手配合自己的工作，意外地得到了项目经理的全力支持。

之后，傅云宪每天快马加鞭编写代码，优化算法，并且和团队成员一起调试各种场景，回到住处经常已是深更半夜，最终如期交出了新的程序。在同样满足客户所有性能指标的前提下，平均开发一张新报表的周期从原来的2周缩短至1天，效率大大提高。

傅云宪之所以能够做好工作，靠的就是他对平凡工作的执着与不凡的追求，也正是他对工作的精益求精，成就了他不平凡的工作成绩。正如海尔集团的总裁张瑞敏所说："什么叫作不简单？能够把简单的事情天天做好，就是不简单。什么叫作不平凡？大家公认的，非常平凡的事情，非常认真地做好它，就是不平凡。"

6. 在平凡的岗位上默默奉献自己的力量

乌曼·古普塔（Umang Gupta）说："在硅谷，成功光顾那些坚持得最久的人。"众所周知，硅谷是一个蕴藏无数机遇以及成功机会的宝地，无数行业的精英在这个"圣地"出没，每时每刻都有人获得巨大成功。但成功往往不会轻易降临，一个人的成功背后往往有着众多的力量支撑，也正是有了这些甘于在背后默默奉献的力量，才有了众人羡慕的成就。而正如乌曼·古普塔所说，成功需要静默等待。

任正非领导华为一路走来，深知华为的成功背后有着无数华为人在平凡的岗位上的默默奉献，所以任正非优待这些奋斗者，也希望华为能够依靠背后默默奉献的力量继续前行。

6.1　萤火虫的微光能够照亮世界

任正非说："华为的光辉是由数千微小的萤火虫点燃的。萤火虫拼命发光的时候，并不考虑别人是否看清了他的脸，光是否是他发出的。没有人的时候，他们仍在发光，保持了华为的光辉与品牌，默默无闻，毫不计较。没有每一个萤火虫拼命闪光，华为就会晦暗无光。当然，包括我们这些正在闪光的小虫，也包括离开了我们独自高飞的大虫、老虫、小小虫……他们都曾经贡献过。"

2014年，周庆玺和几个领导一起去北京、济南、深圳等地考察华为的新媒体展馆，当时华为公司辽宁代表处经理王国辉一路陪同。王国辉是新疆维吾尔族人，周庆玺笑称忘不了他一口"烤羊肉味儿"的"到了华为，希望各位领导多提意见"。但实际上给周庆玺留下深刻印象的却是来接送他们的司机姜师傅，第一次见面的时候，姜师傅站在丰田商务车旁，穿着一身职业装，为他们打开车门，并说道："欢迎到华为来，请小心上车。"

这位本地司机已经在华为工作17年了，接送客户的车保养得干干净净，每当客户上下车的时候，他都贴心地拉开车门并微笑着说："您好，小心碰头。"并且在周庆玺一行人有疑惑的时候，姜师傅都会不失时机地向他们解答并介绍华为人的工作、生活。每到一个地方参观，他都会详细地介绍所有模块的情况，并及时给出提示表示要进入下一个环节了。每一次用餐的时候，他都以最快的速度吃完，回到车上等候。

最让周庆玺等人感动的是，每天见到姜师傅都是西装革履，进入车里也会感受到车内环境非常好，一尘不染，空气清新。而且姜师傅每次都早早等候在楼下，并为每位客户开车门。行车过程中他更是集中精力不开快车，不猛踩刹车和油门，保持车速平稳。他情绪始终平稳，不急不躁。但是每当客户有说话的兴趣，姜师傅都会得体地向他介绍深圳，介绍华为。

周庆玺等人从他的职业素养以及对华为的热爱和归属感中窥见华为全体员工勤勤恳恳的工作态度，以及华为的管理和文化。与姜师傅相处的几天，周庆玺等人都发现姜师傅虽然默默地服务，却做了华为的最佳宣传者和传播者。

马克思曾经说过，成功都是千千万万失败的积累，多少可歌可泣的奋斗才造就了今天的人类文明。

任正非深以为然，他认为华为的成功就是十几万华为人默默在自己的岗位上坚守，发挥自己的才能，点亮自己，照亮华为通往成功的道路。任正非说："这个时代最崇高的是责任心，最可贵的是蜡烛精神，用户服务人员共同照亮了公司，消耗了自己，华为今天市场这么好，赢得这么多用户的信任，是大批用户服务中心的华为人用青春和心血铺就的。"

6.2 默默奉献也能开出不平凡的花

任正非说："沙漠也要靠你去把它变成土壤，你要敢于用你的身体化成肥料，然后这个沙漠才能变成土壤，你要有这种牺牲精神和献身精神，如果大家都不希望献身，只希望沙漠变成土壤，我在这儿成长得非常快，别人都为我牺牲，而我不牺牲，那你永远都没有希望，所以我们讲的献身精神就是把自己的身体化成肥料，去把沙漠改造了。"

任正非认为华为的成就都是这些有着奉献精神和献身精神，一直在自己的岗位上默默坚守的华为人铸就的，他推崇这种默默奉献的精神，也认为是他们的付出最终凝结成了华为这朵非凡之花。

华为IT资料部的魏登宇（化名）在华为已经工作多年了，从一名初出茅庐的应届毕业生到独当一面的资深员工，他一直都在资料岗位上默默奉献着，即使期间发生了许许多多的事情，比如公司合并、产品线整合等，但这些都没有动摇他坚守在岗位上的决心，他一直坚定地做资料。魏登宇甚至自嘲道："我已经得了一身的'职业病'了，但凡看到文字，都要看看有没有低级错误，有没有语句不通顺。"

自工作以来，他经历了许多第一次，比如第一次做多媒体，从写脚本，到录制，到配音，再到剪辑，自编自导自演，在这个过程中他不仅吃透了产品，还熟练掌握了视频剪辑工具。并且第一次因为要接触客户，离开了办公室，走到了用户那里，了解了用户的真实需求。就这样他默默在本职岗位上坚守着，虽然没有做出什么了不起的成就，但一直以自己的微小能量将资料工作做得井井有条。他自己也说："我的工作平凡但有成长，做平凡的事，开一朵不平凡的花。"

魏登宇一直觉得自己既平凡也不平凡，他说："之所以说我平凡，是因为我没有做出什么轰轰烈烈的大事，但不平凡的是，我做好了每一件小事。"

任正非多次表示华为正需要这种能够在岗位上坚守，把平凡的工作都能做好的员工。他认为在平凡的工作岗位上只要能够一直坚持，就是一件了不起的事情，最终也会取得相应的成绩。

6.3　不怕做小角色，才可能做大角

任正非说："实践是您水平提高的基础，它充分地检验了您的不足，只有暴露出来，您才会有进步。实践再实践，尤其对青年学生十分重要，只有实践后善于用理论去归纳总结，才会有飞跃的提高。要摆正自己的位置，不怕做小角色，才有可能做大角。"

贺炜于1997年加入华为，虽然在外界看来他是一个非常厉害的网络工程师，但按照他自己的说法自己不过是一名"码农"。他兢兢业业工作数年后，主导了IMAP产品的设计，并且精通多种程序语言，在软件架构、设计模式等方面有丰富的研究和实践经验的他是华为的中软架构设计六级专家，由于工作十分出色，被部门的同事称为"贺大师"。

当被问道："如今的软件工程师如何快速成长？"时，贺炜回答道："最好的策略就是把当下每件事努力做好、做精，不要因为事情小而烦琐就不去做，不要因为当前的工作岗位不符合自己的预期就放弃。要从小事做起。慢慢积累能力，只有工作技能提升了，才有资格考虑别的事情。"

很多人进入公司之后都想大展拳脚，成就一番伟业，但往往眼高手低，不愿意从基层做起，从最基础的工作做起，尤其是随着受教育程度的提高，

很多职员都觉得自己能够胜任更重要的职位，完全不考虑经验和能力的累积，到最后既没能做好工作也没有提升能力。华为不以学历论英雄，而是将所有的员工都放在基层的岗位，从小角色开始做起，让他们能够在积累经验的同时锻炼自己的能力，成为企业不可或缺的大角色。

第8章 持续督导与跟进

任正非说：『华为一定在控制有效的基础上，进行转制改革。像新加坡的方法一样管得很严，在严管的情况下，逐步去释放能量。』华为主张张弛有度的管理办法，不管是公司的改革还是员工的工作，都将持续地督导与跟进。

1. 共同探讨，厘清和明确任务关键节点

任正非一直都赞同一个说法，那就是管理的最高境界是“无为而治”，这一点是他通过了解曾国藩当年治理湘军的手段后才深切感受到的。当时，曾国藩确立了湘军的管理制度，他不用亲自举着战刀逼下属上战场冲锋陷阵，他的下属就能够自发地往前冲。

任正非深知曾国藩这种“无为而治”恰恰是建立在“制度有为”的基础之上的。优秀的管理者只需要设计好关键节点，确定制度是适用于企业的，将下属的行为引导到对组织有利的方向上去就可以了。所以，任正非多次强调华为要厘清并明确任务关键节点，做好员工的工作安排，建立起有效的制度，最终达到“无为而治”的状态。

1.1 使用判断树确定关键控制点

任正非在企业战略计划中，设定了一个又一个的关键控制点，使其在执行计划时可以通过这些关键控制点准确把握计划进展状态，以实现目标，并最终实现了欧美市场计划。以下就是华为使用判断树确定关键控制点的方式：

第一个问题：对确认的时间长度是否有控制措施?

这个问题是为了明确该步骤是否实施了控制措施，以确保时间长度。如果答案是否定的，那么就需要明确在此步骤中是否有必要采取控制措施以确保时间期限；如果此问题答案是肯定的，那么就需要确定在实施该步骤前、中、后所应采取的控制措施。一般而言，对每一个步骤作业方式都须加以修改，以强化控制力度。如果不需要加以控制，则该步骤不是关键控制点，可直接回答第三个问题。

第二个问题：该步骤是否专门用于解决时间拖延问题?

“专门用于”的意思是该步骤为特定的时间拖延问题而设置。如果该步骤专门用于解决时间拖延问题，即答案是肯定的，则判定该步骤为关键控制点；

如果该步骤并非专门用于消除时间拖延问题，即答案是否定的，那么回答第三个问题。

第三个问题：在这一步骤中时间效率是否会超过预期?

这个问题主要用于确认时间可控性是否会对运营效率带来显著影响。如果回答是肯定的，那么就需要提供科学的数据或文献依据，并且接着回答第四个问题；如果答案是否定的，就要表明此步骤不会对运营效率产生影响，可判定该步骤不是一个关键控制点。

第四个问题：接下来的步骤会帮助解除时间障碍吗?

这个问题能帮助行为者从多个控制步骤中确认最适用的时间控制措施。如果没有后续步骤来解除时间障碍，即答案是肯定的，那么此步骤为关键控制点；如果有后续的步骤能解除时间障碍，即答案是否定的，此步骤不是关键控制点。

可以看出，判断树由四个互相关联的问题组成，这四个问题构成了判断关键控制点的逻辑步骤。华为确定关键控制点的方式首先是对关键控制点进行选择，然后就是对关键控制点的确定。判断树是判断关键控制点的有效工具，被华为频繁应用于计划管理过程中。

1.2 从核心需求中梳理关键节点

员工工作计划中的每一项业务活动、每一个目标都可作为控制点，而关键节点是那些对评价时间管理效率具有关键意义的因素，如企业的生产率、交工期限等。

华为在计划落实过程中，会与客户沟通讨论出一些核心需求，并抓住核心需求，从客户的立场来理解客户的哪些需求在第一期需要完成，哪些需求可放入第二期甚至第三期来完成，规划好轻重缓急，确定这些需求的主次之后就能据此来梳理出关键节点，并科学地执行工作任务。

2006年，林海加入了华为的GTS管理服务部，入职后他一直踏实工作，即使在东南非这种艰苦的环境中从事管理服务业务，他都没有怨言，勇敢接受挑战，在非洲边学习边工作。

2006 年，他还是刚经过新员工培训新上岗的员工，搭上了 2006 年末最后一期大队培训的班车，加入了华为的管理服务部。当时华为的管理服务业务还在起步阶段，入职三个月后林海就被派驻非洲交付第一个管理服务项目，没有什么工作经验的他感觉有些紧张。但是公司该做的培训都做到位了，林海知道只要自己有信心面对客户，就能很快抓住工作的核心需求，梳理出关键节点，顺利开展自己的工作。

满怀期待坐了 16 个小时飞机后，林海抵达赞比亚，因为不适应当地的环境，他得了荨麻疹，好在很快就恢复了，还没来得及喘口气就赶紧开始补欠下的功课，并立即找到客户了解对方的需求，还找到了分包商了解交付情况。好不容易确定了业务上的事情，但某天半夜突然接到电话说某个站点断了、某处的油机告紧了，当时华为团队的成员都束手无策，情况一度混乱不堪。

林海想到之前接受的培训，他知道当下的要紧事就是梳理清楚工作的头绪，最终他抓住了问题的关键，了解到核心需求并开始着手解决这些棘手的问题：限时招聘专家找到高比例油机告紧的解决方案；制订油耗上限承包制来杜绝盗油；协助分包商梳理减少下派到区域的人数来降低成本……抓住这些关键节点一一处理好问题，工作开始有了显著的成效：油耗降低了 20%，网络可用度提升了 3 个点，林海和团队的成员这才松了口气。

华为常常强调员工在工作的时候应该有规划地处理业务，不要像无头苍蝇一样莽撞，要结合团队的力量，和其他同事商量出一个合适的方案，这个方案要围绕整个工作的核心需求展开，确定好工作的关键节点，保证一击即中。

2. 适时督导，快速调整，实现动态平衡

任正非说："监督体系本身是公司很重要的支柱之一，没有这个支柱，华为公司怎么会有明天？而且明天更复杂、更艰难，在这种情况下做好监管更

不容易。”

任正非认为在企业中，如果干部下达工作目标并分解工作任务之后，没有及时地监管员工的工作，适时地指导员工，有极大的概率会使得员工无法顺利开展后续的工作。要保证员工有高效的执行力，让员工能够顺利完成工作，就要有适当的监督、必要的指导和控制，虽然不用涉及员工工作的具体细节，但对于整体进展还是要有所了解。因此，华为健全责任监督机制，以保证在工作中出现任何问题都能快速调整，保证员工的工作进度和工作效率。

2.1　工作过程必须沟通、指导和监控

任正非在华为财经系统表彰大会上的讲话中表示没有可靠的监管，华为的授权很难实现。所以，任正非表示华为一定要坚定地做好对工作过程的监管工作，大力支持华为的监管队伍的工作，真正实行计划、预算、核算全流程管理，更好地服务业务的发展。

任正非的这一举措是非常有前瞻性的，他深知一个企业如果没有可靠的监管行动，最终会导致企业管理混乱，曾经就有很多企业因为管控不力而濒临灭亡。

美国康普公司曾出现过管理上的重大事故，当时很多员工都拒绝听从领导的指令，甚至采取了过激的行为来反抗公司的管理。

管理的失效导致公司无法正常运营，康普公司的高层管理马上集结起来对这一现象做了调查，结果显示造成这一现象的原因是管理者对员工授权后的监管不够，沟通不到位，造成了管理者和员工之间的误会，也造成了员工的消极情绪。通常情况下，部门领导在给员工布置完任务后，就认为可以放手不管了，认为自己已经“教”他们去做了，如果员工没能把工作做好就是因为员工的理解有问题，所以一旦员工在工作上出错，领导也不管真正的原因，而是只根据结果来对他们采取相应的惩罚措施。但实际上，多数情况是员工做得不好并非是他们不愿意做好，而是因为他们不知道如何做好。而管理者不问缘由直接惩罚，则使得员工觉得难以接受。

在这种情况下，再完善的奖惩制度也没有意义。因为员工对这种惩罚不

接受，暴力惩罚也只能得到暴力抵制的结果。

类似美国康普公司因为没有在工作过程中及时沟通、及时管控，导致管理失效的现象，是任正非最担忧的问题之一，因此他在华为公司建立起一支监管队伍，希望能够适时地指导员工的工作，疏导他们的情绪，华为也因此在管理上取得了很好的成绩。对此，任正非认为监管队伍功不可没，他说："一个组织要有铁的纪律，没有铁的纪律就没有持续发展的力量。公司发展这么快，腐败这么少，得益于我们在管理和控制领域做出的努力。"

2.2 适时地监督便于及时解决问题

任正非常说，做生意不能嘴懒，经营企业也一定不能偷懒，作为企业的领导者，要勤于和员工交流，善于观察员工在工作过程中出现的隐性问题，并及时解决这些问题，避免出现重大的工作失误。所以，任正非强调，华为的干部要在员工的工作执行中适时地监督管理，以便快速调整工作中出现的偏误，使项目顺利开展，取得更好的成果。

2015 年，华为的项目负责人在监管项目进程的过程中观察可视图层工具时，发现一串匀速的 GPS 打点在 Google 地图上，这也就意味着华为的分包商没有到达站点就签收了站点物料。在发现这个情况之前，华为项目组的成员曾指出分包商的工具使用率太低，但没想到他们竟然用这种虚假签收的方法来敷衍应付。

因为项目负责人的有效监管，华为及时发现了工作过程中的问题，并于次日下午就召集了所有分包商的项目经理来商量解决这件事。这时弄虚作假的分包商还不知道华为已经监测到他们的虚假行为，还在众人面前分享他们快速提升工具使用率的经验。这个分包商的项目经理说经过华为员工的提醒，他们意识到该问题的严重性，于是采取了一系列措施去推动施工队做工具签收。当华为项目负责人拿出可视图层工具时，这位项目经理顿时哑口无言了，华为项目负责人说："昨天开完会后，你们公司的某个账号就开始做站点签收了，一边坐船一边签，一边坐车一边签。可是，这些站点的货物为什么会被派送到河里和公路上？”这时全场的分包商哄然大笑，唯独这个弄虚作假的分包商面红耳赤。

发现问题后最重要的自然就是立即解决问题，项目负责人指出到站点进行虚假签收是会被华为监测出来的，警醒各分包商能够按照流程执行到站签收。解决了虚假签收的问题，华为项目组还在后续工作中监测出许多问题，例如，有分包商在一个站点签收了周围所有的站点，还有分包商安排一个人签收全部站点，而不是让真正施工的人去签收，甚至常常在10分钟内就签收了多个站点。针对这些问题，华为立即采取行动，第一步是上线了电子围栏工具，有了这个工具，只要签收地点和站点之间相差一定的距离，就无法执行签收。接着，华为与分包商沟通协商，严查一个账号短时间内集中签收，如果发生，则警告并处罚，杜绝形式签收。

这些措施实施下来，华为的项目迅速展开并取得了很好的成果。华为的项目负责人也说在工作过程中必须让业务场景下的问题实现可视化，并且通过不断完善工作流程，才能消灭执行中不遵从流程的现象。

如果不是华为的项目负责人时不时地监测项目的情况，就不会这么快就发现项目进程中的问题，也不会让项目这么快进入正轨。如果企业的过程管理不足，会造成诸多的缺陷，浪费大量的人力、物力和财力等资源，也很容易滋生不满情绪，不知不觉中降低组织的工作效率。所以，在工作进行的整个过程中要规范过程管控，随时对执行情况进行有效的监督和指导，及时排查出工作过程中的问题，清除工作过程中的阻碍，以确保最终的结果符合预期要求。

3. 打造良好的沟通环境，实现开放式沟通

心理学相关调查显示，人与人之间的误会有80%是沟通不到位造成的。把这一现象放在企业之中就会发现，如果企业没有在内部建立很好的沟通机制，将直接导致工作无法顺利展开，因为现代企业的工作往往需要多个员工

甚至多个部门之间的协作才能完成，没有沟通，彼此就无法得知对方的工作情况以及工作进展，导致对接上出现问题，工作出现状况。如果问题出现了，双方还没有建立沟通机制的意识，那么连解决问题的入口处都找不到。

对此，任正非多次在华为强调要打造良好的沟通环境，实现开放式的沟通，所以华为除了在制度上要求华为人之间要多交流、常沟通，还非常推崇能够自由交流的“吃文化”，除此之外，还有诸如员工建议信箱等增强上下级之间的交流的措施，都是为了营造良好的沟通环境。

3.1 华为的“吃文化”

任正非的管理哲学中有一项就是华为“吃文化”，这可以追溯到华为创业伊始。最开始在深圳的办公楼下的一家大排档经常聚集着大量华为人，他们常常边吃边谈，虽然不是正式的工作场合，但在这样轻松的交流环境中，大家反而都能敞开心扉说出心里话，往往能够通过相互间的沟通、交流，实现配合更加默契以及信息与经验共享等目的。

这种以吃促谈的“吃文化”被华为众多领导所倡导，因此“吃文化”在华为一直备受重视，甚至任正非都经常过问员工的食堂建设与就餐问题，把吃的问题放在了影响公司安定团结的高度上。但任正非建设好“吃”的环境，最终目的还是促进公司上下之间的交流，以及公司部门之间横向的交流来往，集中大家的智慧更好地建设公司。

在华为，为了实现部门之间、员工之间的无缝对接，形成了一种“吃文化”。总部的人到办事处做支持，先要吃饭，大家找一个咖啡厅或者路边的小饭馆，边吃边谈。

华为“吃文化”的精髓就在这种“边吃边谈”中，人们可以在轻松的氛围中无所顾忌地沟通、交流，顺便把工作事项也一并谈妥了，为日后的工作达成默契，实现无缝对接。

在华为，干部是“吃文化”的首要倡导者。他们经常请下属吃饭，帮他们缓解压力，解决工作上的问题。华为干部在“吃”上，也能不断进行总结和推广，同时也影响下属“吃”出其中之“味”。

华为的这种“吃文化”十分流行，如今已经成为工作上的一种延续和补充，它给内部员工提供了一个宽松的、经常性的沟通交流平台。

任正非曾多次在不同场合表示支持华为的这种“吃文化”，他说：“你感觉自己进步了，就自己请自己来一顿；你要当好领导吗，那么，多请部下吃几盘炒粉吧，在轻松自由的氛围里，很轻易就做到了上下沟通，协同工作，部门的效率也就提高了；你想做大秘书，也要多请客，你的工作通过沟通开放了，大家帮助你，互相又了解，你就能成为‘大秘’；搞管理的，更要在一起这样经常碰。”

3.2　懂得换位思考，理解和响应他人的情感

任正非说：“只有自以为是的人才会习惯于高高在上，真正聪明的企业家懂得如何将自己的姿态放低，只有这样才能真正融入团队中去。”

任正非认为在团队管理时，领导者绝不能一味地强调自己的独特性和权威性，还应该适当地放低姿态，多站在员工的角度思考问题，体谅员工的难处，多向员工表达出沟通的意愿以及强调自己随时都会帮助员工渡过工作中的难关，这样员工才敢于说出肺腑之言。当然，更重要的是，在了解员工的难处和需求之后，应该及时响应他们的需求，采取一定的措施帮助他们解决问题。

在任正非的倡导下，华为管理层经常深入员工内部，积极地咨询员工意见，并对基层员工提出的问题及时予以解决和反馈。

张国波（化名）是一名华为 PM 的项目主管，刚接手 PM 工作不久，他就察觉到小组成员的工作状态似乎有些变化，就连平时工作积极性最高的两个人，也突然变得有些意兴阑珊了。

张国波带着疑惑，找到其中一人询问原因，原来，项目组几个月之前起草过一个项目方案，原本计划下个季度便要正式启动，可是忽然被叫停了，一时间，大家都很迷茫。

了解到大家是由于项目处于缓冲期，一下子找不到方向了，张国波立即

意识到问题是出在自己身上，于是召集大家，并向大家解释："计划的项目之所以停止，是公司根据市场调整另有考虑决定的，现在，我们的首要工作是加强后端关注，解决生产、发货问题。"

而后，张国波又安排项目组成员到后端学习，让他们有事可做。等到了一个陌生的环境，接触到许多之前并不了解的程序，项目组的成员们终于发现自己有事可忙了，以前的那股工作的劲头又重新回来了。

任正非非常重视干部与基层员工之间的沟通，更加重视干部响应员工需求，为他们解决问题，提供更好的工作环境的能力，任正非说："出了问题看不见的领导，该罚；听到下属反映的问题却视而不见的领导，该辞。"

3.3 双向沟通，告别两个互不理解的世界

在企业之中，因为各自的职责不同，每个人思考的角度也不一样，很容易出现员工抱怨老板"爱瞎指挥"，埋怨同事"不懂得配合"的现象，上级也很容易因为下属无法完成好工作而恼火，根本原因是为上下级之间、同事之间没有很好的沟通机制，导致所有人在工作中形成了两个互不理解的世界，如此一来，工作自然也就无法顺利进行了。

麦肯锡的大前研一在对其公司所服务的日本企业做出系统整理后，发现在多数存在执行障碍的日本企业中，经常可以发现"U 形管现象"。

比如，当一个公司出现销售问题时，营销部的主管会对属下说："去告诉设计部的人，产品销售出了问题，全都是他们的设计有问题，是他们的错。"于是，这道指示便会从主管下传到一般职员，再由最底层的销售职员同最底层的设计部同事说："我的主管请你向你的主管说……"而后，这一消息再由设计部最底层的职员自下而上地把话传给设计部的最高负责人。最后，设计部负责人在没有和销售部高层直接对话的情况下，就对部下暴怒道："简直是胡说八道！我们的设计绝对没有问题，卖不动，是他们销售部的销售渠道有问题！"

大前研一认为通过"U 形管"来传达信息，双方完全无法达成共识，也将导致什么问题都无法解决，就像他在《思考的技术》一书中所说的："U 形

管是难以形成有效沟通的，即使领导干部们每周都开会，惨状依然如故。更糟糕的是‘J形管现象’。一句‘这种事情不必报告我们的部门主管’，就让问题在未向上传达之前就被扼杀了。”

意识到这一弊端之后，大前研一在麦肯锡日本分社提出“纵横型沟通模式”，即上下级之间直接沟通，同级同事和同级部门间同级沟通，实现真正的双向沟通。通过这一方式，麦肯锡日本分社的员工很好地避免了诸如其他日本企业一样的沟通障碍问题，为高效率工作创造了良好条件。

麦肯锡曾说：“任何员工都无法承受同事之间同床异梦的考验，所有的合作者都需要与公司、与其他人相互沟通，同心同德，这样的企业才能壮大，这样的员工才能拥有更好的发展。”

任正非也深知沟通和理解的重要性，以及双向沟通给工作带来的便利，因此他才在华为内部提倡“吃文化”“打破部门壁垒”等管理办法。所以在华为，不管是上下级之间还是同事之间，都会有主动沟通解决问题的意识，这也是华为人执行力很强的原因之一，因为他们的双向沟通，让他们彼此之间能够相互理解，这样也会让工作快速地全面铺开，而不会出现因为没有建立共识，而无法开展工作的现象。

4. 做好汇报和反馈，确保正确地做事

全球著名管理学大师汤姆·彼得斯曾指出美国管理效率低，员工总是做无用功的问题，他说：“美国头号的管理效率问题实际上很简单，就是管理人已经与自己的员工还有客户失去了联系。我所说的保持接触和联系，并非是指通过计算机、打印文件或在没完没了的会议中所进行的接触，而是指真诚地和发自内心地交流和沟通。”

任正非深知没有信息交流的埋头苦干极有可能让员工的工作陷入难以展开的困境，所以华为明确规定了华为员工必须在第一时间汇报自己的工作情况，以便让领导及时掌握新情况、新问题，最终快速给出应对方案。

4.1 向上级做工作汇报也是工作的一部分

华为公司有一个规定，即要求员工在规定的时间内主动向上司汇报工作，每周、每个月、每个季度有专门的工作汇报时间，一旦错过了汇报的时机，或者等到被上级要求做总结时，员工就会受到惩罚。

这种将工作汇报作为员工工作的一部分的规定让所有员工都有一个及时反馈信息的意识，也使得上级能够在发现问题的第一时间就及时帮助员工处理好工作中的障碍，使工作能够快速高效地展开。

华为的一位项目经理刚到公司不久，就接手了一个很重要的项目，这个项目任务非常重，而且时间很紧，包括项目负责人在内的全体成员，都得加班加点地努力才能勉强赶上进度。这位项目经理也一样拼命工作，心想自己一定要做好，不能给其他人添麻烦，于是每当他在工作中遇到一些棘手的问题，他总是选择自己一个人反复琢磨，完全没有想过要向上级反映，或是向同事求助。

经过一个月的努力，到了第一阶段集成的时候，这位项目经理设计的系统与其他人的存在很大的偏差。PL 不得不召集其他人一同帮他修正，为此多花费了一周的时间。经过这件事情之后，这位受到教训的“新人”知道了要多花些心思：遇到问题时记录下来，然后交给 PL 或花几分钟时间直接向上级汇报。

事实上，这种情况在企业之中并不少见，有很多员工，尤其是刚进入新环境的“新人”更倾向于在工作上独自取得重大成就，以此来稳固自己在新的工作环境中的地位。就像华为这位项目经理初到公司一样，在接到工作任务以后，喜欢独自揣摩工作中遇到的问题，暗自鼓励自己不要放弃表现的机会。但实际上，这种工作方式是非常不可取的，这种不注意向上级汇报工作情况，不能及时处理好工作过程中遇到的问题的做法，有很大的概率会造成团队的失败，或是在任务完成后和其他成员的工作对接的时候发现很多问题，需要花费更多的时间重新处理。所以，及时向上级汇报工作情况是工作中非常重要的环节。

4.2　主管不能只管结果不顾过程

华为曾有员工反馈说自己的主管只分配工作任务，不考虑难度，只要结果，也不在过程中指导，这让他们感到不解，也使得他们的工作难以铺开，导致进展缓慢。这位主管这才反应过来，没有及时跟进员工的工作情况，竟然造成了员工工作上的困难，他认识到："结果导向是工作的原则，但过程监控和指导是保证结果的必要手段，这一点也非常重要。"

2011 年 9 月，华为派遣王乐志（化名）到南美地区部工作。当时巴西市场是华为的重点攻克对象，由于华为虽然早已进入巴西市场，但一直没能真正占据市场，利润方面也一直达不到基本要求，因此王乐志进入巴西之前，他的主管表示此行责任重大，在临行前主管还拍着王乐志的肩膀说："巴西一定要盈利啊！"

巴西市场非常复杂，最难解决的问题就是巴西的税制规定和中国的差别太大，王乐志一时无法找到合适的处理办法。也因为巴西市场的税制在交易的履行层面限制非常多，华为每开一张发票都要上报税局的系统中去，给业务的开展造成了很大的阻碍。

面对巴西业务的困境，王乐志深感孤立无援，但是主管远在国内，也没有给他任何支持，甚至没有任何指导信息。而华为早期在巴西市场的"野蛮生长"的过程中产生的很大的错误成本，也给王乐志的工作造成了很大的困难。

巴西财务制度上的阻碍加上华为的陈年烂账，让王乐志非常头疼，面对仓库那些根本不知道是哪个项目、哪个合同里面的设备物料，以及后续重重难以办理的手续，王乐志几乎产生了放弃的念头。

王乐志内心焦灼，多次向上级主管反馈自己的困难，但迟迟没有回信。就在他濒临绝望之际，他的主管终于给他回信，指导他的后续工作，并告知他到底要怎么做才能扭转这个局面。王乐志也终于在主管的帮助之下，找到了解决问题的方法，实现了华为在巴西市场的盈利。

从王乐志的案例中可以看出，前期他的主管只是强调华为要盈利，只关注他的工作结果，却没有及时监管王乐志的工作情况，导致工作难以展开。

任正非说："高铁跑得很快，但没有内控能行吗？高铁就是流程内控做得很好，从北京直达深圳的列车，一站都不停，一整夜要经过多少监控点，但并没有阻挠它前进。"也就是说，企业的干部应该及时对员工的工作进行监管，做好严格的内控工作，发挥主管作为工作流程"监控点"的作用，保证员工能像高铁一样高速运行。

4.3 反馈就要抓住精要，直捣黄龙

大前研一说："沟通中不能抓住精要，便意味着失败。如果总裁只给你一分钟的汇报时间，而你所说的，将决定你未来一年，甚至一生的工作命运。"

华为也认为缺乏条理的汇报毫无用处，所以华为十分重视员工工作汇报的目的性和员工突出重点的能力，即员工要非常清楚自己做工作汇报的目的是什么，要在汇报中体现出自己的真实意图。此外，华为非常忌讳长篇大论的工作汇报，因此华为人在汇报时会抓住重点，用精练的语言在短时间内传递出要传递的信息，并在短时间内引起领导的重视。

麦肯锡某项目团队负责人弗里曼在宣布项目进度要求后，示意咨询顾问伊莎贝拉向其汇报工作进度。伊莎贝拉指出，该客户的项目调研工作已经顺利完成（积极行为），这将为接下来问题解决方案的制订提供基础（积极影响），但是，受到客户企业员工配合不利的影响，双方迟迟无法达成有效合作（不利行动），这将严重影响咨询实践的如期进行（不利影响）。

最终，弗里曼对伊莎贝拉的工作给予了充分肯定，也根据其反映的问题，提供了有效的解决建议，而伊莎贝拉根据弗里曼的建议在三天之内就解决了合作无效的问题。

伊莎贝拉和弗里曼之间的简单交流便形成了一次有效的信息交换，通过汇报和沟通，两人都得到了各自所需要的信息，并进一步达成工作共识，接下来的工作内容也就变得容易了。

华为也经常强调要懂得汇报的技巧，抓住重点，直捣黄龙。这样不仅节省了领导的时间，还大大提高了自己的工作效率。就像联想总裁柳传志所说的，没有必要遮遮掩掩，当员工给管理者提供反馈时，必须抓住精要，简明扼要地将最核心的信息呈现出来。

5. 及时激励，激发“狼群”多打猎物

狼群之所以能够迅猛出击捕捉猎物，是因为它们明确知道在行动之后必有回报，打下猎物就能分享胜利的成果。这一点被任正非运用到华为的管理之中，在他的管理观念中，要想让员工全身心投入工作，朝着企业的目标前进，就要给他们“甜头”，所以在华为有一句很经典的话，就是“管理不到位，主要原因还是分钱不到位”。

很快，任正非就发现比起事后“分钱”，让员工能够得到及时的奖励，是更好地刺激员工奋斗的方法，及时激励能极大地激发出员工创造财富和献身事业的热情。所以，华为在这方面一直都做得非常成功，除了众所周知的“股权激励”“一年发两次年终奖”这种长期激励，还有许多在工作过程中的及时激励。

5.1　以人为本，及时表扬，认可员工贡献

任正非曾经提到短期激励能大大激活员工的执行力，他曾在会议上说道：“要进一步提高短期分配的激励性，短期分配的激励性要加强柔性的、弹性的部分，而减弱刚性这个部分。”

2014 年初，华为与 AM 集团最大子网 Telcel 签订了无线搬迁项目合同，这是华为在客户 Telcel 子网的首次现网搬迁，项目涉及 7200 多个站点的 2/3G 搬迁、3/4G 新建扩容、网络性能提升、电源改造和核心网的搬迁扩容等，是当时区域内最具挑战、最大规模的项目，交付的结果将直接影响未来通信市场的格局。由于项目的重要性，客户的流程和决策链较长，而且当时客户对

华为的能力存疑，所以配合力度也不高，项目启动半年后仅建成六七个站点，第一个城市现网搬迁迟迟无法完成。

借着一次高层例会的契机，华为方向客户 CEO 提出要加快推进项目搬迁的进度，客户表示同意并要求两周后汇报搬迁结果。这意味着华为必须在 10 天内完成第一个城市的搬迁。

华为的项目负责人面对这一局面，立即想方设法调动团队成员的积极性，这样才能及时完成搬迁工作。于是他召集项目组所有成员，正式公布及时激励标准，每天第一个完成或多完成一个搬迁/勘测等任务的站点队伍和工程师，每人可额外获得几百元的及时激励，相当于他们月薪的 3%。

项目组成员的激情迅速被点燃，每个人都主动要求增加站点实施搬迁方案，就这样，团队拧成一股绳，劲往一处使，准时有序地完成了第一个城市的搬迁，并得到了客户的认可。客户方决定马上启动整体项目的搬迁，并督促内部尽快下发相关的 PO。

这种以人为本的及时激励手段，使得团队成员士气大增，营造出你追我赶、积极工作的良好氛围。从需求动力角度讲，及时地鼓励员工能够让他们力出一孔，及时的激励能够让团队成员明确自己获得奖励的方向和责任，从而更加努力地工作。而聪明的企业干部会将团队成员的需求纳入工作制度的制订过程之中，让工作制度不再只是死硬的规矩，而真正成为员工积极前进的动力。

5.2 激励用薪，更要用心

在企业的管理中，想要让员工执行力强，就要给出最合适的激励。除了物质激励之外，最重要的一点就是能易地而处、换位思考，从员工的角度思考他最需要的到底是什么并及时提供给员工，这种用心的激励往往能够取得最佳的管理效果。

在这一点上，华为就考虑得非常周到。其他的企业可能会更多地考察员工的工作情况，给员工评定等级，而华为却重视员工对于上级的看法，会经常参考员工的意见来调整干部的管理方案，也会参考员工心里的想法更用心地对待他们。

华为曾结合员工的意见，做过一次“2011—2013 年你觉得自己直线主管的人员管理水平如何”的反馈调查，李想（化名）部门的员工给出的百分百满意度比例从 2011 年的 58% 上升到 2013 年的 100%，对此李想谦虚地说：“我并没有觉得自己的管理好到这个水平，但我相信，员工对主管管理的认可，不完全取决于物质激励，非物质的因素也很重要。”

李想所说的非物质因素就是李想对于他的下属都是用心对待，在他的部门不管是谁新加入或是谁有工作上的调动，欢迎会和调动送别会是必不可少的。送别会虽然看似只是一个形式，但这代表李想以及部门的全体员工都认可这个员工为这个部门努力奋斗了，贡献了自己的力量。部门对员工有所表示，员工都能感受得到，员工离开的时候接收到部门的信息，会体会到自己的贡献确实得到了大家的认可，会觉得在这里度过的青春是值得的。

李想从中发现，过去他很少考虑物质外的激励，但显然用心激励的效果非常显著，于是他开始更加用心对待部门中的所有员工，希望能够多为他们提供一些资源，让他们多一些收获，同时也能在工作的时候保持开心的状态，果然李想在 3 年内做到了全员的百分百满意。他也深刻感受到非物质激励的关键就是主管用心，有心自然就会有方法和效果。

从李想 2011—2013 年的管理情况中就可以看出，物质激励虽然重要，但并不是唯一的有效激励方式，事实上，主管的用心才是真正能够提升员工满意度的激励方式。

华为早期为了能够留住人才采取的是非常直接的物质激励，但随着华为的壮大以及人才需求的变化，过分依赖物质激励已经变成华为激励方式和价值分配方式的痛点，所以任正非及时调整了激励方式，更多地体会员工的非物质需求，让员工能够体会到华为的用心，在留住人才的同时，也通过这种用心的非物质激励产生管理增益。

5.3　在做出贡献的第一刻，给予及时奖励

华为曾经多次在一线的调查中发现，许多员工都反馈主管在日常管理中

及时激励不够，有时候明明员工解决了一个很难解决的问题，却得不到肯定，这让员工产生了消极情绪，也导致在后续的工作中丧失了积极性。同时，也有很多员工反馈说，在完成工作的第一时间，主管的一句“干得漂亮”和及时的奖励会让自己感到异常满足。这也就是及时激励的作用，长远的激励固然重要，但眼下也需要一定的鼓励来刺激员工的行动力。

2011 年，华为在 B 国开展业务，B 国地大物博，环境优越，而且正处于经济高速发展的阶段，所有的中方员工都对富饶、民主且福利完善的工作环境非常满意。但是本地员工普遍承受不了高强度的工作压力，虽然在业务量不大的时候相安无事，但业务量一增大，华为团队就完全没办法正常运行。

2011 年 5 月开始，ERP 在 B 国上线，五大项目同时全面爆发，华为团队积压了大量订单，仅仅是其中一个项目就要在 4 个月内完成 8000 站的交付。为了满足中心仓库发货量需求，华为通过外聘、外包、借用等多种手段新增了 40% 的工作人员，希望能够把工作量由原来的每天 100 站提升到每天 200 站，但实际情况是每天的发货产出只提升到 118 站，远远无法达到客户的要求，华为团队想尽办法都没能将工作效率提上来。再加上 B 国的本地员工依据法律每人每天加班不能超过两个小时，中方的员工只能每天 14 小时连轴转，但那 100 多名本地员工却每天都不急不慢，让人非常头疼。

经过华为团队的各个主管的集体讨论，他们发现一定是价值评价环节出了问题。因为 B 国的法律，华为无法对员工的工作情况进行直接的评比和排序，而且本地员工都是按照公司原本的规定按月拿工资，所以干多干少都是一样的，导致他们的工作积极性不高，于是华为团队决定选择合理的价值评价体系来激活组织，形成多劳多得的激励倾斜。

于是华为对本地员工的价值分配进行了调整，首先对本地的主管明确了工作目标，不再每天细分客户群，只要求每班次总发货量至少是 70 站。同时，将本地员工分成三人一组，按工作流程进行“捡、验、发”的工作，并在现场增加了发货绩效的评比。华为每天都对本地员工的发货结果进行记录，并用柱状图将各小组的结果公示出来，每周都会对排名前三的工作小组进行奖励，在奖金数额上有所呈现。

果然，在实施这些措施之后的一周之内，华为团队在没有任何新增员工的情况下，每天的发货产出提升了 80%，稳定到了 210 站/天，并在一个月后顶住了 280 站/天的业务高峰，最终按时交付，得到客户极高的评价。

从华为的激励手段中也可以看出，好主管还应该及时肯定、激励员工，最大限度地调动员工的积极性。

奖项的激励效果是与发放奖励的时长成反比的，管理学中有一个说法是“奖励不及时，不如不发放”。虽然不一定完全正确，但实际上是有一定道理的，员工完成工作的当下，是最需要得到肯定的时候，及时的奖励能让他在心理上得到极大满足，从而影响他的工作状态和对公司的信赖度。

6. 发现问题，要敢于惩罚

美国哈佛大学心理学教授斯金纳经过研究发现，人的行为会因为外部环境刺激的变化而进行自我调节，也就是说刺激可以改变行为。任正非深以为然，他提倡华为内部要对员工反映出来的问题及时给出刺激，以此影响员工的行为。他认为在工作中如果能够及时针对员工的问题做出惩罚，就能让员工察觉到这种刺激将会影响他的职业生涯，为了减少这种刺激，员工就会根据自身情况调整行为，最终选择正确的工作方式和工作行为。所以华为在管理上一直秉持着发现问题要敢于惩罚、及时惩罚的理念，因此华为人能够总是做正确的事，有很好的工作成果。

6.1　指出他人的不足才能及时止损

实际上，在职场上不可避免会出现一些问题，但很多人碍于情面会选择默默忍耐，而没有及时指出同事或下属工作上的不足，最终导致出现问题的人不能及时改正自己的错误。很多严重的后果往往就是一个小小的错误导致的，所以顾及情面不去提醒他人、制止他人将埋下隐患，而及时指出他人的不足和错误才能及时止损，真正让伤害减少到最小。

2012 年 8 月，姜昳丽（化名）入职华为，参加了新员工培训并在岗位上适应了一段时间。同年 12 月一位有着丰富的工作经验的同事李亚芬（化名）成了她的同桌，于是她开始依赖这位经验丰富的同事，时常偷懒，工作中一遇到问题就会直接问："亚芬，哪里能查到流程啊？""亚芬，为什么超期未履行会影响合作费？"

就这样过了一段时间，李亚芬找到姜昳丽，很严肃地对她说："凡是在问对方之前，先问下自己，怎么想这个问题，有的本身问出来就很幼稚，或许有些答案你自己都可以回答，忍住那一时的冲动，锻炼自己的思考力，你会收获更多。"姜昳丽的脸瞬间红了，甚至一时之间不知道怎么回答李亚芬，但在往后的工作之中，每当姜昳丽产生依赖他人的念头时就会想起李亚芬的这番话，并且及时将这种抬头就问的冲动扼杀掉。姜昳丽选择独立解决问题，一段时间之后，她发现这样不仅能很快解决问题，还能让自己得到更好的锻炼。

在姜昳丽的工作步入正轨之后，她所在的部门换了一位新经理，这位经理要求所有员工在工作之后将情况及时汇报上去。于是姜昳丽每完成一项工作就会赶紧发出，并且将 PPT 做得非常精致，希望能够得到新经理的认可。但这位经理很快就找了她，指出她的问题："PPT 注重表述简洁。一个工作不是简单地做完就行，在做之前需要明白工作目标、交付的对象，不盲目执行；做完之后养成审视的习惯，不毛躁。"这次姜昳丽很快就接受了经理的意见，开始注意工作中的细节，关注交付质量以及审视交付结果，她发现这样一来，交付的工作返工率明显降低。姜昳丽一点一点进步，最终完成了从新员工到团队 TL 的转变。

显然，最初姜昳丽的行为不符合华为的工作要求，而她的同事和经理能够及时对她这种违背组织目标的非期望行为给予否定、制止和惩罚，让她能够快速调整自己的工作方向，积极地朝着有利于自己发展的方向以及实现华为的团队目标的方向前进。这种及时指出员工工作上不足的行为是最节省时间成本以及资源的，也能够及时阻止后续糟糕后果的发生，所以华为倡导全体员工都要敢于说真话，做实事。

6.2　直接指出下属问题，甚至“骂人”

纵观成功的大型企业，领导人几乎都会直接指出下属的问题，有时甚至会“骂人”。松下通信工业总经理小蒲秋定就曾因为赤字问题被松下幸之助严厉斥责，他说：“你是罪人！囊括了天下的人才，天下的资金，却回报了赤字。你真是罪人！该送进监狱。”小蒲秋定被这样一骂，立即奋发图强，不久就扭亏为盈。

在企业管理上，任正非和松下幸之助一样，认为面子是给狗吃的，他在管理华为的员工的时候时常会直接对员工的工作情况进行点评，很多时候会不顾员工的面子说一些刺激员工的话。华为有一句很经典的“夸奖”：“你最近进步很大，从很差进步到了比较差。”这是任正非发现员工工作上难有进展时说的，任正非认为这种“骂人”的方式有时比一味地正面激励作用大多了，所以华为秉持任正非的管理理念，发现问题就会直接地去批评。

一次，任正非到某办事处约见客户，这个办事处主任不了解任正非的生活和工作习惯，自作决定租用了一辆高级轿车亲自去接任正非。任正非一见到他就火冒三丈，训斥道：“这纯属浪费，要这样的高级车干吗？如果办事处的车不够用，我可以自己打车过去，而且你这时候更应该待在办公室里陪客户。”

这样严厉的批评很难在短时间内被下属接受，但实际上会给他们留下很深刻的印象，许多已经离开华为的人多年以后回想起来仍能想到任正非许多“经典语录”，可见这种方式虽然看似太刚硬，但实际效果非常明显。因为在一定程度上，恰当的“骂人”可以让人们产生羞愧难当，或不服气的念头，在这种心理作用的驱动下，被批评的人会努力证明自己是可以胜任手上的工作的，于是直接批评这种“负面”的行为往往能刺激员工积极应对。

当年任正非批评华为产品战略规划的研究过于超前时说道：“我们的战略规划办，是研究公司3～5年的发展战略，不是10年、20年之后的发展战略，我不知道公司是否能够活到20年，如果谁能说出20年之后华为做什么的话，我就可以论证：20 年后人类将不吃粮食，我的道理是……”

华为在对待原则性问题的时候，更是会直接拉下情面，这也是为什么华为能够培养出一批敢于坚持原则、敢于为了公司的利益不顾及情面直接指出员工问题的干部，也因此锤炼出了一支令人生畏的“狼性”队伍。

6.3 干部要敢于管理，敢于惩罚

作为企业的干部，就是要正直而敢于管理，更重要的是，只有敢于惩罚那些有问题的员工，及时指出员工的不足，才能做到公正无私，才能让所有员工都能够更好地投入工作之中，才能保证整个组织的健康和活力。就像任正非所说的：“只有无私才会公平、公正，才能团结好一个团队；只有无私才会无畏，才能坚持原则；只有无私，才敢于批评与自我批评，敢于改正自己的缺点，去除自己的不是；只有无私才会心胸宽广，境界高远，才会包容一切需要容纳的东西，才有能力肩负起应该承担的责任。”

杨亦波（化名）是华为财务 5 级专家，但回想起工作之初的经历，他认为他能够有今日的成就得益于一开始就遇见了一位好主管。

2003 年，杨亦波刚进入公司时不太了解公司的业务、工作的方式以及人际关系等方面应该如何处理，加上暂时做的工作都是一些基础的会计工作，没什么“技术含量”，这造成了他对工作不太重视，从而导致行动有所怠慢，所以他在加入华为一段时间之后考评成绩总是排在很后，主管对此非常不满，他自己也越来越不开心。

为了让杨亦波尽快找到工作状态，主管找到他直接说：“日常工作做得不扎实，部门怎么会放心交给你更多的任务……”

这番话大大刺激了杨亦波，也将他从浮在半空、浅尝辄止的工作状态拉了回来，他逐渐认真对待工作中的每一个细节，扎扎实实地把部门分配的事情做好，并且总是在工作完成后回想一整天的工作有没有哪里没有做到位，是不是可以帮助周围的同事做更多事情。虽然做的还是那些很基础的工作，但他开始真正热爱工作，专注于工作。

后来主管从其他业务人员那里得知了杨亦波平时给办事处发的邮件，对他工作的主动性和细致赞不绝口。也正是从这以后，杨亦波逐渐在考评中取得了好成绩，也获得了很多重要且富有挑战性的工作机会，最终成长为华为的财务专家。

任正非认为一个管理层的干部最理想的指导是在岗位上、在工作中进行的，在干部给员工交代了一项工作后，干部应该关注这名员工后续的工作状态以及他所呈现出的工作成果，如果这名员工有哪里做得不到位，这个时候干部就不能顾忌所谓的情面，而是应该直接指出他的错误，并且告诉他“如何做才是对的”。这不仅能减少真正执行时的过失，也能让员工得到与付出相符的评价和奖惩，以此保证公平，保证团队全体员工都有平衡的心态应对工作。

第9章 实现团队目标

任正非说：『一个人一生中的思想火花只有那么一两次，如果没有环境，没有平台，他的火花就燃不成燎原之火，最多闪一下。你要想办成一件大事，必须把自己融入集体中。』

1. 团队的成功才是个人的成功

任正非说："团结合作、群体奋斗是华为公司的特征。"任正非时常在华为内部强调时代已经不再推崇个人英雄主义，牛顿、法拉第的时代早已过去，现在是群体奋斗的时代，每个华为人都应该以团队的目标为自己的终极目标，以团队的成功为自己的胜利，相信个人的才能要在集体中才能发挥最大作用。

所以，华为主张全员群体奋斗，并在工作和生活中尽可能做到上下平等，这种平等也极大体现在利益分配上。在华为有意地引导下，华为人讲究荣辱与共，并且推崇"胜则举杯相庆，败则拼死相救"的团结协作精神。

1.1 不达底线目标，团队负责人零奖金

任正非说："成功是集体努力的结果，失败是集体的责任，不将成绩归于个人，也不把失败视为个人的责任。"华为人的团结协作精神极大地体现在他们在面对团队失利的局面时采取的行动上，除了及时采取补救措施，他们更多地会选择同甘共苦，共同承担团队失败应承担的责任。

2012 年，徐文伟、余承东、万飚等华为的高层管理者各自带领团队共同奋勇拼搏了一年，都取得了重大成就，但结果与他们在 2012 年初所制订的团队目标还有差距。面对并不如人意的团队成果，这些团队的负责人在 2013 年的华为市场大会上践行了当初"不达底线目标，团队负责人零奖金"的承诺。

2013 年华为市场大会"优秀小国表彰会 "上，任正非给徐文伟、张平安、陈军、余承东、万飚颁发了一项"表彰奖"——"从零起飞奖"，获得这项特殊表彰奖励的团队负责人在 2012 年的年终奖金为零。

任正非非常认可他们主动承担起团队的责任，并且为团队的失败负责，抛开个人在华为一年的成就，一切以团队的胜利为重的行为。任正非说："我很兴奋给他们颁发了'从零起飞奖'，因为他们 5 个人都是在做出重大贡献后

自愿放弃年终奖的，他们的这种行为就是英雄。他们的英雄行为和我们刚才获奖的那些人，再加上公司全体员工的努力，我们除了胜利还有什么路可走？”

2013年的“优秀小国表彰会”上，除了徐文伟、张平安、陈军、余承东、万飚获得了“从零起飞奖”，当年度的奖金为零，当时的轮值CEO郭平、胡厚崑、徐直军以及CFO孟晚舟，包括任正非和孙亚芳这些华为的核心领导人都因为华为在2012年销售收入没有完成任务而主动放弃了年度奖金。

事实上，华为2012年度奖金总额比2011年提升了38%，也就是说，从实际角度来看，华为整体是大获成功的，但这些领导人都愿意承担起团队的责任，把团队的成功当成是个人最大的目标，不完成目标就甘愿受罚。

任正非治理企业时经常会参考军队的管理制度，华为人这种与华为共荣辱、同命运的精神也是和曾国藩的“同气连枝”的军队制度相似的。曾国藩在治理湘军的时候采取的就是“由根而生干，生枝，生叶，皆一气所贯通”的紧密的群体关系，将团队内部的人和人的关系变成由责任感凝聚起来的整体。

而华为围绕“群体奋斗”这一主题展开的制度设计，保证了每一个华为奋斗者都有着更强的责任心。对于团队，华为人都有着“胜则举杯相庆，败则拼死相救”的团结精神，而华为的“从零起飞奖”就极大地体现了这一点。也正是因为华为人都将团队的成败当成自己的成败，把华为的胜利当成个人的胜利，才成就了华为的迅速发展。

1.2 没有个人的英雄，只有团队的成功

任正非曾对华为人与华为这个大团队的关系发表过这样的言论：“我们今天是利益共同体，明天是命运共同体，当我们建成内耗小、活力大的群体的时候，当我们跨过这个时机形成团结如一人的数万人的群体的时候，我们抗御风寒的能力就增强了，可以在国际市场的大风暴中去搏击。”

任正非意在将华为人凝聚成一个牢固的团队，一切都以华为这个集体为重。他认为时代已经不再倡导个人英雄主义，而是强调企业的每一个成员都

要将自己融入集体，实现团队的目标，才能实现团队中每一个成员的个人目标。

退休的百事公司总裁、百胜餐饮集团创始人以及董事长安德劳·皮尔逊从哈佛商学院毕业之后，凭借出色的能力和漂亮的简历直接进入麦肯锡公司工作，当时，皮尔逊不善言辞，做事几乎全靠自己，很少与同事和前辈交流经验。马文·鲍尔发现这一现象后，曾专门找他谈话：“安德劳，我不明白，难道你觉得自己的能力胜过所有人吗？”

皮尔逊错愕地摇头道：“当然不。”

“那你为什么始终都是单兵作战呢？就拿你正在做的这个制造公司的项目而言，据我所知，为了找到最佳的解决方案，你已经深入调研7天之久了，为什么不让玛丽和你一起呢？”马文·鲍尔诚恳地建议道：“要知道，她可是这方面的能手，数据搜集方面，她一个人便可以顶两个，找她帮你，你总会轻松许多的。”

皮尔逊接受了马文的建议，开始向玛丽寻求帮助，并且通过团队的力量迅速解决了很多无法独自完成的问题。他也开始意识到个人的力量太有限，只依靠个人的能力是无法达成团队的目标的，所以要抛弃单打独斗的习惯，融入集体，成为团队的一部分，整合力量实现团队的成功。

很多年后，安德劳·皮尔逊仍然对马文给他的建议难以忘怀，他感叹道：“我从马文身上学到的东西太多了，在麦肯锡，他努力营造一种吸引、激励和留住人才的氛围，为每一个人的发展提供最大程度的帮助，是他教会了我个人的能力总有极限，当我们的工作需要求助的时候，绝对不能羞于启齿。同时，他让我明白，在团队中，绝不会有独自的胜利，只有团队的成功。也正是因为明白了团队协作的意义，我才能够在30岁刚出头的时候就当上麦肯锡全球营销咨询业务部的领导者，并且受益终身。”

在麦肯锡创始人马文·鲍尔看来，善于在团队中借助旁人的力量的人才是真正的聪明人，如果团队中的每一个人都想要独揽功绩而一味地单兵作战，那么团队将四分五裂，团队的整体目标无法实现，个人投入的精力再多也是白费，因为企业要的是呈现出的成果，只有团队实现团队的整体目标才有成果，没有团队的胜利，哪有个人的成功呢？

2. 工作中善于求助，善于分享机会

任正非在一次讲话中说道：“我们要深入地去理解矩阵管理是一个求助系统，求助才是利用公司资源、开展群体奋斗的好形式。不会使用求助系统的人，实质上还是在个人奋斗。求助没有什么不光彩的，做不好事才不光彩。积极主动、有效地进行求助，是调动资源、利用资源、实现目标的动力。积极、有效、无私的支援是低成本实现目标的最优管理。使资源充分发挥效能，需要文化氛围来启发人们共同奋斗的信念，并约束人们按规定支援。”

2.1　不要一个人完成所有的工作

任正非提倡在工作时要懂得及时求助，不要走个人奋斗的道路，就是让华为人不要选择一个人完成所有的工作，因为这样不仅不能很好地利用公司的资源，不能取得最佳效果，也很有可能造成和同事之间的误解，不能顺利地完成工作。曾经担任麦肯锡经营战略咨询顾问的大岛祥誉也曾说过：“试图一个人完成所有工作的人，往往无法得到同事的理解与支持，在执行中也会因此而不断碰壁。”

大岛祥誉在麦肯锡工作期间，曾经负责一家日本建筑企业的咨询改善项目。他自己对待工作非常认真，工作也十分努力，而当时他主导的团队中有3个咨询顾问还是刚刚从早稻田大学毕业的年轻人，他认为自己应该为新员工展现工作的流程和具体操作，于是为了激发他们的工作积极性，大岛祥誉从工作第一天开始就埋头苦干，亲自参与调研测量，他以为这些年轻人会跟他一样埋头工作。这3名新员工见他如此勤奋，纷纷夸赞他是一个好上司，但这3名新员工却因为大岛祥誉一个人揽了所有的工作而无用武之地，没有真正参与到工作中，结果团队的工作进度完全没有大岛祥誉预想的那么快。

为此头大的大岛祥誉想了很久，终于意识到自己把几名新员工的工作都揽在自己身上，这样那3名新员工便无事可干了。真正造成进度缓慢的罪魁祸首，其实是自己。

于是，发现自己的处理方式有问题的大岛祥誉马上改正了自己包揽所有工作的错误，调整了团队成员的分工，自己专门负责指挥和监督，而3名新员工要担起自己的工作职责。果然，调研进度大大加快了。

大岛祥誉在多年后回忆道："其实在麦肯锡，很少有项目负责人会犯我当时所犯的错误。除非是对方主动求助，否则，任何咨询顾问都不得主动干涉其他顾问的工作，这是最基本的执行要求，而我当初竟然忘记了这一点。当然，值得庆幸的是，我及时发现了这个错误，并且在更正后再也没有犯过。"

大岛祥誉所犯的错误实际上是"越俎代庖"。作为团队的负责人，大岛祥誉的职责更多的应该放在管理工作上，而不是把员工的工作全部都包揽下来，既做了员工的工作，又承担负责人的职责，这种完全凭借个人能力独立完成工作的情况在现代工作环境中早已不被认可。

更多的时候，员工在工作中要依靠集体的力量来实现自己的工作，因为企业中每个人的能力都是不一样的，每个人擅长的方面也不一样，所以在现在的工作环境中不能妄图一个人做好所有的事情，要善于借助其他人的优势来弥补自己工作中的短处，共同完成好团队的工作。

2.2 善于借他人之长弥补自身之短

任正非曾多次强调，没有绝对的竞争对手，要善于结合友商的优势，实现华为的更大目标。也就是说，任正非也提倡在工作中要善于借助他人的优势弥补自己的短处，这一点在很多优秀的企业之中都有所体现，大多数高瞻远瞩的企业领导人都会跟员工强调合作的力量远大于单打独斗，善于利用旁人的优势，可以更好地实现双方的目标，并取得超过预期的成果。

乔布斯还在苹果公司的时候经常对苹果公司员工强调合作的重要性，他表示每名员工都要看到别人身上的优点，并积极地与其合作。

一次，乔布斯邀请了一位非常出色的咨询公司领导到苹果公司进行演讲，负责接待的正是当时苹果公司副总裁之一的布鲁斯·塞维尔。短暂的相处之后，塞维尔发现，公司邀请来的这位演讲家为人过于自我，非常自私，他的举止也非常让人讨厌，难以忍受的塞维尔找到了乔布斯，要求换另外的人来接待这位演讲家。

乔布斯听完塞维尔的抱怨之后说道："你没有必要喜欢他，但你最好还是选择与他好好合作，因为我从他的身上除了看到你刚刚所提到的缺点之外，还看到了他一流的专业水平、极强的工作能力，以及诚实的性格。而这些，同样是我们所不能忽视的。"

最终，塞维尔只得接受乔布斯的建议，继续负责该演讲家的接待工作。通过持续的观察，塞维尔不得不承认，乔布斯是对的，这个人身上果然存在着许多优点，有些甚至是他完全不曾具备的。

意识到了这一点，塞维尔开始积极配合该演讲家的工作，并且与他形成了良好的合作。二人联合完成的几场演讲，在苹果公司内部也取得了极好的反响。

在这些优秀的企业看来，要实现高效的合作，达成共赢的结果，就要通过寻找共性和发现对方优点等方式，与对方建立合作关系。这也是华为一直都在提倡的一点，华为作为高新科技型的企业，更要善于整合资源利用各家所长，才能将研发做到极致，做出更加符合现代消费者需求的产品。华为人在这种合作理念的影响下，在工作中会尽可能忽视团队成员身上的缺点，而是更多地关注团队成员身上自己没有的优点，并及时地求助，在最佳时间发挥每一个团队成员身上的最大优势，掩盖各个成员的短处，集结众人的力量和智慧取得最佳成果。

2.3　抛开个人情绪，学会与人合作

麦肯锡咨询顾问大岛祥誉说："即便是麦肯锡，也是由人组成的集体，所以要说完全不会产生任何情绪问题，也是在撒谎。"

但凡由人组成的集体都会出现大岛祥誉所说的这种由于情绪问题影响团

队合作的问题，华为的项目组中也时常出现类似“我和负责人怎么也谈不来”“我很不喜欢项目组里的那个人”“我和他天生犯冲”等情况。面对这种情况，华为强调工作就是要实现团队目标，个人情绪不能成为影响工作质量的因素。所以一直以来华为人都能够尽快调整情绪，更多地考虑合作能够给团队、给工作带来的好处，抛开个人的消极情绪，积极地投入团队战斗之中。

2010年，入职两年多的李宝嘉被派往拉美去开垦华为的“新土地”，虽然进公司的时间不是很长，但李宝嘉认为自己还是有能力为华为开拓拉美市场的，于是他远赴拉美，开始了他的“挖矿”事业。

墨西哥I项目是华为公司在拉美无线市场的开山之战，对华为的事业拓展起着至关重要的作用。由于客户很严格，项目压力也非常大，于是华为的员工情绪化问题比较严重。一直处于失利局面的拉美团队已经因为客户的投诉和团队成员的不满淘汰了好几个团队负责人，这些负责人大多数都是身经百战的老员工了。但当时李宝嘉并没太放在心上，而是认为自己一定能够带领华为团队取得胜利。

到了墨西哥之后，李宝嘉发现他实在难以适应当地的工作。他负责的项目是无线GSM/UMTS项目，但实际上他的专业和GSM/UMTS技术上的差距很大。再加上李宝嘉从来没管理过团队，但一抵达拉美他就要管理一个20人的核心团队，要知道团队中还有好几个技术大牛，李宝嘉对于管理工作已经有些灰心丧气了。再加上当地的客户在重要会议上很少用英语，而是全程使用西班牙语，甚至使用的材料也都是西班牙语的，李宝嘉感受到了前所未有的压力，导致他在工作时时常有些许差错，收到了多方的投诉。

客户说：“他（李宝嘉）过于相信项目成员的建议，一味坚持理论，不考虑墨西哥山地起伏的实际情况，功率10W不适合墨西哥城，必须先设成5W才行。他不走，这个项目不干了！”

本地员工说：“他（李宝嘉）每个周末都要我们加班，他这么年轻不适合做TL，他不走我们罢工……”

本地Leader向当地网络优化主管投诉：“他（李宝嘉）不懂西班牙语，还不听我的，没法配合……”

积累了太多负面情绪的李宝嘉经过一番思想斗争，鼓起勇气去向客户、团队成员、分包商等多方做检讨并诚恳地道歉，并请求他们能够重新考虑，给他一个机会，让他真正发挥自己的才能，实现项目的成功。各方经过重新考虑之后决定给李宝嘉一次机会。果然抛开固有的成见，大家看到了以往因为李宝嘉展现出的劣势而被忽略的优点，并且随着项目逐步深入，大家发现李宝嘉不仅善于兼顾技术和管理的各方利益，还乐于倾听各方意见，除此之外，他不仅只是口头上的理论管理，还愿意身体力行去做脏活、累活。

而被李宝嘉的工作状态打动的客户方也逐渐开始使用英语交流，项目随即进入了一个极佳的状态，各方的工作都进入正轨，并且顺利进行下去。到了 2010 年 8 月，客户宣布华为成功商用。

著名管理学大师彼得 · 圣吉说："合作的最高境界在于，无视对方的身份，无视对方的弱点，无视对方所有令你讨厌的地方，而是去关注他所能够创造的价值。"员工在企业之中的工作就是不断地与同事合作的过程，建立合作关系需要双方的磨合，所以在合作之初可能因为双方互不了解产生误解、导致摩擦，互相生出不满的情绪。为了避免这种情况，所有的员工都应该将个人情绪摆在后面，将团队放在最前面，只有分清主次，员工才能有意识地关注对方的优点和长处，而这些优势，往往正是和同事建立友好的合作关系，实现团队胜利的关键。

所以华为一直强调，要抛开个人情绪，学会与人合作，每当产生"不得不与某个讨厌鬼一起共事，却又因为情绪上的问题，工作的进展并不顺利"这样的情绪问题的时候，就暂且撇开个人情绪，尝试重新去界定对方，从多种角度去重新考虑与对方的合作能够带来的价值，这样往往能够取得更好的团队成果。

3. 敢于犯错，敢于实践，才会有收获

一位硅谷问题专家迈克 · 梅隆（Mike Malone）曾写道："局外人把硅谷

看作一个成功故事，而实际上它是一座坟场。失败是其最大特长，第一个失败的产品或企业都是一种教训，储存在人们的记忆之中，我们不仅不指责失败，有时甚至尊崇失败。那些风险资本家倒真的愿意看到在企业家的简历中有一点失败记录。”

任正非也是非常推崇这种试错精神的，他认为华为也是在历经多次失败的打击之后才有了如今的成就，所以他时常强调华为人要敢于实践，不要害怕失败，华为绝对包容失败，但不容忍屡次失败，所以，最终还是要能够通过失败积累经验，有所收获。

3.1 勇于实践，勇于犯错，善于反思

马克思曾说：“成功都是千千万万失败中的积累，多少可歌可泣的奋斗故事才造就了今天的人类文明。”任正非在治理企业的时候也倡导华为人要敢于犯错，因为只要开展工作就不可避免错误的出现，出现失败，但只要善于从失败中总结经验，就能在之后的工作中不在同一个地方摔倒，能够更大概率地获得成功。

所以，任正非说华为的干部要从实践中来、到实践中去，也强调华为的专家都是打出来的，就是让华为人都要勇敢地去实践，不要怕犯错。

华为某个时期项目经理时常“阵亡”，当时华为的项目经理既要承受新业务的压力，还要面对海外市场初期来自客户满意度的压力，因为被客户投诉而立即更换项目经理“阵亡”的现象时常发生。当时不管是从行业引进的PM还是华为自己培养出来的PM都是一有投诉的现象就会被淘汰，导致华为一度陷入找不到符合公司项目要求的PM的局面。

后来华为意识到这种不能容忍任何差错的工作模式无法支撑公司的正常业务，于是华为进行了PM评价模式的调整。对于公司的PM，华为不以成败论英雄，而是考察PM的实际绩效贡献，并对PM进行客观评价，这样华为才逐步从“PM的大窟窿”里面爬了出来。

实行新的评价政策之后，华为对于PM的工作情况进行了考察，发现除了违反红线的个别PM，真正由于“犯规”被淘汰的PM并不多。而对于违规的

PM 的处理也不是马上就开除，而是基于华为的责任机制，帮助这些 PM 去改正工作中犯过的错误，而不是就此禁止 PM 试错。

曾经获得华为年度金牌个人的项目经理李振华（化名）回顾自己一路走来的经历，发现自己曾经因为工作失误被狂怒的客户拍着桌子从办公室里骂出去过，也曾经因为工作中犯错被客户 CEO 投诉到华为的高级管理层。除了公司外客户的批评，他还因为不得已违反公司的某些制度挨过批评、被问责、被罚款，也被公司审计、稽查访谈过好几轮，但这些经历反而使他拿到多块项目金牌，在事业上大获成功。

李振华回顾工作历程后也感叹到华为是个有容错度的公司，他说："不信，问一下咱们五级以上的项目管理专家，哪个人没在项目上挨过处分？而优秀的项目管理专家，一定是犯错最多，但也是坚持到最后、达成目标的那个。"

其实企业的很多工作都是"前途未卜"的，尤其是华为经常会有"风险山大"的时候。但工作就是这样，困难和挑战往往如影随行，只有勇敢地履险蹈危，坚持到底，才有可能获取最后的胜利，如果一开始就害怕犯错，恐惧失败，那么只能止步不前，永远无法达成目标。而莽撞前行显然也是不可取的，要善于反思、善于总结，实践中出现的错误才是有意义的，所以企业员工勇敢前行、勇敢实践的时候，也要在犯错的时候去反思、去感悟，才能对最终目标的达成有积极的作用。

3.2　要想有收获，就要容忍失败

任正非说："什么叫成功？是像日本那些企业那样，经九死一生还能好好地活着，这才是真正的成功。"任正非认为这一点特别体现在华为这类以创新为核心的科技型企业中，对失败的容忍度要更高，对于员工的宽容度要更高，因为创新的过程实际上也就是试错的过程，能够容忍员工在尝试阶段的偏误，才能收获最终的研发成果。

通用汽车公司的前总裁斯隆选择凯特林这位具有极高天赋和特长的发明

家作为企业的研发核心员工时，直接跳过了这位发明家的种种毛病。他直接任用凯特林作为通用汽车公司研究所的负责人，允许他自由行动，不受限于公司内部的约束，并且允许他按照自己的创意进行任何汽车实验，对于这个过程中出现的任何错误和失败都不予追究。此外，他还将凯特林的年薪提升到 12 万美元，这比他自己的薪水还要高出 2 万美元。事实证明，斯隆的宽容态度为他和整个汽车生产团队带来了 20 世纪上半叶两项利润最高的发明——乙基汽油和用于冰箱的氟利昂液化气。

德鲁克曾言："一个人越好，他犯的错误就越多，因为他会努力尝试更多的新东西。我永远不会提拔一个从不犯错误，特别是从不犯大错误的人担任最高层的工作。否则，他肯定将成为一个工作平庸的管理者。"

这也是任正非对待创新骨干的态度，他深知员工在工作的时候不可避免犯这样或那样的错误，考虑企业的长远发展，就要提拔对企业有重大贡献的人，而这类人在做出贡献之前往往要经历无数次的尝试，而这些尝试往往又伴随着错误，也正是因为这些错误才最终给他们指引了正确的道路，所以企业管理者要以宽容的态度对待员工或管理者的失误。

3.3 允许犯错，但一定要有进步

徐家骏被称为华为的"打工皇帝"，他从华为的一名普通员工历经万难成为华为副总裁。他离职后给任正非写了一封信，强调华为在管理上应该更包容员工的错误，要多实践、多犯错，才能真正有进展、有进步，他在信中写道："很多事情知易行难，关键是要有行动，特别是管理类的一些理论、方法、观念。空谈、空规划一点用处都没有，不如实际把它做出来，做出来后不断反思和改进，实实在在最有说服力。"

可以看出，徐家骏认为只有去实践才能有实际的作用，虽然这个过程往往伴随着失败和错误，但总结失败的经验，避开错误的道路，才使得员工的工作有所改进，也才能在工作中有更佳的成绩。

2000 年，受互联网和 IP 业务的影响，下一代电信网络的发展出现了两种演进策略：ATM（基于电信的实时高可靠性传输技术）和 IP（基于互联网的简单传输技术）。当时因为 C&C08 机 128 模块获取了巨大成功，以及惯性思维模式，华为的研发团队选择了 ATM 的综合交换机，并坚持认为这才是客户最需要的产品。一心做研究的华为团队没有及时听取客户的意见，而是反对软交换的演进方案，甚至在与客户面对面交流时，对客户的决策进行抨击。

所以到 2001 年，华为的科研团队以令人震惊的速度，拿出新一代综合交换机 iNET 时，迎来的并不是想象中的鲜花与掌声，而是中国电信客户劈头盖脸的批评："华为根本不懂新一代电信网络！"客户对华为的解决方案彻底失望，并选择放弃华为 iNET。

中国电信客户方不允许华为的产品入网，这意味着华为两年来几百人的心血和巨额投入统统打了水漂，而华为的研发团队也将面临被解散的局面。在整个研发团队都彷徨绝望时，华为却没有放弃他们，而是让他们调整研发方案，于是研发团队立即调整了战略方向，决定选择 IP 技术，重做平台。

华为团队做的新平台是基于新的硬件架构来搭建的，全面基于 IP 从头开始。由于一开始选错了方向，华为必须在一年的时间内完成从操作系统、数据库到通信机制等基础功能的构建，这不是件容易的事情，华为的产品部对此感到担忧。于是每次计划会产品经理都会问研发团队："你们能不能按时交付？"研发团队每每都回应道："保证不拖产品后腿！"

2003 年，华为研发团队总结了失败的原因，并且改进了原有的技术，在团队成员的共同努力下，软交换平台渐渐成型，构建了众多基础架构且技术上有许多亮点，这些优势让华为的产品在关键技术和性能竞争力上，大幅超越了友商。华为最终得到了中国电信客户的宽容和认可，也赢得了和客户的合作机会，并在后续阶段，因为设计的创新亮点，产品一经上市就大受欢迎。

任正非深知要在产品方面做出重大突破，并且有科技创新性，就必须包容失误、包容失败，因为失败也是创新道路上的重大收获。很多时候，像华为这类科技创新型企业要面对的是未来的不确定性，而在这种不确定性中，失败和错误是确定的，证实了某些道路是走不通的，就能排除更多错误的可能，缩小不确定的空间，从而保证企业能够朝着正确的方向前进。

但这一切也都建立在企业能够容忍错误，并且能够在经历过失误后找到正确的道路，改进现有的状况的基础之上。所以，最重要的还是能够有进步，这样失误造成的损失才能被弥补，也能创造出更大的价值。

4. 面对困难，多努力一点，总有回报

励志大师奥格·曼迪诺说：“每个人都是自然界最伟大的奇迹。”事实上，这句话用来形容华为的崛起最恰当不过，华为当初不过寥寥数人，面对困难的时候除了勇敢面对，别无他法，但就是坚持和努力，让华为逐渐收获了成功，也让华为成为中国电信行业的一个奇迹。

所以，任正非一直以来都强调华为人应该有艰苦奋斗的精神，面对困难不要想着逃避，而要直面困难，只要多努力一点，就一定能够解决问题，在这个过程中华为人自身的执行力也将提升，成功也会越来越近。

4.1　关键时刻，迎难而上

丘吉尔说：“一个人绝不可在遇到危险的威胁时，背过身去试图逃避。若这样，只会使危险加倍。但是如果立刻面对它毫不退缩，危险便会减半，绝不要逃避任何事，绝不！”

试想，一个企业职员在面对工作上的困难之时不选择面对，而是逃避，那么他失败的概率就是百分之百，而勇敢地直面困难，不管最后能否圆满完成工作任务，对于他本人来说也是百分之百的进步。任正非深谙不是所有的行动都会换取成功，但华为需要更勇敢、更有执行力的人才，所以华为一直强调面对困难的时候坚持下去，只要努力，就一定会有收获，离成功也就越来越近。

2009 年，华为项目组耗费数月的精力，努力搭建和印尼客户的合作关系，项目负责人顾武（化名）更是全身心投入到这个项目之中。华为团队在印尼客户召开的海缆项目标书澄清会议上完成了澄清工作之后，顾武和团队成员就在酒店门口等待会议结束，但奇怪的是，一直等到天黑都没等到客户露面，

强烈的不安情绪涌上心头。顾武立即进入酒店打听消息，得知会议早已结束，华为的友商已经将客户从后门接走了，顾武的心里“咯噔”一下，整个人都懵了。

2008年以前，顾武在印尼市场的工作游刃有余，他负责的数个项目总是能够率先突破印尼的大客户，一时风头无两。但到2008年后，情况急转直下，顾武在优势领域连丢三个项目，所以这次的项目对于顾武而言简直是一场翻身仗，其重要性可想而知。

面前的难关让顾武萌生了放弃的念头，可是一想到项目组数月的运作，以及全体成员没日没夜的加班，他心中又开始犹豫。再加上2009年的这个项目是华为海洋成立后的第一个海缆项目，有着非常重要的地位，也可以说此时正是华为的关键时机。为了不让所有人的努力付诸东流，也为了让华为能够抓住这次关键时机，顾武决心迎难直上，他对客户经理说：“去找客户吧。无论如何要把客户找到，拿到最新的一手信息，不然怎么对得起项目组一起拼命的兄弟们?”客户经理认为这简直是不可能完成的任务，他说：“万隆这么大，怎么找?”

顾武考虑到当时的时间点，客户最有可能去附近的餐厅用餐，于是顾武和客户经理冒着雨，几乎找遍了万隆的所有餐厅，终于在午夜时分看到了客户的车停靠在某个餐厅外面。于是顾武立即找到客户沟通并拿到了评标的最新情况，得到一手消息的顾武以最快的速度回到办公室，连夜调整了策略。

最终，在顾武及其团队的努力下，华为拿下了全球第一个海缆项目。此役以后，华为势如破竹，在客户的网络市场总体份额超过50%。

顾武在关键时刻没有放弃，而是选择了咬牙坚持，也正是他的这一抉择，才让整个团队收获了最后的成功。事实上，企业员工在工作中感受到前所未有的困难的时候，正是自己的工作最关键的时刻，只要咬牙挺过去，就能收获成功的喜悦，但如果在这个时候退缩了，等待自己的就只会是失败。所以，任正非多次强调，华为人要在最困难的时候选择坚持，要在关键时刻迎难而上。

4.2 勇敢去做，总会成功

心理学家斯科特·派克说：“在这个世界上，只要你真实地付出，就会发现许多门都是虚掩的！微笑的勇气，能够创造无限的成就。”

人最大的敌人往往是自己，通常遇到很多问题，只要下意识觉得自己无法克服，那么勇气就会随之消散，这将导致人真正困住自己，陷在困境中无法自拔。华为深知想要员工做好自己的工作，势必要鼓励他们勇敢面对，所以，华为人的成功没有别的秘诀，就是比常人更多一些勇气。

华为有个非常出名的系统，即用来做一线投标报价、价格价位评审、授权、机关的成套、发货的配置器，虽然配置器的开发工作有专门的组织在做，但这个组织的归属部门在10年内变迁了8次，可见要负责配置器的开发工作不是件容易的事情。

配置器开发组织第7次变更归属部门的时候，胡兆华（化名）已经在华为工作18年了，而他从事产品数据工作也接近16年了，是华为的元老级员工，不管是对于工作流程的熟悉程度还是工作的专业度，他都远远超过同部门的其他同事。所以，当这个模块划归产品数据部负责时，胡兆华接下了这个“烫手的山芋”。

可胡兆华万万没想到，揽下这个工作要面临的是来自一线行销与机关网设等部门的连番“讨伐”。接近半年的时间里，胡兆华每一次参与行销的例会都感觉是参加了一次批斗会。配置器的开发工作困难重重，经常是一个版本刚发布出去，就发现了一大堆问题，然后重修、更新版本，但往往解决了老问题，又有新的问题冒出来。每一次胡兆华都只能接受行销部门的愤怒和各种指责。

配置器的开发工作一度陷入僵局，就连配置器的创始人文华（化名）也在坚持了10多年之后选择了放弃，要知道他从第一代配置器 Netstar 一直到单机版都一路坚持了过来，但面对前所未有的困境，他还是选择了离开。

在最困难的时候，胡兆华跟部门的成员强调：“我们没有退路，只有拼死一搏，将失去的尊严赢回来！”也就在胡兆华的坚持下，产品数据部看到了最后的成功。

2008 年，配置器第 8 次组织归属变更，从产品数据部划入了中软，但 BOM 与算法开发留了下来，形成了以中软为主、产品数据为辅的配置器开发阵型。当时中软部门主管的一句话促使胡兆华主动承担起了这个跨部门、跨流程的工作，中软主管说："一件事情，如果不想做，可以找一万个理由，如果想做，一个理由就够了。"

胡兆华勇敢地挑战自我，也终于在这个方面取得了重大成就，产品数据部在胡兆华的带领下发挥了最大的作用，再加上中软部门的努力，网络版配置器终于在 2009 年下半年成功上线。

胡兆华也没有别的成功秘诀，不过是勇敢地面对困难，放手去做好手头的工作，这也是在所有华为人身上能看到的一股劲。

任正非曾多次表示当初华为做交换机时，那些研发人员既没有资源也没有技术，仅凭一腔勇气和一股埋头苦干的冲劲让华为做成交换机，占据市场，一跃成为行业巨头，而这些研发人员也成了技术大拿。任正非表示，这个世界终究是会回报那些努力的人的，只要每个华为人都能坚定自己的信念，兢兢业业地工作，就一定能收获满满。

5. 对准团队目标，在许诺的时间内取得成果

华为人向来雷厉风行，对待工作就像饿狼盯着猎物一样盯住团队目标，以最快的速度在极短的时间内就完成工作任务，取得成果。任正非深知要形成高效的执行力就要避免拖延，他非常认可美国小说家雷蒙德曾说的："拖延可以把所有企业和人拖垮，它给我们带来的最好的结果恐怕便是让别人领先于自己。"于是他时常对华为人强调承诺必践，要求每一个华为人都能对准团队目标，在许诺的时间内完成目标，取得成果。

5.1 践行承诺，直到完成目标

心理学家发现，一个人一旦做出了承诺，或者公开地表明了自己的立场，

那么，他今后的行为也会在承诺的范围内进行，这就是心理学上的承诺一致性原理。

这一点被华为人很好地运用在工作之中。华为在开拓海外市场的初期常常会为了获得客户的信任做出承诺，表示华为方将在一定的时间内完成客户的要求，而做出了承诺，华为人就会依据承诺的内容一直努力践行，直到完成目标。这种承诺执行的一致性为华为积累了很多高忠诚度的客户，也让华为一直采取这种承诺必践的工作方式，对准团队的目标，在许诺的时间内取得最佳的工作成果。

2010 年，华为全力攻克秘鲁的软件领域，因为华为在这个领域属于新进者，秘鲁的客户对华为缺乏信任，李明礼（化名）正是这个时候去往秘鲁的。刚开始他非常困扰，因为客户几乎全程盯着华为的工作，客户甚至会让华为证明每一个简单的性能调优操作。为了能够让客户完全信任华为，李明礼和团队总是数百次定位问题，反复确认解决方案，这份用心最终打动了客户，客户甚至将华为的工作状态当作模板来要求其他厂商，遇到任何问题时客户都会直接说："大家别抛空话，请按华为模板提供专业分析报告。"

长时间的努力让华为得到了客户的认可，但李明礼心中明白，客户的一句"I trust you"是无数次地兑现承诺换来的，因为要形成信任绝不是耍嘴皮子画大饼能够实现的，而是依据承诺来执行，支撑客户成功，从点滴工作中积累信任。

最初客户对华为认可度不高的时候，客户的 VPN（短号集群网）业务上线后在付费用户的推广中取得了很大的成功，基于这个原因客户决定在这个关键时期趁势推出全网 VPN 计划，也就是说客户要在短时间内将 VPN 用户数提升到 1000 万。但实际上，客户在启动计划的时候，由于现网容量只能支持 600 万用户，导致客户在本地全方位的业务营销与推广中受阻。但更大的难题是要在 NGIN（下一代智能网）平台上支持 1000 万 VPN 用户在海外没有先例，为了能够拿下客户，李明礼决定帮助客户解决这个难题。

任务非常艰巨且工作强度非常大，客户总监对华为是否能完成工作持怀疑态度："我已经和我的主管和市场部承诺了，你们能按时完成吗？"李明礼毫不犹豫地说："一定可以！"

李明礼知道给客户的承诺不是口头上随便说说就过的话，华为必须去履行并达成目标。

华为团队搭建镜像环境的时候发现实验室根本没有足够的单板用来支撑这么大局点的镜像环境，于是李明礼只能去华为的其他部门请求调用更多单板，东拼西凑调到足够的单板才终于搭建好环境。后面的操作越发艰难，李明礼发现从现网组网到目标组网需要20多个变更，为了能够在承诺时间内完成目标，在接下来的两个月时间里，华为团队几乎每天都要加班到深夜，甚至国内来秘鲁出差支持的华为同事也天天在秘鲁按北京时间加班。

当华为终于兑现承诺按期交付时，客户方发来感谢信，信中写道："感谢你们的辛苦付出，相信你们可以继续迎接挑战，做得更好。"客户CTO还亲自参加了华为的庆功活动，而那个代表着华为承诺必践行的1000万VPN用户的纪念奖杯一直被客户方放在办公室最显眼的位置。

李明礼代表团队做出的承诺指引着华为团队的行动，对客户的公开承诺促使华为团队在限定时间内取得工作成果。因为承诺一致性原理，承诺成为华为团队前进的动力，也正因如此，华为为客户实现了商业成功，从而实现了自己的巨大成功。

5.2 每天的清晨便积极地投入工作

麦肯锡战略顾问胜间和代说："夕阳下的幻想永远不及旭日东升时的努力来的实际，在每天的清晨便积极地投入工作，明天所得到的才会是收获而非领导的责骂或是惩罚。"

而作为一家需要随时帮助客户解决问题，随时跟上多变的信息时代步伐的科技型企业，华为人最优秀的工作习惯就是凡事决不拖延，今天能够做完的工作，决不拖到明天，即便是一个最普通的基层员工也是一样。

在这一点上，许多优秀的企业都有着相同的看法，和华为一样，麦肯锡人非常重视工作的效率，他们在工作上决不拖沓。

从杜克大学毕业以后，弗兰克幸运地加入了麦肯锡波士顿分公司。两年的时间里，弗兰克虽然没有在职位上更进一步，但收获却一点都不少。用他自己的话说："在麦肯锡公司，有着许多优秀的领导和前辈，在他们的影响下，我养成了良好的工作习惯。"

在工作时，弗兰克的脑海里总是有意识地想着客户为此支付了高额的佣金，他必须及时帮助客户解决问题才能对得起客户的付出。在这一观念的约束下，只要当天的工作没有做完，弗兰克便决不回家。

一次，弗兰克所处的团队为一家销售公司做咨询服务，负责人让弗兰克整理调研资料，但并未规定具体交付时间，只是说越快越好。最后，弗兰克通宵加班，在该公司第二天的晨会上便将整理后的文件交给了项目负责人。当时，客户震惊地说道："麦肯锡的工作效率实在是太让人震撼了，这些资料交给我的秘书，即便一个星期都未必能够做好，你们竟然在一夜之间就做好了，我对这次合作更有信心了，相信你们一定能够帮我们解决问题。"

大前研一说："那些不优秀的上班族们有一个共同的特点，就是每天早上把应该在家里完成的事情带到公司里来做。到了公司后，首先去厕所，然后是喝咖啡，读报纸。在完成了这一系列仪式后，才能开始工作。"

任正非也深知拖延现象已经是职场中一个十分严重的问题，拖延不仅消磨了员工大量的时间、精力和感情，更糟糕的是拖延还会带来恐惧、缺乏自信和容忍度，导致忧虑和沮丧。所以，在华为，绝没有"今天的事明天做"的说法，华为人在任正非的领导下，每天清晨就积极地投入工作，严格执行"今日事今日毕"，这也让华为在业界以高效执行力著称。

5.3 在限定的时间内把自己的任务做好

麦肯锡创始人杰姆斯·麦肯锡说："完成工作的最好途径就是爱惜时间，并坚持在限定的期限内把自己的任务做好，这是一种高于任务本身的人生态度。"

任正非也同麦肯锡一样重视员工是否能在规定时间内做好自己的工作，因为华为向来都是以客户为中心，如果不能在日常工作中做到承诺必践，那么在接待客户时也就不能及时满足客户的需求，这种员工是任正非不愿意见到的。任正非认为在限定时间内完成领导交付的任务是快速取得工作成果的重要途径，也是职业生活所必需的基本职业素质，所以不管是管理层员工还是基层员工，华为人都非常重视工作的最后期限。

2000 年 7 月，华为的李建华（化名）因为调岗需要，联系了对接部门的主管，主管找到他进行了一次谈话，并借此机会了解李建华之前的工作。李建华提出要在规定时间内完成前部门的工作任务，所以暂时不能处理新部门的跟踪，主管对李建华以往的工作做出肯定评价并且给予李建华极大的理解和支持。李建华和两边的主管达成一致意见后，全身心投入手头工作，并在完成任务之后再办理转岗手续。

李建华主要负责海关的业务办理，难度较大。但是因为给两边的主管都承诺了期限，双方也就他之后的工作做好了安排以及交接工作，所以为了按时完成工作，也为了能尽早开始办理手续，李建华几乎是疯狂地工作。当时合同核销期限的压力及工作本身的繁重让李建华几乎累到崩溃，但一想到已经向主管做了承诺，就一定要在规定期限内完成自己承诺的工作。于是他稍作调整后浑身充满了干劲。终于，在主管及同事的协助下，历时 50 天的艰苦工作终于赶在最后一天完成了，李建华的转岗手续事宜也很快提上日程，最终李建华顺利进入新部门，也很快着手处理新业务。

事实上，李建华这种在规定时间内取得最佳行动效果的工作方式是华为最推崇的，华为认为这种高效的执行力对整个华为团队的工作效率的提升有着十分重要的导向性。所以在华为，突破环境制约、尽力履行自己的职责已经成为华为人一项不可或缺的工作技能。

6. 总结经验教训，持续改善和成长

任正非说：“知识点滴在积累，方法在一点一滴去实践，成绩一点一滴去

创造。只要动脑筋，善于用纸笔去总结，几年后您再来看自己，就有些奇怪进步为什么这么大。”他认为善于总结并且能够持续地学习成长是每一个职场工作者都应具备的职业素质，从以往的工作中总结出正确的工作思路，既能够避免返工节约时间，更重要的是能够将自己塑造成更完善、更适应职场需求的工作者，所以，在华为内部多次提到华为人要能够边学习、边工作，不断成长。

6.1 人不能两次踏入同一条河流

古希腊哲学家赫拉克利特说“人不能两次踏入同一条河流”，他认为世界万物处于不断变化的过程中，因为水的不断流动，加上时间、空间的变化，当人第二次踏入河流之时，已经和上一次踏入的河流不再是同一条了。

任正非借助赫拉克利特的思想对企业的员工进行思想管理，他认为员工在面对企业的事宜时，也要跟随世界的变化而变化，不能用静止的想法去看待、分析和处理手上的工作，客观事物是不断变化发展的。

2013年11月，APEC峰会在巴厘岛召开，印尼移动运营商A客户将在峰会期间发布LTE业务，于是A客户要求各厂商提供LTE的体验DEMO。王俊峰（化名）带领团队商讨后决定要选择最新的全息演示技术，于是向客户提议做全球首个LTE全息演示。因为是首创，在技术实现的过程中将会面临许多挑战和难以逾越的难关，所以反对的声音四起，许多人都劝王俊峰选择传统的LTE演示方式。

华为的同事对他说：“这事你搞不定，别妄想去发明一个谁也没见过的东西。”

华为的供应商说：“你这个东西我们没做过，做不了！”

就连客户都抱持怀疑态度：“你们华为真的能做一个让我们喊‘Wow!’的LTE全息演示出来?”

王俊峰深知在当时的情况下，选择做平常的LTE演示已经不足以实现客户的目标了，只有采取最新的全息演示技术才能帮助客户实现商业成功，于是王俊峰决定将这个技术做到极致和非凡。

王俊峰坚定了自己的想法，但也因此面临着比寻常多数倍的工作压力。他将重 50 千克的全息玻璃从中国带到印尼，途中还被印尼海关扣住，大费周章才拿回被扣的货品。为了能够实现最新的 LTE 全息演示技术，他常常把自己关在小黑屋里研究到半夜。当时供应商不愿接单，他就只能亲自买材料组织华为团队动手制作……

好在最终王俊峰带领团队实现了最新的 LTE 全息演示技术，印尼通信部长参观时表示非常惊奇和震撼，就连见多识广的地区部领导也说这种演示方式还是第一次见到。此后，A 客户每次 LTE 营销活动都指定华为提供演示方案，而王俊峰也不愿意停留在以往取得的成就中，而是更进一步地研发出首创 LTE 机器人、LTE 无人机等让人耳目一新的演示方式，完全超越了客户的期望，自己也在这个过程中不断改善、不断成长。

任正非认为，一个企业运作时间长了，员工就会变得懒惰，习惯于舒适的工作状态，不再充满激情希望能够在更有挑战的工作中积累更多经验，也会停止学习，不再有改进的想法。任正非认为这是非常危险的，因为华为下一次面对的挑战可能和以往面临的挑战不再一样，这就需要员工能够跟上企业的步伐不断地改良工作方法，才能抵抗未知的暴风骤雨。

6.2　善用结网原理管理自己

任正非与员工座谈时说，要是只有一把丝线，是不能把鱼给抓住的，一定要将这些丝线结成网，这种网有一个个的网点，才能帮助你捕捉到水中的游鱼。

所以，华为多次开展课程，倡导华为人要学会在工作中结网，通过这种不断的总结更快地实现自己的工作目标。

华为大学在教导新员工的时候反复强调要“善于总结”。任正非说：“只有在实践后善于用理论去归纳和总结，才会有飞跃式的提高。”华为大学讲师以任正非的这句话为主题，说道：“有些新员工非常不愿意写学习体会、工作总结和案例，心里总觉得那是形式主义、浪费时间，就如我们自己在刚进公司的时候，就是把以往的总结、计划模板修改一下内容，提交给主管。但是随着在工作实践中的不断学习和提高，我们深刻感悟到认真总结的作用是任何工作都替代不了的，是学习成长的一种宝贵的方法。可以说，每写一次总结和案例，就是对自己在工作上的一次反思、一次学习和一次提高。把每一个学习、工作阶段的总结内容都整理保存下来，日后时常看看，检视一下自己，就如苏格拉底所说的‘认识你自己’，这样的反省能力，是一个人前进、一个公司前进的车轮。”

华为多次强调要让华为人学会用结网原理管理自己，善于总结并将这些经验都转化为以后工作上的指导，对此，任正非说：“每个人要想进步，就要善于不断归纳和总结。如果没有平时的归纳和总结，结成这种思维的网，那就无法解决随时出现的问题。不归纳，就不能前进，不前进，就不能上台阶。人是一小步一小步前进的，过几年当你回首总结时，你就会发现你前进了一大步。在善于归纳和总结的同时，也要重视向别人学习，取长补短。别人对你提意见，批评你的缺点那是在帮助你，你拒绝别人的批评，就等于是放弃别人的帮助，那岂不是太吃亏？”

6.3　追求持续不断的改进

任正非说：“没有合理的成长速度就没有足够的利润来支撑企业的发展。我们的企业生存在信息社会里，由于信息的广泛传播，人们的智力得到更大的开发和更大的解放，能够创造出更多的新产品和新技术来服务于这个世界。由于信息网络加速庞大，所有新产品和新技术的生命周期越来越短。不能紧紧抓住机会窗短短开启的时间，获得规模效益，那么企业的发展会越来越困难。”

任正非认为华为要能够在信息时代站稳脚跟，需要华为人能够调整自己的步伐，不断改进、不断成长，跟上企业发展的速度，才能抓住机会，帮助企业实现整体目标，从而也促进个人的发展。

唐国平（化名）加入华为十多年了，从一个初出茅庐的年轻人成长为华为研发团队的专家。这十几年的累积让他感受最深的就是，作为职场的一员，要不断挑战自我，追求更好、更强的工作状态，才能成就自己的事业。

唐国平刚进华为的时候做的是盒式设备研发，刚开始自己职业生涯的他因为一个技术难题整天都困在办公室里不眠不休地讨论、修改、测试。他一度对自己产生怀疑，因为以他的学历，可以选择一个更轻松的工作，虽然工资少一些，但不至于每天都像个陀螺一样不停地转。

就在他犹豫不决的时候，他的主管在一次会议上提到华为一直都追求业界最高水平，不仅要在功能上满足客户的需求，更重要的是要在环保方面超出友商20%以上。如果研发团队做出的产品能够24小时地运作，未来将会是最重要的核心竞争力。

主管的一番话让唐国平沉下心来，全身心投入研发工作之中。有段时间为了让产品的一个部件能够更加省电，唐国平连续半个月苦苦钻研，连做梦都在想着如何设计产品。经过研发团队大半年的努力，产品以超高性价比推向市场，加上节能是一个热点，果然打动了客户，成为同时期销售量最大的产品。

经过这次，唐国平发现自己找到了辛苦工作的理由——研发最辛苦的时候，也是他成长最快的时候，所以唐国平放弃了舒适的工作环境，选择艰苦奋斗，持续成长。

2008年汶川地震的时候，唐国平就在华为的成都研究所工作。5月12日14时28分，他正和同事一起在机房调试设备，突然机柜剧烈摇晃，唐国平还没回过神来就被同事拉着跑到室外。正心有余悸之时，主管却没有给任何缓和的时间，直接派唐国平等人赶往汶川抢通。

经过十多天的连续工作，唐国平及其同事和客户一起恢复了地震灾区的通信。华为的通信产品也经受住了考验，在灾区通信中发挥着中流砥柱的作用，后续救灾过程中没有发生过一次通信中断。

一次次的锻炼和挑战让唐国平快速成长起来，他很快成为部门的技术骨干，带着产品跑遍了世界：他曾在印度和服务人员一起解决过产品问题；在墨西哥和销售人员一起给客户规划网络方案；在尼日利亚和工程人员一起到机房勘探环境。任何时候，只要客户有需要，唐国平就会及时给客户反馈，提供的服务越来越让客户满意，产品也越来越贴合客户需求，产品销量一路攀升，唐国平也获得了华为的年度金牌个人奖。

唐国平能够坚持不懈地在工作中学习进步是他能够成为华为骨干最根本的原因。任正非说人才的发展是“马太效应”，也就是说像唐国平这样的个体，因为自己努力追求发展，致使他在事业领域获得了成功和进步，逐渐产生一种积累优势，从而有更多的机会取得更大的成功和进步。所以，任正非一直强调所有的华为人都应该有不断改进的学习意识，才能不断积累优势，成长为不可替代的职场精英。

参考文献

［1］黄卫伟. 以奋斗者为本：华为公司人力资源管理纲要［M］. 北京：中信出版社，2014.

［2］黄卫伟. 以客户为中心：华为公司业务管理纲要［M］. 北京：中信出版集团，2016.

［3］田涛，殷志峰. 枪林弹雨中成长［M］. 北京：生活·读书·新知三联书店，2016.

［4］田涛，殷志峰. 厚积薄发［M］. 北京：生活·读书·新知三联书店，2017.

［5］杨少龙. 华为靠什么：任正非创业史与华为成长揭秘［M］. 北京：中信出版社，2014.

［6］田涛，吴春波. 下一个倒下的会不会是华为［M］. 北京：中信出版社，2012.

［7］程东升，刘丽丽. 华为真相［M］. 北京：当代中国出版社，2004.

［8］汤圣平. 走出华为［M］. 北京：中国社会科学出版社，2004.

［9］张利华. 华为研发［M］. 北京：机械工业出版社，2009.

［10］彭剑锋，吴春波，黄卫伟，等. "＋时代管理"：人的一场革命［M］. 北京：中国计划出版社，2015.

［11］程东升，陈海燕. 任正非管理日志［M］. 北京：中信出版社，2008.

［12］吴春波. 华为没有秘密［M］. 北京：中信出版社，2014.

［13］周留征. 华为哲学：任正非的企业之道［M］. 北京：机械工业出版社，2015.

［14］李玉琢. 一路直行：我的企业理想［M］. 北京：当代中国出版社，2014.

［15］刘劲松，胡必刚. 华为能，你也能：IPD 重构产品研发［M］. 北

京：北京大学出版社，2015.

［16］［美］彼得·德鲁克. 成果管理［M］. 朱雁冰，译. 北京：机械工业出版社，2006.

［17］［日］大前研一. 专业主义［M］. 2 版. 裴立杰，译. 北京：中信出版社，2010.